自动指纹识别系统原理与实现

杨小冬　著

科学出版社

北京

内 容 简 介

自动指纹识别是生物特征识别的核心研究内容之一,是目前较成熟且被广泛接受的生物特征识别技术,具有重要的理论研究意义和市场应用价值。

本书是关于自动指纹识别的专著,全书共分10章。第1章介绍了生物特征识别技术和生物特征识别系统的概念;第2章介绍了常见的生物特征识别技术及部分算法,并对近年来发展的多生物特征融合识别作了简介;第3章从总体上介绍了验证模式下自动指纹识别系统(AFIS),并对系统性能进行了测试;第4~9章对AFIS各主要模块算法原理进行了详细阐述,给出了每部分实验和测试结果,包括指纹图像预处理、指纹图像细节特征提取、指纹匹配和指纹分类等。其中,针对有的算法分别从不同角度进行了研究。第10章对自动指纹识别的发展趋势进行了总结与展望。此外,为方便读者阅读和应用本书所阐述的算法,书后还附有部分自动指纹识别算法的VC语言源程序。

本书结构清晰,语言通俗易懂,内容新颖全面,反映了自动指纹识别的最新研究动态,同时介绍了作者近几年的研究成果,可供信号与信息处理、图像处理、生物特征识别以及生物医学工程等领域的科技人员与教师阅读,也可作为相关学科专业的研究生教材。

图书在版编目(CIP)数据

自动指纹识别系统原理与实现/杨小冬著. —北京:科学出版社,2013
ISBN 978-7-03-037943-6

Ⅰ.①自… Ⅱ.①杨… Ⅲ.①指纹鉴定—图像识别 Ⅳ.①D918.91—39

中国版本图书馆CIP数据核字(2013)第134889号

责任编辑:周 丹 罗 吉 / 责任校对:李 影
责任印制:徐晓晨 / 封面设计:许 瑞

科学出版社出版
北京东黄城根北街16号
邮政编码:100717
http://www.sciencep.com

北京凌奇印刷有限责任公司印刷
科学出版社发行 各地新华书店经销

*

2013年9月第 一 版 开本:B5(720×1000)
2021年4月第四次印刷 印张:11 3/4
字数:237 000

定价:69.00元

(如有印装质量问题,我社负责调换)

前　言

安全性是许多计算机系统首先要考虑的问题，管理者需要一种机制了解和控制系统的访问者，确认其是否具有合法身份。在现行的许多计算机系统中，大都使用“用户 ID+密码”的方法对访问者进行身份认证和访问控制。实际上，这种方法存在一些问题。例如，密码丢失、不容易记忆或容易被别人窃取等，这就给计算机系统和用户带来一些隐患。

由于人的身体特征具有不可复制的特点，所以人们把目光转向了生物特征识别技术。要把人体特征（包括生理特征和行为特征）用于身份识别，这些特征必须具有唯一性和稳定性。研究表明，人的指纹、脸形、掌形、虹膜、步态、签名、声音、视网膜和手部血管分布等在一定程度上都具有上述特性，并且每个人的这些特性都终生不变，因此可据此进行身份识别。基于以上特征，人们发展了指纹识别、人脸识别、掌形识别、虹膜识别、步态识别、签名识别、语音识别、视网膜识别和手部血管分布识别等多种生物特征识别技术，并且这些生物特征识别技术的研究都取得了一定成果，推出了相关产品，在部分领域得到了推广和应用。

自动指纹识别技术是生物特征识别技术的最大热点。伴随着计算机技术和信息处理技术的不断进步，指纹识别技术得到了迅猛发展，已成为较成熟且被广泛接受的一种生物特征识别技术。指纹识别技术的发展得益于现代电子集成制造技术的发展和人们对快速可靠算法的研究。尽管指纹只是人体皮肤的一小部分，但可用于生物特征识别的数据量相当大，对这些数据进行比对也不是简单的相等与不相等的问题，而是需要大量的模糊匹配算法进行运算。现代电子技术使人们可以制造相当小的指纹图像读取设备，飞速发展的个人计算机运算速度也提供了在微机甚至单片机上进行两枚指纹比对的可能。同时，指纹匹配算法的可靠性也不断提高。因此，现在指纹识别技术已经非常实用。

本书对自动指纹识别系统（AFIS）的理论和核心技术作了深入研究，详细阐述了验证模式下自动指纹识别系统的各算法模块，建立了一对一自动指纹识别系统。其中，指纹图像预处理是整个自动指纹识别系统的核心内容，其性能的好坏直接影响到整个系统的速度和准确率。本书首先对指纹图像预处理的各算法模块——指纹图像与背景分离、方向信息提取、纹线提取、图像二值化、图像细化和细化后处理，以及常规的细节特征提取算法的原理和步骤一一作了介绍，并在计算机上分别实现了上述算法，给出每个模块的处理结果。这些算法模块加上指纹匹配构成了整个自动指纹识别系统。

基于以上内容，本书重点研究了指纹图像前景与背景分离算法，分别实现了两种分割方法——方差法和方向法，并对这两种算法的分割结果进行了比较，指出各自的优缺点。针对这两种算法的不足，提出了一种基于方向灰度方差的指纹图像分割方法，结合方差法和方向法的优点，解决了方差法对指纹区域脊线、谷线无法识别以及方向法在非指纹区域和指纹质量较差区域效果下降等固有缺陷，充分利用指纹图像特有的方向性(纹理性)和灰度特性进行分割，并将指纹图像块按质量的好坏划分为不同等级。实验证明，本算法能准确地将背景区域从指纹图像中分离出来，既节约了预处理时间，又保证了一定的精确度。

本书还详细研究了指纹图像细节特征提取算法，针对常规算法先经过指纹图像预处理等一系列过程，再提取细节特征点的现状，提出了一种基于纹线跟踪的指纹图像细节特征提取方法。本算法无需经过二值化、细化等预处理过程，而是直接跟踪灰度指纹图像的每一条脊线，直到满足结束条件为止。跟踪完毕后就得到一幅细化了的指纹图像及其上的细节特征点(端点和分叉点)。该算法克服了传统方法运算量大、复杂度高及耗时等缺陷，直接从灰度指纹图像中提取细节特征点信息，避免了预处理过程带来的累计误差，提高了整个系统的运算速度和准确率。

指纹匹配也是自动指纹识别研究的核心内容。本书将点模式匹配思想引入指纹匹配，发展了一种基于特征点坐标模型的点模式匹配算法。首先在准确提取指纹图像细节特征点的基础上，从模板图像和待识图像中分别选取 3 个邻近特征点，根据它们之间的相互关系，确定可能匹配的基准点对，然后统计两幅指纹图像中其余特征点对此匹配点作为匹配基准点的支持度，并求取变换参数和最终的匹配点对。此算法成功地解决了自动指纹匹配过程中图像平移、旋转不变性问题，提高了整个匹配算法的准确性，匹配速度能够满足系统要求。

指纹分类是自动指纹识别研究的另一个重要内容。本书在分析和比较现有指纹分类算法的基础上，将纹线跟踪的思想引入指纹分类，提出了一种基于纹线跟踪的指纹分类方法，将模式区纹线形状同指纹类别联系起来，改善分类精度。该算法不是以指纹奇异点(core 点和 delta 点)作为分类的必要手段，而是利用指纹图像的方向信息，基于灰度指纹图像直接跟踪模式区纹线，得到模式区的跟踪曲线。然后通过定义一些曲线参数，根据跟踪到的模式区纹线进行分类。结果表明，该算法简单易行且运算速度快，可以达到一定的分类准确率。此外，本书还研究了一种基于类拐点特征向量的指纹分类方法，定义并成功提取了一种反映指纹方向场变化特点和规律的新特征向量——类拐点特征向量。利用这一特征向量和从类拐点集中提取的指纹核心点作为分类特征，以多层次树结构为分类策略，使不同类型的指纹在不同层次、不同特征空间都线性可分，从而获得最大的类间距离和最小的类内方差。在高维数比率样本的测试条件下，分类准确率达到 99%以上，并且对低质量指纹图像也具有很好的鲁棒性。

本书用VC语言分别实现上述算法，除了对每一种算法及其算法步骤进行了详细介绍外，还对算法进行了测试和验证。实验结果证明，这些改进算法在实际应用中取得了较好的效果，使系统性能得到显著提高。

本书第2章和第7章部分内容借鉴了其他已出版的若干生物特征识别教材、专著(参见已列出的参考文献)，其丰硕的研究成果是本书学术思想的重要源泉，在此对相关研究人员表示衷心的感谢。本书在编著过程中得到南京大学宁新宝教授的悉心指导，并获得了很多宝贵意见，在此表示感谢。同时感谢南京邮电大学的王俊副教授、南京大学的何爱军副教授在本书编写过程中提出的意见和建议。

本书涉及的研究内容和成果得到了国家自然科学基金项目(61003169，61072094，61273143，61202478)、教育部新世纪优秀人才支持计划项目(NCET-08-0836，NCET-10-0765)、教育部高等学校博士学科点专项科研基金项目(20110095110016，20120095110025)、霍英东教育基金会青年教师基金项目(121066)等的部分资助。

生物特征识别技术是一个发展迅速、多学科交叉的研究课题，其理论及应用均有很多内容尚待进一步研究和探讨。由于作者水平有限，书中难免有不妥之处，恳请读者批评指正。

著　者

2013年6月于中国矿业大学

目　　录

第1章　绪　论

许多系统都要求通过可靠的识别方案来确认每个人的身份，从而确保只对合法用户提供服务，而拒绝为其他人提供服务。这样的例子包括对计算机系统、电子邮件、建筑物、移动电话、银行以及ATM等的安全访问。如果缺乏有效的个人身份识别方案，这些系统就易受到欺骗和攻击。由于传统的"用户ID+密码"的方式存在一些隐患。例如，密码容易丢失、忘记或被窃取等，给用户带来了记忆负担，现有的系统安全技术问题面临挑战。生物特征识别指的是基于人的生理和(或)行为特性的个人自动身份识别。通过生物特征识别可以确认或者建立一个人的身份，这是基于"他是谁"，而不是通过"他拥有什么"(如ID卡、账号)或者"他记得什么"(如密码)来进行身份验证。生物特征识别技术是解决信息化、数字化、网络化和社会安全问题等的重要手段。

1.1　生物特征识别技术

1.1.1　生物特征识别技术的定义

所谓生物特征识别技术(biometric identification technology)，就是将计算机与光学、声学、生物传感器和生物统计学原理等高科技手段相结合，利用人体固有的生理特性(如指纹、脸形、掌形、虹膜等)或行为特征(如步态、签名、声音等)来核对或确认人的身份的一种解决方案[1]。人体生物特征包括指纹、脸形、掌形(掌纹和手形)、虹膜、步态、签名(笔迹或手写体)、声音、视网膜、脸部热量、手部血管分布等常见的生物特征，以及声纹、耳廓、手背静脉、红外温谱、DNA等近年来发展起来的生物特征。生物特征识别的核心在于如何获取这些生物特征，并将之转换为数字信息存储于计算机中，然后利用可靠的匹配算法完成人的身份认证和访问控制。

1.1.2　生物特征识别技术的特点

生物特征识别技术是目前使用最方便、最安全的身份识别技术，它不需要人们记住复杂的密码，也不需要随身携带钥匙、智能卡之类的东西。生物特征识别技术认定的是人本身，没有什么方法比这种认证方式更安全、更方便。由于每个人的生物特征具有唯一性和稳定性，不易伪造和假冒，所以利用生物特征进行身份认证更安全、可靠和准确。此外,生物特征识别技术借助现代计算机和网络技术实现,更容易配合计算机和安全监控系统,实现自动化管理。

可用来识别人的身份的人体特征必须满足以下特点[2,3]:

(1) 唯一性;

(2) 稳定性;

(3) 普遍性;

(4) 易采集性;

(5) 可接受性。

除此之外,在实际应用中还要考虑其他因素,如识别精度、识别速度、对人体有无伤害以及被识别者的可接受程度等。

1.1.3 生物特征识别技术的分类

根据所采用的人体生物特征的不同,生物特征识别技术可分为以下几类。

(1) 利用人的生理特征进行生物特征识别的技术,如指纹识别、人脸识别、掌形识别、虹膜识别、视网膜识别、脸部热量图识别、手部血管分布识别等。

(2) 利用人的行为特征进行生物特征识别的技术,如步态识别、签名识别、语音识别等。

(3) 除上述比较成熟的生物特征识别技术外,还有许多新兴的生物特征识别技术,如声纹识别、耳廓识别、手背静脉识别、红外温谱图(如面部热源)识别等。另外,随着现代生物特征识别技术的发展,尤其是人类基因组研究的重大突破,研究人员认为DNA或基因型识别技术将是未来生物特征识别技术发展的主流。

1.2 生物特征识别系统

1.2.1 生物特征识别系统的结构

生物特征识别系统(biometric identification system)本质上是一个模式识别系统[4],用来构建并完成一种或多种生物特征识别。它对生物特征进行取样,提取其唯一特征,并转化成数字代码,进一步将这些代码组成特征模板。人们用生物特征识别系统进行身份认证时,生物特征识别系统获取其特征,并与数据库中的特征模板进行比对,确定是否匹配,从而决定接受或拒绝此人的请求。

一般的生物特征识别系统结构如图1-1所示[5]。

从逻辑上讲,该系统由用户界面、登记模块、验证模块和系统数据库4个模块组成。

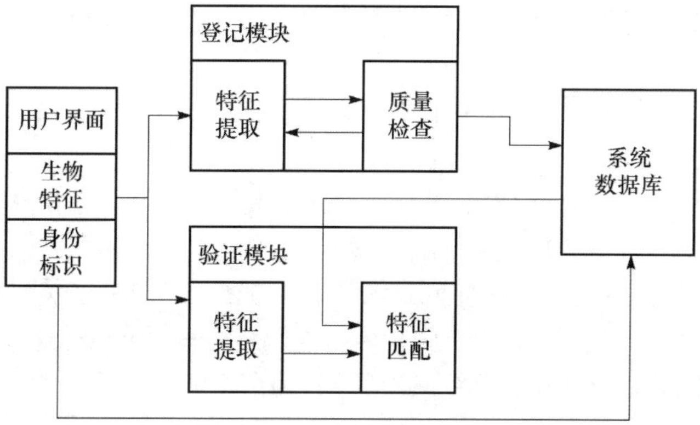

图 1-1　一般的生物特征识别系统结构图

用户界面模块提供了用户输入生物特征和身份标识的环境。系统数据库保存生物特征信息，其中每个或每几个样本对应一个对系统有访问权的人。

根据实际需要，系统数据库可以是驻留在系统中的实际数据库，也可以是虚拟数据库(样本数据保存在个人所携带的智能卡上)。例如，在计算机多用户登录控制系统中，各具有合法身份用户的样本信息就统一保存在计算机中。用户登录时，输入其身份标识(通常是 ID 号)和生物特征，计算机就可以根据其身份标识从系统数据库中抽取用户的样本特征进行比对。而在自动取款机系统中，因为用户群庞大，要建立一个存储所有用户样本信息的数据库是不现实的。最好的办法是将个人样本信息保存在自己的智能卡上，随身携带。使用时，用户首先插入智能卡使系统明确其身份，提供样本信息，然后录入待识生物特征，让系统将输入的特征信息与智能卡上的信息作比较，给出这个人是否具有合法身份的判断。在这种情况下，系统样本数据库只是一个虚拟数据库，系统中并没有样本数据库的物理存在。样本数据的数量和质量是验证模式下生物特征识别系统设计的重要参数。样本数量越多、质量越高，系统识别的准确率越高。但同时，每一个用户在系统数据库中储存的样本越多，系统资源消耗也就越大，显然这需要一种平衡。

登记模块的主要任务是将某人的身份标识(如 ID 号)及其生物特征信息存入系统数据库。在图 1-1 设计的系统中，当待识者的身份标识和生物特征信息送入登记模块时，首先使用特征信息提取算法获取特征信息的紧凑、完整的表达模式，即细节特征模式。然后使用质量检测算法检测要登记的细节特征信息质量，以保证登记到系统数据库中作为样本的生物特征信息质量良好。一般而言，作为样本的细节特征信息不能太少，这对不同的生物特征有不同的要求，这一点十分重要。例如，一幅指纹图像应至少包含 20 个真正特征点。因为如果样本数据库包含的细节特征信息太少或质量太差，在此基础上建立的识别结果是不可靠的。就指纹识别而言,如果指纹图像质量较差,可以考虑使用指纹增强算法提高其纹线脊、谷结构的清晰度,并将确认已经严重坏损、难以利用的区域屏蔽掉,尽量减少伪特征点的出现。将经过增强的指纹图像重新使用细节特征提取算法提取细节特征,特征提取的结果会更加可靠。

验证模块负责作出待识者是否具有合法身份(此人是否已在系统数据库中登记)的判断。待识者首先现场输入其身份标识(如 ID 号)和生物特征信息,验证模块同样使用特征信息提取算法提取录入生物特征的细节特征,然后使用匹配算法将录入的细节特征信息与系统数据库中的样本特征信息(与身份标识对应)进行比对,给出匹配结果,即待识者是否是其所声称的那个人。

1.2.2 生物特征识别系统的工作模式

生物特征识别系统的工作模式可分为两类,即验证(verification)模式和辨识(identification)模式[5]。

验证模式通过把一个现场采集到的生物特征与一个已登记的生物特征进行一对一的比对(one-to-one matching),确认用户的身份。作为验证的前提条件,用户的生物特征必须已经在系统数据库中登记(样本特征)。生物特征以一定的压缩格式存储,并与其姓名或标识(PIN 或 ID)联系起来。在比对现场,先验证其身份标识,然后将系统数据库的样本特征与现场采集的生物特征进行比对(匹配),来证明其标识是否合法。验证其实是回答了这样一个问题:他是他所声称的这个人吗?这是应用系统中常用的方法。

辨识模式则是把现场采集到的生物特征与系统数据库中的样本特征逐一比对,从中找出与现场生物特征相匹配的特征信息(如果存在)。这也是"一对多的比对"(one-to-many matching)。辨识其实是回答了这样一个问题:他是谁?辨识模式主要用于公共安全领域。例如,可通过将一个不明身份的人的生物特征与样本数据库中有犯罪记录的人的生物特征进行比对,来确定此人是否曾经有过犯罪记录。

验证模式和辨识模式在预处理算法、匹配算法和系统设计上各具特点。以指纹图像识别为例,验证系统所处理的指纹图像一般比较清晰完整,对图像的质量要求较高。而辨识系统则常常要处理模糊、残缺不全等质量较差的指纹图像,因此对图像预处理算法的要求也相对较高;验证系统对指纹匹配算法的速度要求不如辨识系统高,但更强调易用性和准确性。在辨识系统中,一般先使用指纹分类技术缩小数据库的搜索范围,以加快查找速度。

图 1-2 和图 1-3 分别为验证模式和辨识模式下的生物特征识别系统(以指纹图像识别为例)[6]。

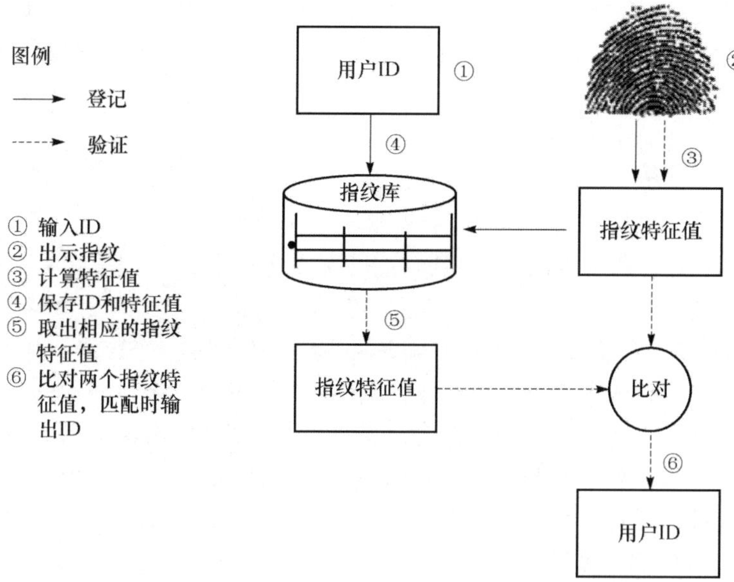

图 1-2　一对一(验证模式)生物特征识别系统示意图

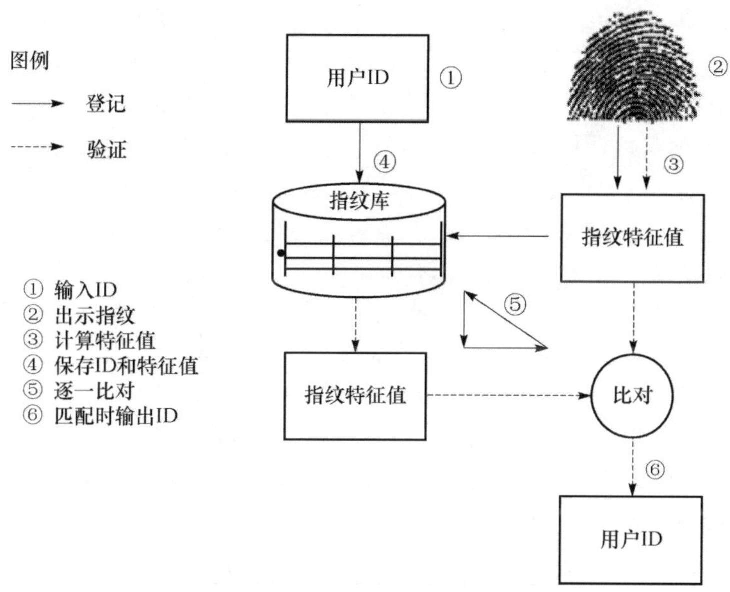

图 1-3　一对多(辨识模式)生物特征识别系统示意图

1.2.3　生物特征识别系统的性能评价

由于生物特征信息本身具有复杂性，生物特征识别系统很难对识别任务给出绝对的结果。一般而言，给出的识别结果带有置信度水平。从理论上讲，被识别对象有两种状态，即具有合法身份和不具有合法身份。从生物特征识别系统可能给出的识别结果来看，也有两种结果，即具有合法身份和不具有合法身份。这样，总共会出现以下 4 种情况[7]。

(1) 具有合法身份的人被判定为具有合法身份。

(2) 具有合法身份的人被判定为不具有合法身份。

(3) 不具有合法身份的人被判定为不具有合法身份。

(4) 不具有合法身份的人被判定为具有合法身份。

因此，生物特征识别系统的准确率可通过两个指标来描述：误识率(false acceptance rate,FAR)和误拒率(false reject rate,FRR)。误识率指的是一个不具有合法身份的人被系统误判为具有合法身份的可能性，而误拒率指的是一个具有合法身份的人被系统误判为不具有合法身份的可能性。显然，误识率和误拒率是一对相互制约的指标，低的误识率必然导致高的误拒率，反之亦然。这就使得在生物特征识别系统的设计中，要权衡易用性和安全性。一般而言，生物特征识别系统都使用误识率作为第一性能指标，误识率为 0 意味着不具有合法身份的人根本无法通过系统检查。

除了识别的准确率外，生物特征识别系统的另一个重要性能指标是识别速度。对于工作在验证模式下的生物特征识别系统，由于比对是一对一的，所以识别速度主要由细节特征提取和匹配算法的复杂度决定。显然，在验证模式下，识别速度较快，比较容易满足应用要求。然而对于工作在辨识模式下的生物特征识别系统，尤其是样本数据库的库存容量达到上百万时，完成一次辨识可能需要进行几十万次比对，时间消耗也就很大，速度往往不能满足应用要求。识别速度和系统硬件、样本数据库规模以及算法复杂度等都有关系。

为了能对各种生物特征识别系统性能作出科学、准确和统一的评价，一般应该建立一个容量足够大、样本具有充分代表性的系统数据库，同时设计严格科学的测试方案，对同类系统进行性能测试和评价。

下面是生物特征识别系统常用的术语和性能指标。

(1) 平均注册时间(average enrollment time)：对生物特征进行检测、定位和特征提取所花费的时间。此时间是数学统计的平均值，以毫秒(ms)为单位。

(2) 拒绝注册率(reject enrollment rate)：不能成功注册的生物特征占统计总数的比例，用百分比表示。

(3) 检测(detection)：对生物特征进行定位和提取的过程。

(4) 拒检(detection rejection)：不能准确定位生物特征、不能正常检测或检测失败。

(5) 拒检率(detection rejection rate,DRR)：被拒检的生物特征占统计总数的

比例,用百分比表示。

(6) 匹配(matching):又称比对,将待检测生物特征与模板(样本)生物特征进行比较的过程,作出接受或拒绝的判断。

(7) 匹配时间(matching time):比较两个生物特征所花费的时间(验证模式),以毫秒(ms)为单位。或者是将一个生物特征与一定数量的生物特征比对所花费时间的总和(辨识模式),表示为 ms/万次。

(8) 匹配相似度(matching similarity):生物特征比对的输出结果,代表参与比对的两个生物特征的相似程度。一般用 0~1 的小数表示,数字越大表示相似程度越高,数字越小表示相似程度越低。

(9) 错误接受(false acceptance,FA):指定某匹配相似度作为判定阈值,在对来自不同个体的生物特征比对时,其结果(匹配相似度)大于该阈值,即非授权人被错误地判断为授权人。

(10) 错误拒绝(false rejection,FR):指定某匹配相似度作为判定阈值,在对来自同一个体的生物特征比对时,其结果(匹配相似度)小于该阈值,即授权人不能被正确接受。

(11) 错误接受率(false acceptance rate,FAR):发生错误接受的比对次数占总统计比对次数的比例,用百分比表示,也叫误识率、授假率(false match rate,FMR)。

(12) 错误拒绝率(false rejection rate,FRR):发生错误拒绝的比对次数占总统计比对次数的比例,用百分比表示,也叫误拒率、拒真率(false non-match rate,FNMR)。

(13) 相等错误率(equal error rate,EER):又称等匹配误差率,即在某给定的匹配相似度下,FAR 与 FRR 相等时的错误率。

(14) 首选识别率(first hit,FH):匹配相似度最大的生物特征是正确的人的比率。即将识别结果按匹配相似度从大到小排列,排在第一位的生物特征就是正确被识别的人的比率。

(15) 累计识别率(FNH):正确的识别结果在前 N 个候选人中所占的比率。即将识别结果按匹配相似度从大到小排列,在前 N 个结果中存在被识别的人的比率。

(16) ROC(receiver operating curve)曲线:又称接受者操作特性曲线,是以 FMR 为横坐标、以 FNMR 为纵坐标得到的曲线。

1.3 常见的生物特征识别技术

用于生物特征识别的生理特征有指纹、人脸、掌形、虹膜、视网膜、脸部热量图、手部血管分布等,行为特征有步态、签名(或手写体)和语音(兼具生理特征和行为特征)等。基于这些特征,人们已经发展了指纹识别、人脸识别、掌形识别、虹膜识别、签名识别、语音识别、视网膜识别、脸部热量图识别和手部血管分布识别等多种生物特征识别技术[8-13]，如图 1-4 所示。

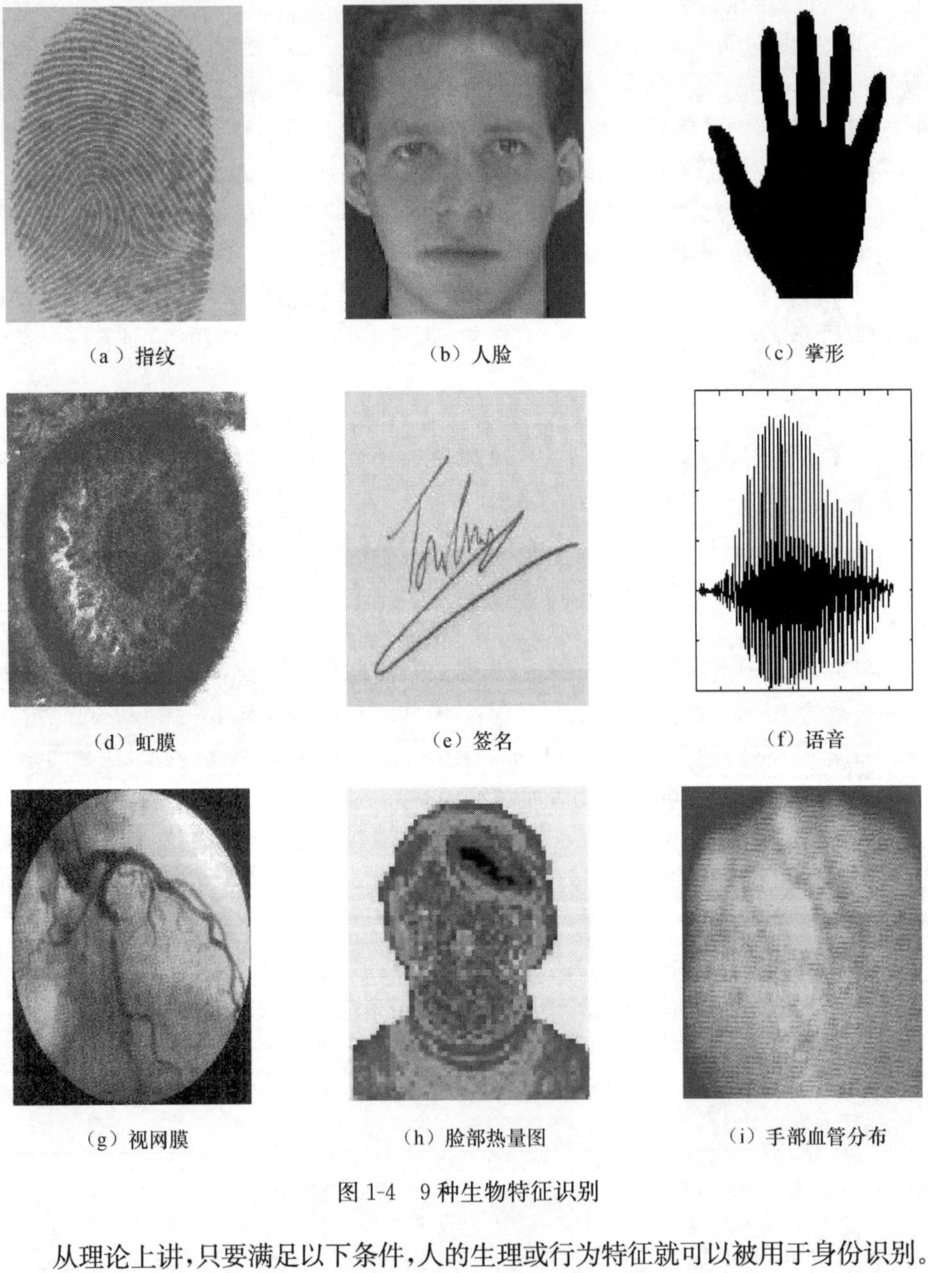

（a）指纹　（b）人脸　（c）掌形
（d）虹膜　（e）签名　（f）语音
（g）视网膜　（h）脸部热量图　（i）手部血管分布

图 1-4　9 种生物特征识别

从理论上讲，只要满足以下条件，人的生理或行为特征就可以被用于身份识别。

(1) 普遍性，即每个人都必须具有。

(2) 唯一性，即不同的人这一生物特征必须不同。

(3) 永久性,即该特征应该是终生不变的。

(4) 可采集性,即这一特征可以通过一定的设备和手段采集到,并且可以量化。

然而,满足以上条件的生物特征并不都能用于生物特征识别系统。除此之外,一个实用的生物特征识别系统还应当具有:①可行性,即在对系统资源要求并不苛刻的情况下,可以满足速度和准确率的要求;②可接受性,即对人体没有伤害且容易为人们所接受;③良好的防伪性能。

下面对这几种生物特征识别技术进行简单说明,第2章将详细介绍。

1. 指纹识别

指纹识别是指人的手指表面纹路的脊线、谷线分布模式识别。这种脊、谷分布模式是由皮肤表面细胞角化,并在皮肤表面积累形成的。人的指纹特征(一般指指纹图像的平面几何特征)是与生俱来的,早在胎儿时期就已经确定了,具有唯一性和不变性。指纹识别是生物特征识别中研究最多、应用最广泛的一种身份识别技术。

2. 人脸识别

人脸识别是通过人的面部特征(如眼睛、鼻子和嘴巴)以及它们之间的相互关系来进行的。人脸识别的研究内容包括人脸检测和人脸识别两大部分。人脸检测强调人脸之间的共性,即把所有的人脸模式与非人脸模式区分开;而人脸识别则属于模式分类问题,将不同人的脸看做不同的模式。用于捕捉面部图像的技术为标准视频技术,通过标准摄像头采集人脸图像。

3. 掌形识别

掌形识别包括掌纹识别和手形识别。掌纹识别是利用手掌纹路的点特征、纹线特征或纹理特征来进行识别的;而手形识别则是利用手掌(包括手指)的几何形状进行识别,例如,手掌的宽度、厚度以及手指的长度、宽度等。与指纹识别一样,掌形识别也是一种非侵犯性的生物特征识别技术。

4. 虹膜识别

虹膜位于人的眼球中层,是一种织物状的多色环状物,由相当复杂的纤维组织构成。虹膜的形成是由基因决定的,每一个虹膜都包含一个独一无二的特征结构,没有任何两个人的虹膜是完全一样的。有人说,在所有生物特征识别技术中,虹膜识别是应用最方便且最精确的。

5. 步态识别

步态识别是一种新兴的生物特征识别技术,是利用人的走路方式、姿态等行为特征进行识别的。步态识别有非接触、远距离和不易伪装等特点。与人脸识别相比，步态识别在采集成本、采集距离、伪装难易程度和使用方便性等方面更具优势。因此，常用于智能监控领域。

6. 签名识别

签名识别又称笔迹识别或手写体识别。签名识别的原理是测量图像本身(离线签名识别)或者整个签名的动作，即每个字母以及字母之间的不同笔画、速度和压力信息等(在线签名识别)。签名识别具有非侵犯性的特点，尤其被法律部门所认可。因此，常用于司法鉴定领域。

7. 语音识别

语音识别是语音信号处理的一个分支。语音识别是让计算机通过识别和理解过程，把语音信号转变为相应的文本或命令(数字化)。其最高目标是让计算机能够“听写”出不同的人发出的连续声音。与步态识别、签名识别一样，语音识别也属于行为特征识别技术。但是，从发音过程本身来讲，语音识别同时具有生理特征识别的特点。

8. 视网膜识别

视网膜位于人眼睛底部的血液细胞层。即使是孪生子，其中的血管分布也是具有唯一性的，并且其结构在人的一生中相当稳定、不易伪造。视网膜识别也是一种非侵犯性的生物特征识别技术，需要用激光照射眼球背面，以获得视网膜特征的唯一性。甚至有人认为，视网膜是比虹膜更唯一的生物特征。但视网膜识别技术的缺点是成本较高。

9. 脸部热量图识别

血液流经人脸部的血管，并向外散发热量，这种热量的分布图可以用热成像技术采集。与人脸识别中的视频摄像头不同，热成像技术通过分析面部毛细血管的血液产生的热量来产生面部图像。因此，脸部热量图识别并不需要在光源较好的条件下进行，即使在黑暗中也可以进行。

10. 手部血管分布识别

人手部的血管分布是一种稳定的、可重复的生物特征，具有唯一性。同时这种分布即使通过手术也很难改变，因此表现出很强的稳定性。同手形识别类似，手部血管分布识别也是依靠人手部血管分布的几何信息来进行的，但要达到很高的准确率在技术实现上难度较大。

11. 其他生物特征识别技术

除了上述10种生物特征识别技术外，还有其他生物特征识别技术的研究，如声纹识别、耳廓识别、手背静脉识别、红外温谱图识别以及 DNA 识别等。虽然这些生物特征识别技术各有优势，但迄今为止，它们要么难以达到以上 10 种生物特征识别技术的准确率，要么难以实现完全自动化。因此在近期这些识别方法还难以成为生物特征识别技术的主流。

1.4　自动指纹识别技术

1.4.1　指纹识别的研究历史

人类使用指纹作为身份识别已经有很长时间的历史[14-18]，考古学家发现人们在很久以前就开始注意指纹(图 1-5)。当然，这并不足以说明在当时人们就已经使用指纹作为身份识别的依据。

(a) 新石器时代刻在石壁上的指纹

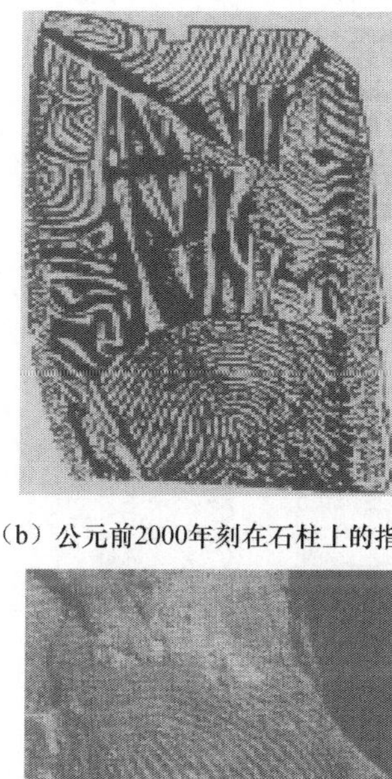

(b) 公元前2000年刻在石柱上的指纹

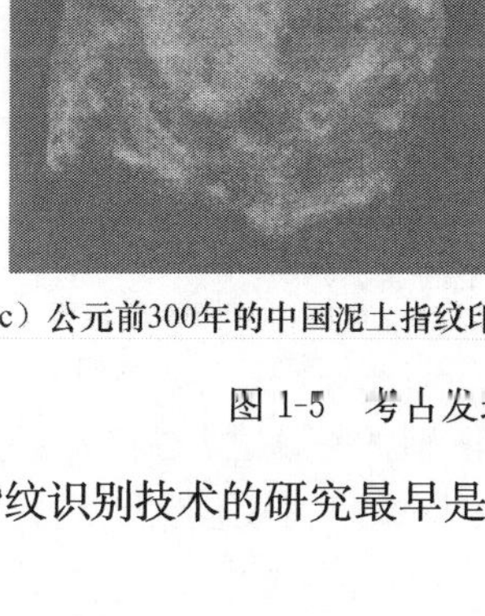

(c) 公元前300年的中国泥土指纹印章

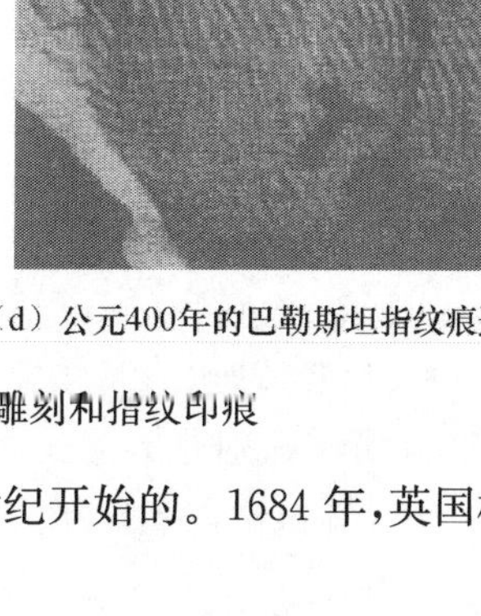

(d) 公元400年的巴勒斯坦指纹痕迹

图 1-5　考古发现的指纹雕刻和指纹印痕

现代指纹识别技术的研究最早是从 17 世纪开始的。1684 年，英国植物形态学家 Nehemiah Graw 发表了人类对指纹识别进行科学研究的第一篇论文，研究了指纹纹线脊、谷分布和孔状结构的对称性。从此以后，很多人开始致力于指纹识别技术的研究。1788 年，Mayer 发表的论文从解剖学的观点详细描述了指纹纹线结构，并对纹线的结构特征进行了定义。1809 年，Thomas Bewick 开始使用指纹作为他的私章，被认为是现代指纹识别技术的里程碑。1823 年，解剖学家 Purkinje 提出了第一套指纹分类方案，他根据指纹纹线的全局结构模式，将指纹大致分为 9 类，如图 1-6 所示。1880 年，Henry Faulds 第一次科学地研究了指纹的唯一性问题，提倡将指纹用于识别犯罪。大约在同一时间，Herschel 也宣称他从事指纹识别技术的研究已有近 20 年的历史。以上研究奠定了现代指纹识别技术的基础。19 世纪后期，Francis Galton 对指纹进行了较深入的研究，他于 1891 年撰写文章将指纹细节特征引入分类概念，提出了高尔顿分类系统。1899 年，Edward Henry(实际是他的两个印度助手)建立了著名的“Henry 指纹分类体系”，这标志着指纹分类取得了重大进展。到了 20 世纪初期，指纹的概念已为人们所熟知，并且归纳、建立了关于指纹的 3 个基本原则。

(1) 不同的人的指纹具有不同的脊、谷纹线结构。

(2) 指纹的全局结构模式是因人而异的，但其种类是有限的，对指纹进行分类是可行的。

(3) 对每个人来讲，指纹的全局结构模式和细节特征是与生俱来和终生不变的。

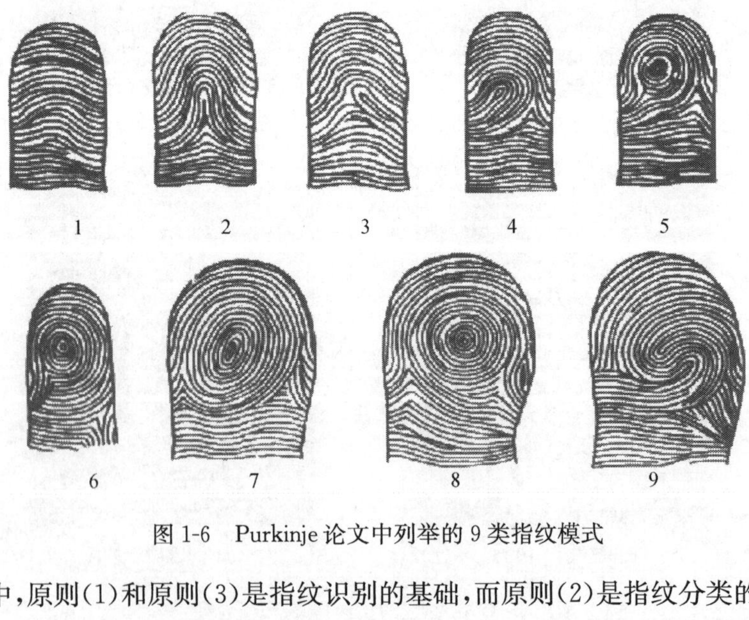

图 1-6　Purkinje 论文中列举的 9 类指纹模式

其中，原则(1)和原则(3)是指纹识别的基础，而原则(2)是指纹分类的基础。

20 世纪初，指纹识别开始正式成为身份识别的方法，被法律部门用做身份鉴定的依据，并在世界范围内建立指纹识别机构和罪犯指纹档案。指纹识别的有关技术包括指纹采集、指纹分类和指纹匹配技术，这些技术都得到了较快发展。例如，美国联邦调查局(FBI)在 1924 年库存指纹样本就达到了 81 万枚。

随着指纹识别技术在法律部门的广泛应用和指纹数据库的逐步膨胀，用指纹专家进行人工指纹识别的方式越来越行不通。1998 年初，美国联邦调查局库存指纹数量已经达 7000 万枚之多。面对每天几千次的指纹识别任务，一支 1300 人的指纹专家队伍也无法及时给出识别结果。从 19 世纪 60 年代起，美国联邦调查局、英国内务部和巴黎警察局开始投巨资进行自动指纹识别的研究。根据指纹专家识别指纹的依据，明确并深入研究了自动指纹识别的 3 个主要内容：①指纹图像采集；②局部纹线特征提取；③指纹匹配。这些研究取得了巨大的成果，很多自动指纹识别产品在世界各地得到推广和应用，极大地提高了自动指纹识别的效率，节约了雇佣和训练指纹识别专家的大笔费用。近年来，由于信息技术的飞速发展和自动指纹识别技术在法律部门的成功应用，自动指纹识别技术迅速转向民用等应用领域。

1.4.2 自动指纹识别技术的研究内容

本书选择自动指纹识别技术(automatic fingerprint identification technology，AFIT)作为研究对象，是因为它具有以下几个优势。

(1) 指纹识别可以达到很高的准确率，有非常好的应用前景。

(2) 指纹识别技术对待识者限制不多，比较容易采集和为人们所接受。

(3) 使用指纹作为人的身份识别，已广泛为人们尤其是法律部门所认可。

(4) 研究自动指纹识别技术需要的设备并不昂贵，研究工作容易开展。

自动指纹识别技术的主要研究内容包括指纹采集、指纹分类、指纹细节特征提取和指纹匹配等[19]，下面一一进行介绍。

1. 指纹采集

从指纹采集方式看，指纹基本上可分为 3 类：捺印指纹、活体指纹和模糊指纹，如图 1-7 所示。

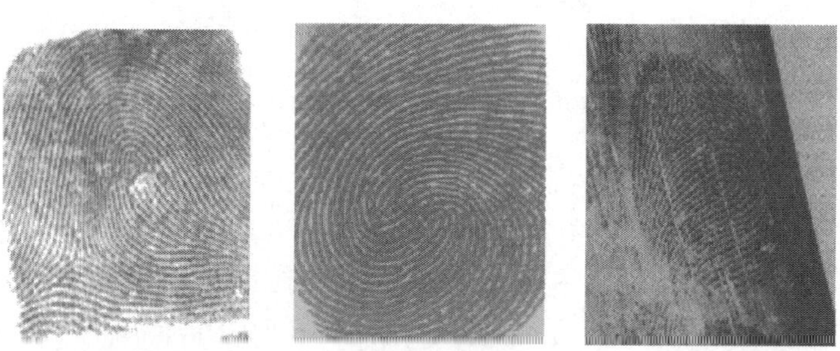

(a) 捺印指纹　　(b) 活体指纹　　(c) 模糊指纹

图 1-7　捺印指纹、活体指纹和模糊指纹示例

捺印指纹是将沾了印墨的手指按压在某种东西(通常是纸)上留下的指纹痕迹,再经相应设备转化为数字化信息,得到捺印指纹图像。捺印指纹采集到的有效指纹面积比较大,但因采集方式限制,采集速度较慢,指纹缺陷较多,且采集的质量难以严格控制。现在的自动指纹识别技术一般不使用捺印指纹,而直接使用活体指纹。

活体指纹是经采集设备直接采集到的指纹。根据不同的采集方式,可将活体指纹录入仪分为以下几种:根据录入原理不同,有光反射式、电感式、电容式和超声反射式等;根据采集时手指是否与录入仪接触,有接触式和非接触式;根据是否可以滚动采集指纹,有滚动式和非滚动式。经活体指纹采集设备得到的是数字化指纹图像,相比较而言,活体指纹的质量是最好的。

模糊指纹一般是指在犯罪现场采集到的指纹。将罪犯无意中遗留在犯罪现场的指纹痕迹经显影、拍照和扫描等技术处理得到清晰的指纹图像。

2. 指纹分类

在大容量系统数据库的指纹匹配中,指纹类别通常作为一个索引标志,用来加快指纹匹配的速度。就目前指纹分类技术而言,指纹分类主要是根据指纹中的两类特殊结构的点(core 点和 delta 点)的位置和数目,将指纹划分为几种不同类型,即平拱型、尖拱型、左环型、右环型和旋涡型。core 点和 delta 点又称全局特征点,其结构如图 1-8 所示。

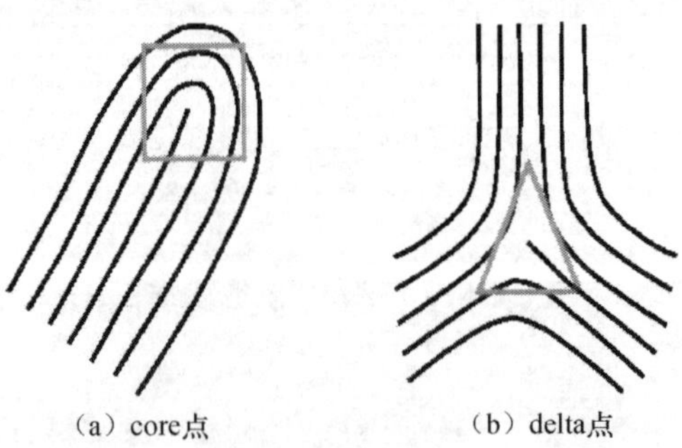

(a) core点　　(b) delta点

图 1-8　core 点和 delta 点结构示例

图 1-9 给出了几个典型的 core 点例子。core 点又叫做内终点,被定义为纹线上曲率最大的点,周围纹线大致呈半圆走向。由于纹线上各点曲率具有多样性,确定 core 点的方法比较复杂。图 1-10 给出了几个典型的 delta 点例子。delta 点又叫做外终点,被定义为模式区内离典型线分叉处最近的位置。delta 点的位置很难精确定义,这个位置可能是一个孤立点、一段短线、纹线分叉点、纹线端点或模式区内纹线上距典型线分叉位置最近的点。在指纹分类和指纹匹配中,用到的另外一

个重要概念是纹线数。纹线数一般被定义为从 core 点到 delta 点所穿过的纹线条数。由于指纹纹线结构模式具有高度复杂性，精确定义纹线数是一件很困难的事情。图 1-11 是几个简单说明纹线数的例子。

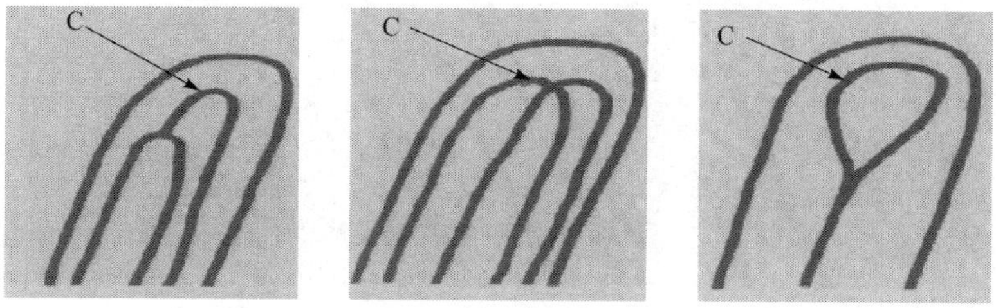

图 1-9　core 点示例

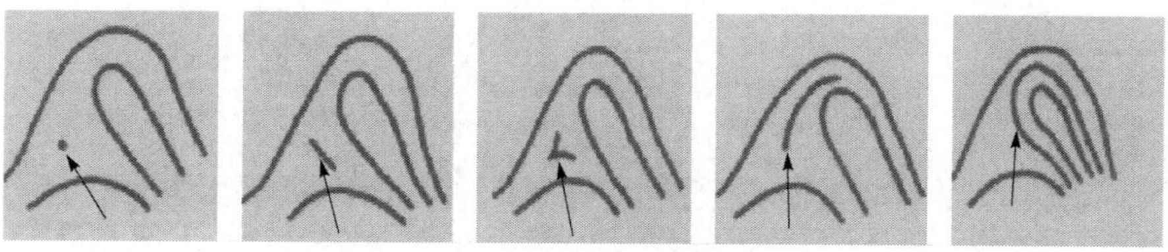

图 1-10　delta 点示例

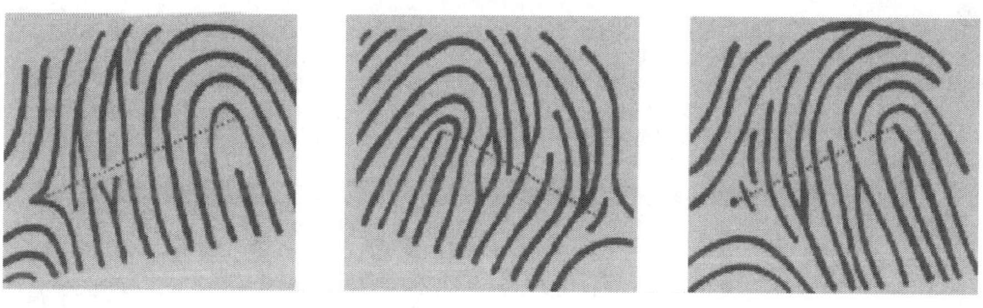

图 1-11　纹线数示例

基于灰度图像的指纹分类算法主要包括 4 个步骤：指纹图像分割、指纹方向信息提取、奇异点检测和指纹分类。

目前，进行模式区奇异点检测的流行方法是基于 Poincaré index[20] 确定指纹中 core 点和 delta 点的位置和数目，当准确检测到 core 点和 delta 点后，指纹图像分类规则可粗糙地描述如下。

(1) 若 core 点和 delta 点的数目均为 0，则为平拱型。

(2) 若 core 点和 delta 点的数目均为 1，则根据奇异点的位置和纹线数等分别归属于尖拱型、左环型或右环型。

(3) 若 core 点和 delta 点的数目均为 2，则为旋涡型。

上述 5 种指纹类别如图 1-12 所示。

（a）平拱型　（b）尖拱型

（c）左环型　（d）右环型　（e）旋涡型

图 1-12　5 类分类标准下的指纹类别示例

3. 指纹细节特征提取

指纹细节特征点主要用于指纹匹配。细节特征点指的是纹线端点（ridge ending）和纹线分叉点（ridge bifurcation）。纹线端点是纹线结束的位置，而纹线分叉点则是纹线一分为二的位置，它们是指纹的局部特征点。大量统计结果和实际应用表明，这两类特征点在指纹中出现的机会最多、最稳定，而且比较容易检测和获取。更重要的是，使用这两类特征点足以描述指纹的唯一性。通过算法检测指纹中这两类特征点的数量，以及每个特征点的位置和所在区域的纹线方向是细节特征提取算法的任务。指纹细节特征点的类型和方向定义如图 1-13 所示。

指纹细节特征提取算法由指纹图像与背景分离、方向信息提取、纹线提取、图像分割（二值化）、图像细化和细化后处理以及细节特征提取等步骤组成。该算法的流程图如图 1-14 所示。为清楚起见，将提取的细节特征结果图像进行放大，并旋转 90°放置。

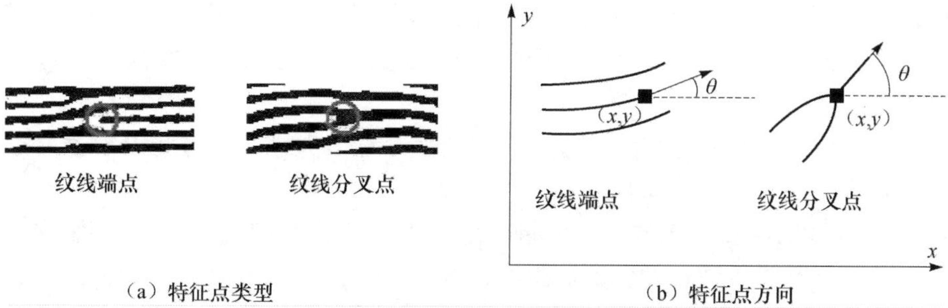

图 1-13　指纹细节特征点的类型和方向定义

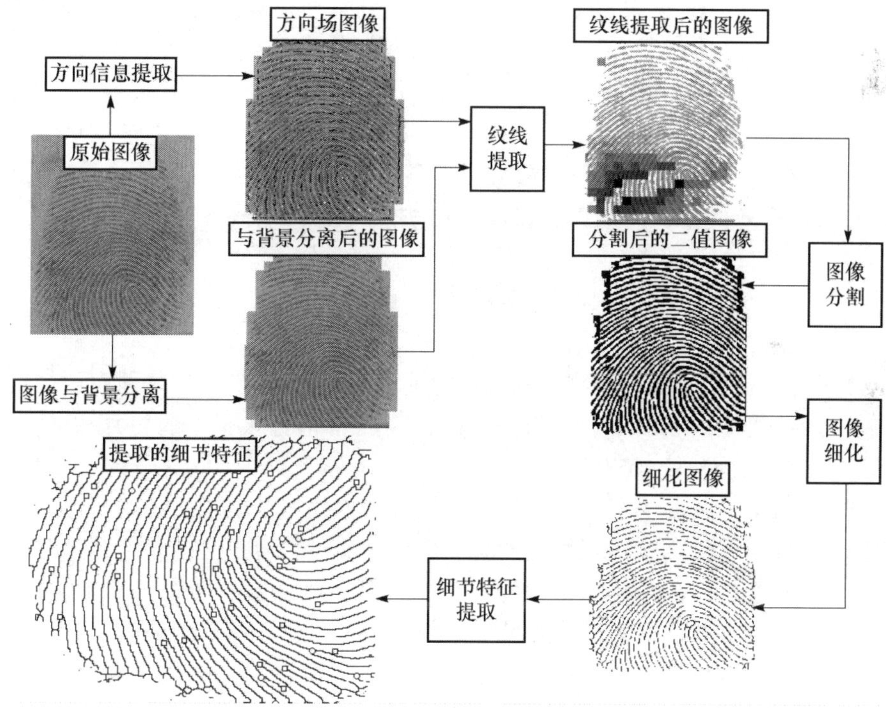

图 1-14　指纹细节特征提取算法流程图

4. 指纹匹配

指纹匹配是自动指纹识别系统研究的核心内容之一，是在指纹细节特征提取之后进行的，是自动指纹识别的最后一步，也是非常关键的一步。指纹匹配一般是基于细节特征点（端点和分叉点）的匹配，所要解决的问题是对从两幅给定指纹图像中提取的特征点信息进行匹配，判断这两枚指纹是否来自同一根指头。

尽管 core 点和 delta 点的有无、位置、数目以及纹线数等在一定程度上体现了指纹的个性,但指纹的唯一性却是由局部纹线特征和它们的相互关系来决定的。指纹匹配最终是要依靠比较两枚指纹的局部纹线特征和相互关系来确定是否相同的。

由于一些客观因素的存在,指纹匹配技术存在很大难度。这些因素主要有如下几点。

(1) 受现有指纹采集技术的限制,指纹图像存在不规则的局部形变,而这种形变又是随机的、难以用数学模型描述的。

(2) 由于指纹录入时的随机性,待识图像相对于模板图像存在一定程度的平移和旋转。

(3) 由于手指较干、较湿、磨损严重或者受到意外伤害而造成的不可恢复性改变,导致伪特征点的产生。

(4) 细节特征提取算法不完善,导致伪特征点出现、真正的特征点丢失和特征点定位的偏差。

因此,指纹匹配必然是一种模糊匹配,匹配算法必须要有一定的弹性。要想设计一个准确有效的指纹匹配算法,就必须解决好以上几个问题。

1.5　本书主要内容安排

本书深入研究了自动指纹识别系统的理论和方法,实现了指纹图像预处理、细节特征提取、指纹匹配以及指纹分类等算法,建立了验证模式下的一对一自动指纹识别系统。本书主要内容安排如下。

第1章:绪论。介绍了生物特征识别技术和生物特征识别系统的概念,以指纹识别为例,说明自动指纹识别技术的研究历史和研究内容。

第2章:常见的生物特征识别技术。介绍了一些常见的和新兴的生物特征识别技术及部分算法,同时对多生物特征融合识别技术进行了简单介绍。

第3章:验证模式下自动指纹识别系统。从整体上介绍了自动指纹识别系统的各算法模块的基本知识,包括指纹图像采集、指纹图像预处理、细节特征提取和指纹匹配。其中指纹图像预处理又包括图像与背景分离、方向信息提取、纹线提取、图像二值化、图像细化及纹线修复,并选取低质量指纹图像对系统的匹配结果进行了测试。

第4章:自动指纹识别系统预处理及细节特征提取。在对第3章中的指纹图像预处理各算法模块进行详细研究的基础上,提出一种基于非彻底细化图像的指纹细节特征提取算法,给出系统的几个主要测试指标,并作出ROC曲线。

第5章:自动指纹识别系统图像分割。充分利用指纹图像特有的方向性(纹理性)和灰度特性,分别用方差分割算法和方向分割算法实现了指纹图像前景与背景分离(图像分割)。然后结合这两种方法的优点,提出一种基于方向灰度方差的指纹图像分割算法,该算法尤其对低质量指纹图像效果较好。

第 6 章:基于纹线跟踪的指纹细节特征提取。不同于常规的指纹细节特征提取算法,该算法经图像归一化和前景与背景分离后,直接在灰度指纹图像上跟踪指纹纹线(脊线),并根据设置的跟踪结束条件将指纹图像细化,得到细节特征点(端点和分叉点)信息。

第 7 章:指纹匹配。介绍了一种基于特征点坐标模型的点模式匹配算法,解决了指纹匹配过程中基准点确定和变换参数求取的难题。同时,根据多个点确定待识指纹相对于模板指纹的变换参数,在一定程度上消除了特征提取过程中引入的位置和角度偏差,提高了匹配精度。

第 8 章:基于纹线跟踪的指纹分类。首先确定指纹图像的模式区,然后利用第 6 章纹线跟踪的思想,在指纹图像模式区进行纹线跟踪。根据跟踪到的模式区纹线形状对指纹进行分类,分类精度能够满足系统要求,运算速度较快。

第 9 章:基于类拐点特征向量的多层次指纹分类。提出类拐点和类拐角的概念,并在此基础上提取分类特征向量。采用多层次树结构作为分类决策规则,得到了较好的分类效果,分类准确率较高。

第 10 章:总结与展望。这部分既分析了本书研究内容的困难之处,又对其未来发展趋势作了描述,并提出了今后的研究工作与建议。

另外,在附录部分给出了部分自动指纹识别算法的 VC 语言源程序,供读者参考。

参考文献

[1] Prabhakar S, Pankanti S, Jain A K. Biometric recognition: security and privacy concerns. IEEE Security&Privacy, 2003, 1(2): 33-42.

[2] Clarke R. Human identification in information systems: management challenges and public policy issues. Information Technology & People, 1994, 7(4): 6-37.

[3] Newham E. The Biometric Report. New York: SJB Services, 1995.

[4] Hong L. Automatic personal identification using fingerprints. Michigan: Michigan State University Press, 1998: 45-46.

[5] 尹义龙. 自动指纹识别系统研究. 长春:吉林工业大学,2000.

[6] 田捷,杨鑫. 生物特征识别技术理论与应用. 北京:电子工业出版社,2005.

[7] Jain A, Pankanti S. Automated fingerprint identification and imaging systems. Advances in Fingerprint Technology, Elsevier Science, 2001.

[8] Zhang J, Yan Y, Lades M. Face recognition: eigenface, elastic matching and neural nets. Proceedings of the IEEE, 1997, 85(9): 1423-1435.

[9] Atick J, Griffin P A, Redlich A N. Statistical approach to shape from shading: reconstruc-

tion of three-dimensional face surfaces from single two-dimensional images. Neural Computation,1996,8(6):1321-1340.

[10] Davies S G. Touching big brother:how biometric technology will fuse flesh and machine. Information Technology&People,1994,7(4):60-69.

[11] Wildes R P. Iris recognition:an emerging biometric technology. Proceedings of the IEEE,1997,85(9):1348-1363.

[12] Nalwa V S. Automatic on-line signature verification. Proceedings of the IEEE,1997,85(2):215-239.

[13] Campbell J P. Speaker recognition:a tutorial. Proceedings of the IEEE,1997,85(9):1437-1462.

[14] Cummins H,Mildo C. Finger prints,palms and soles. New York:Dover Publication Inc.,1961.

[15] Chapel C E. Fingerprinting:a manual of identification. New York:Coward McCann,1941.

[16] Cowger J F. Friction ridge skin:comparison and identification of fingerprints. New York:Elsevier,1983.

[17] Saviers K D. Friction skin characteristics:a study and comparison of proposed standards. California:Garden Grove California Police Department,1987.

[18] Coren S. Are fingerprints a genetic marker for handedness? Behavior Genetics,1994,24(2):141-148.

[19] Moenssens A. Fingerprint techniques. London:Chilton Book Company,1971.

[20] Glass L. A combinatorial analog of the poincaré index theorem. Journal of Combinatorial Theory(Series B),1973,15:264-268.

第 2 章　常见的生物特征识别技术

生物特征识别技术比传统的身份认证方法更具安全性、保密性和便捷性。由于人体特征具有人体所固有的不可复制的唯一性等特点，这一生物“密钥”不会被复制、失窃或被遗忘，因此利用生物特征识别技术进行身份认证更加安全、可靠和准确。而常见的口令、IC 卡、条纹码、磁卡或钥匙等存在容易丢失、遗忘、易被复制以及被盗用等诸多不利因素。因此，采用生物“钥匙”可不必携带任何钥匙，也不用费心记忆或更换密码，而系统管理员更不必因忘记密码而束手无策。在信息化时代，如何准确鉴定一个人的身份并保护信息安全，已成为一个必须解决的关键社会问题，也引起了各国的广泛关注和高度重视[1,2]。

生物特征识别技术的种类有近 20 种。如第 1 章所述，常见的生物特征识别技术有指纹识别、人脸识别、掌形识别、虹膜识别、步态识别、签名识别、语音识别、视网膜识别、脸部热量图识别和手部血管分布识别等 10 种[3-15]。其中，指纹、人脸、掌形、虹膜、视网膜、脸部热量图和手部血管分布属于生理特征，步态和签名属于行为特征，而语音则兼具这两方面的特性。另外，还有一些新兴的生物特征识别技术，如声纹识别、耳廓识别、手背静脉识别、红外温谱图识别和 DNA 识别等。所有这些生物特征都能在一定程度上满足生物特征识别技术的需要，有的已经得到推广和应用或有潜力成为实用的生物特征识别技术，有的还仅处于实验研究阶段。每一种生物特征识别技术都有其优点和缺点，没有一种能够满足所有的应用要求。确定一种具体的生物特征识别技术主要依赖于应用和生物特征本身的特性。

本章重点介绍上述 10 种常见的生物特征识别技术及部分算法，对新兴的生物特征识别技术进行简介，并关注多模态生物特征识别。

2.1　指纹识别

指纹识别实际上是手指表面纹路的脊、谷分布模式识别，这种脊、谷分布模式是由皮肤表面细胞角化、积累形成的。在 1.4 节中，已对 AFIT 作了介绍，其研究内容包括指纹采集、指纹分类、指纹细节特征提取和指纹匹配。两枚指纹经常会具有相同的总体特征，但它们的细节特征不可能完全相同。指纹的总体特征指人眼可以直接观察到的特征，如 core 点、delta 点、纹形、模式区和纹线数等。而细节特征则提供了指纹唯一性的确认信息，包括端点、分叉点、短线、小孔和毛刺等，其中最典型的是端点和分叉点。如何正确提取指纹细节特征并实现匹配，是 AFIT 研究的关键，涉及图像处理、模式识别、计算机视觉、数学形态学和小波分析等众多学科。

人的指纹特征是与生俱来的，早在胎儿时期就已经决定。人类使用指纹作为身份识别的手段也有很长的历史，合法性也得到了广泛认可。但并不是所有生物特征识别技术的合法性都能得到人们尤其是法律部门的认可，目前只有指纹识别和签名识别是法律所认可的，而指纹识别的认可性程度排在第一位。事实上，指纹识别技术几乎已经成了生物特征识别技术的代名词。指纹识别技术面临的最大困难是它需要大量的计算，因此为满足实时性和速度的需要，对算法和资源的要求很高。另外，指纹识别的准确性尚需进一步提高。

本书从第 3 章开始介绍自动指纹识别系统的核心算法。

2.2 人脸识别

人脸识别是根据人的面部特征的唯一性，以及它们之间的相互关系进行的识别。它是利用面部的二维或三维图像，通过图像处理和模式识别的方法达到鉴定或验证个体身份的目的。捕捉面部图像的两项技术为标准视频技术和热成像技术。标准视频技术通过一个标准摄像头获取面部的一幅图像或者一系列图像，在面部图像被捕捉后，一些核心点（如眼睛、鼻子和嘴）位置以及它们之间的相互关系被记录下来，然后形成模板；热成像技术通过分析面部毛细血管的血液产生的热量来生成面部图像。与标准视频技术不同，热成像技术并不需要在较好的光源条件下进行，因此即使在黑暗情况下也可以使用。一个算法和一个神经网络系统加上一个转化机制，就可以将一幅面部图像转化为数字信号，并最终产生匹配或不匹配的结果。

人脸识别的优点如下。

(1) 人脸识别是非接触式的，用户不需要和设备直接接触。

(2) 人脸识别对被识别对象侵扰较少，识别手段友好、隐蔽。

(3) 人脸识别可以使用桌面视频进行摄像，只要采用高级的摄像头就可有效、高速地捕捉面部图像。

人脸识别的缺点主要有如下几点。

(1) 识别对象面部位置与周围的光照环境都可能影响系统的准确性。

(2) 大部分研究生物识别的学者公认人脸识别是最不准确的，也是最容易被伪装和欺骗的。

(3) 人脸识别技术的改进依赖于特征提取与比对技术的提高，而且图像采集设备比其生物特征识别技术昂贵得多，很难进一步降低人脸识别的成本。

(4) 人体面部(如头发、饰物、变老)以及其他变化可能需要人工智能进行补偿,因此,机器学习功能必须不断将以前得到的图像和现在得到的图像进行比对,以改进核心数据和弥补微小差别。

2.2.1 人脸识别的研究内容

人脸识别是一门跨学科技术,它涉及图像处理、模式识别、视频处理、神经网络以及统计学习等理论,主要包括人脸检测和人脸识别两部分研究内容。

1. 人脸检测

人脸检测(face detection)是指在输入的图像中确定所有人脸(如果存在)的位置、大小和位姿的过程。任意给定一幅图像或者一组图像序列,人脸检测的目的就是判定该图像或图像序列中是否存在人脸。如果存在,则返回其位置和空间分布等信息。人脸检测是自动人脸识别系统中的一个关键环节。

人脸检测算法包括以下几种。

1) 基于启发式模型的方法

首先抽取人脸的几何形状、灰度和纹理等特征,然后检测它们是否符合人脸的先验知识。这种基于特征的人脸检测方法,首先检测出不同于人脸特征的位置,然后根据它们之间的空间、几何关系来定位人脸。该方法又细分为如下几种检测方法。

(1)基于知识的方法。即利用人脸先验知识导出的规则进行人脸检测。人脸局部特征的分布存在一定规律,例如,两只眼睛对称分布在人脸上半部,鼻子与嘴巴中心的连线基本与两眼之间的连线垂直等。

(2)基于局部特征的方法。首先在整幅图像中搜索一组人脸的局部特征,然后通过它们之间的几何关系组成候选的人脸区域。由于人脸局部特征具有不变性,通过组合人脸局部特征,可以用这种方法检测不同位置、角度的人脸。

(3)基于模板的人脸检测方法。将人脸的灰度模板看做一种启发式模型,进行人脸检测。

2) 基于统计模型的方法

将人脸区域看作一类模式,即模板特征。使用大量的“人脸”与“非人脸”样本训练,并构造分类器,通过判断图像中所有可能区域属于哪类模式的方法实现人脸检测。这种方法又可细分为如下几种检测方法。

(1) 基于杠杆训练机的方法。采用物理学中的杠杆原理训练样本,并构造分类器。

(2) 基于特征空间的方法。将人脸图像区域变换到某一特征空间,根据其在特征空间中的分布规律划分“人脸”与“非人脸”两类模式。

(3) 基于人工神经网络的方法。把模式的统计特征隐含在人工神经网络

(artificle neural network,ANN)结构和参数中。对于人脸这类复杂、难以显式描述的模式,基于 ANN 的方法具有独特的优势。

(4) 基于概率模型的方法。计算图像区域(region)中属于人脸模式(object)的后验概率 $P(\text{object}|\text{region})$,据此对所有可能的图像窗口进行判别。

(5) 基于支持向量机的方法。支持向量机(support vector machine,SVM)的核心是构建一个超平面作为决策面,使得正例和反例的分隔边界最大化。

2. 人脸识别

人脸识别的主要目的是根据已经检测出来的人脸进行身份判别。同指纹识别一样,它细分为两大类:一类回答"这个人是我吗"(1∶1,用户已声明身份),即验证(verification);另一类回答"我是谁"(1∶N,与所有注册信息比对,找出相似程度最高的用户,并输出),即辨识(identification)。显然,用于辨识模式的识别系统对算法速度要求要高于验证模式的识别系统。

人脸识别的过程包括登记(registration)过程和识别过程。其中,识别过程又分为一对一的验证过程和一对多的辨识过程。

人脸识别算法包括以下几种。

1) 基于局部或全局特征的人脸识别算法

(1) 基于形态学商图像的方法。这种方法主要用于解决人脸识别中非均匀光照的问题。可有效减小人脸图像中光照的影响,利用形态学的操作来估计光照,可更加快速有效地提取人脸中的有用信息。

(2) 基于面部几何特征的方法。以人脸面部主要特征点(如眼睛、眉毛、鼻子和嘴巴)的形状和几何关系为基础进行识别。

(3) 基于小波包分解的局部特征识别方法。与小波分析相比,小波包分解可获得对图像更为丰富的编码表示,每个小波包基本保留了全局能量并提取了重建特征。

(4) 基于弹性图匹配的方法。弹性图匹配方法的基本思想是动态连接结构(dynamic link architecture,DLA)。可以认为,弹性图匹配是一种考虑到被识别目标局部特征之间拓扑结构的、具有适应性的局部特征匹配方法,它的理论基础是图匹配。

2) 基于子空间分析的人脸识别算法

子空间分析的基本思想是根据一定性能目标寻找一个线性或非线性空间变换,将原始数据压缩到一个低维子空间,使数据在子空间的分布更加紧凑,从而为数据更好地描述算法提供了手段。另外,计算的复杂度也大大降低。

(1) 基于主成分分析的方法。其理论依据是主成分分析(principal component analysis,PCA),或者说是 K-L 变换(Karhunen-Loeve transform)。通过求解训练

样本散布矩阵的特征值，给出一组数量远远小于样本空间维数的正交基来表示训练样本张成的子空间。

(2) 基于线性判别分析的方法。PCA 从表示的角度创建子空间，但忽略了类内、类间的差异。线性判别分析(linear discrimination analysis，LDA)的基本思想，使样本在所生成的子空间中类间散度最小的同时，类内聚合度最大。

(3) 独立元分析的方法。PCA、LDA 都基于训练样本集的二阶统计信息，而忽视了其高阶统计信息。独立元分析的基本思想是通过线性变换，从训练样本集中找到一组相互独立的基(独立元)，以此来描述样本数据，使信号的二阶统计信息和高阶统计信息都得到有效利用。

(4) 基于核主成分分析和核线性判别分析的方法。这两种方法分别是主成分分析、线性判别分析的非线性推广，是基于核运算的方法。核函数技术将 m 维高维空间的内积运算转换为 n 维低维空间的核函数运算，有效地解决了高维空间的相关问题。

3) 基于相对差分空间的人脸识别算法

该算法研究将一个多类分类问题分解成若干两类分类问题，然后用现有的两类分类算法逐个解决。为此有两种解决策略：一对多、一对一。

(1) 一对多。这种方法将一个 K 类分类器分解成 K 个两类分类器，每个两类分类器负责区分其中某个类和剩余的所有类别。最后的输出结果由具有最高输出值的两类分类器对应的类别决定。

(2) 一对一。这种方法将一个 K 类分类器分解成 $K(K-1)/2$ 个两类分类器，每个两类分类器负责区分其中的某两个类别。最后的输出结果由投票决定，或者由决策者决定。

3. 人脸检测与人脸识别的关系

从自动人脸识别技术所依据的理论来讲，人脸检测与人脸识别都属于模式分类问题。人脸检测是把所有的人脸看做一个模式，而把所有的非人脸看做另一个模式，人脸检测的过程就是将人脸模式与非人脸模式区别开来；而人脸识别则是把每一个人脸都作为一个模式来对待，不同人脸属于不同的模式类，人脸识别的过程就是将属于不同人脸归于各自的模式。换句话说，人脸检测强调的是人脸之间的共性；而人脸识别则强调的是人脸之间的个性，要区分出不同人脸之间的差异。

2.2.2　人脸识别新技术

传统的人脸识别技术主要是基于可见光图像的人脸识别，这也是人们最熟悉的识别方式，已有 30 多年的研究历史。但这种方式有着难以克服的缺陷，尤其是在环境光照发生变化时，识别效果急剧下降，无法满足系统的应用需要。解决光照问题的方案有三维图像人脸识别、热成像人脸识别等，但目前这两种技术还远未成熟，识别效果都不尽如人意。

最近迅速发展起来的一种解决方案是基于主动近红外图像的多光源人脸识别技术，它可以克服光线变化的影响，已经取得了卓越的识别性能，在识别精度、稳定性和速度等方面的整体性能均已超过三维图像人脸识别技术。这项技术在近两三年发展迅速，使人脸识别技术逐渐实用化。

2.2.3 人脸识别的应用

人脸识别在国民经济多个领域有独特的应用价值，主要包括如下几方面。

(1) 公安刑侦破案。其主要用于通过查询目标人像数据，寻找数据库中是否存在嫌疑人的基本信息。例如，在车站或机场等公共场所安装人脸识别系统以协助抓捕在逃案犯。

(2) 门禁系统。同指纹识别一样，受安全保护地区可通过人脸识别，辨识试图进入者的身份。人脸识别系统可用于企业、住宅安全和管理系统，如人脸识别门禁考勤系统、人脸识别防盗门等。

(3) 摄像监视系统。该系统可以在机场、体育场和超级市场等公共场所对人群进行监视。例如，在机场安装人脸监视系统以防止恐怖分子登机。在银行的自动取款机上，如果用户卡片和密码被盗，就会被他人冒取现金，此时，如果同时应用人脸识别技术就会避免这种情况的发生。

(4) 网络应用。可以同时利用人脸识别辅助信用卡进行网络支付，以防止非信用卡拥有者使用该信用卡等。

(5) 身份辨识。身份辨识主要用于电子护照、身份证等，这或许是未来规模最大的应用。国际民航组织已确定，从 2010 年 4 月 1 日起，其 118 个成员国家和地区必须使用机读护照，其中人脸识别是首推识别模式。该规定已经成为国际标准。美国也已经要求与其有出入免签证协议的国家在 2006 年 10 月 26 日前必须使用结合人脸、指纹等生物特征的电子护照系统。到 2006 年底，已有 50 多个国家和地区实现了这样的系统。美国运输安全署(Transportation Security Administration)计划在全美推广一项基于生物特征的国内通用旅行证件。欧洲许多国家也计划或者正在实施类似的措施，用包含生物特征的证件对旅客进行识别和管理。中国公安部也在加紧规划和实施电子护照计划。

(6) 信息安全。该功能主要用于计算机登录、电子商务和电子政务等。电子商务中的交易全部在网上完成，电子政务中的很多审批流程也都可以在网上完成。当前，交易或者审批的授权都是靠密码实现的。如果密码被盗，就无法保证安全。如果使用生物特征，就可以做到当事人在网络上的数字身份和真实身份相统一，从而大大增加电子商务和电子政务系统的可靠性。

2.3　掌形识别

掌形识别是 1998 年才出现的生物特征识别技术，经过十几年的研究已达到了商用的要求。与其他的生物特征一样，掌形也具有唯一性、稳定性和普遍性等特点，因此也可用来作为确认身份的依据。近年来，掌形识别技术的研究和应用已经取得了很大进展，并被越来越多地应用于个人身份认证场合。

掌形识别包括掌纹识别和手形识别两种。

1. 掌纹

掌纹是指手指末端到手腕部分的手掌图像。其中很多特征可以用来进行身份识别，如主线、皱纹、细小纹理、脊末梢以及分叉点等。掌纹识别也是一种非侵犯性识别方法，用户比较容易接受，对采集设备的要求不高。

2. 手形

手形是指手的几何特征，如手掌宽度、厚度、手指的长度和宽度等。

与常见的指纹、人脸和虹膜等生物特征识别技术相比，掌形识别具有以下优势。

(1) 掌形识别对采集图像的质量要求不高，而由于指纹识别主要是基于细节特征的识别，往往局限于指纹质量较好的人。

(2) 掌纹的有效区域比指纹大得多，除细节特征具有唯一性和稳定性外，掌纹中的各类线特征也具有唯一性和稳定性。

(3) 掌形可以采取非接触式采集，被窃取的可能性比指纹小得多。

(4) 和指纹相比，掌形的获取方式用户接受程度高。

(5) 从理论上讲，掌纹比指纹具有更好的分类性能和更高的识别能力。

(6) 掌形的主要特征稳定且明显，特征提取时不易受噪声干扰。

(7) 在低分辨率图像下提取的掌形特征足以满足身份确认的需要，采集设备简单易操作，且成本远低于虹膜识别。

(8) 掌形识别不易因受伤或磨损而影响采集图像的质量。

(9) 利用轮廓特征点对掌形进行定位具有平移和旋转不变性。

2.3.1　掌形图像采集

无论是掌纹识别还是手形识别，对图像采集设备的要求都不高，一般的摄像头或者扫描仪都可以采集到清晰的图像。采集算法相对比较简单、运算速度快，能满足掌形识别系统低分辨率、实时性的要求。

早期的掌形图像采集设备只是简单的捺印采集。随着数码成像技术的发展，现在的掌形采集器多由数码相机完成。掌形采集系统在采集掌纹的同时，可对每个手指和指关节尺寸、形状以及整只手的尺寸等进行三维测量。根据掌形识别技术的不同，可以单独采集掌纹或手形，也可以同时采集这两种特征。

2.3.2 掌形识别系统的组成

掌形识别系统同其他生物特征识别系统在结构上是一样的，都由注册和识别两部分组成。

1. 注册阶段

注册阶段即训练样本的录入。首先对采集到的掌纹训练样本进行预处理，然后进行特征提取，把提取的掌纹特征存入特征数据库中留待与被测试样本进行匹配。

2. 识别阶段

识别阶段即测试样本的分类。对获取的测试样本经过与训练样本相同的预处理、特征提取步骤后，送入分类器进行分类。

这两个部分都包括 4 个步骤：掌形图像采集、预处理、特征提取以及分类决策。

(1) 掌形图像采集。掌形图像采集的目的是利用数字设备，把掌形图像转换为可利用计算机处理的矩阵数据。一般采集的掌形图像都是二维灰度图像。

(2) 掌形图像预处理。掌形图像预处理的目的是使所采集的图像能方便地进行后续处理，提高特征提取的准确性。如去除噪声使图像更清晰、对图像采集或测量时造成的退化现象进行复原等，并对图像进行归一化处理。

(3) 掌形图像特征提取。经过预处理的掌形图像数据量庞大。因此，需要对数据进行特征提取和选择，即使用某种方法把数据从模式空间转换到特征空间。在特征空间中，数据往往具有很好的区分能力。

(4) 掌形图像分类决策。掌形图像分类决策是将样本的特征空间划分为类型空间。对于给定的未知模式，确定其为类型空间中的某种模型。特征提取在很大程度上影响了分类效果，好的分类器设计也会提高系统的分类性能。

下面分别对掌纹识别和手形识别进行介绍。

2.3.3 掌纹识别

和指纹一样，掌纹也是由遗传基因控制的，即使由于某种原因表皮剥落，新生的掌纹纹线仍保持原来的结构。每个人的掌纹纹线都不一样，即使孪生同胞的掌纹也只是比较相似，而不会完全一样。

1. 掌纹的特征

掌纹的特征主要包括以下几点。

1）点特征

手掌上包含很多与指纹类似的皮肤表面特征，如掌纹乳突纹在局部形成的奇异点及纹形等。和指纹识别一样，在手掌上也可以提取这些乳突纹的细节点特征。掌纹的点特征需要在高分辨率和高质量的图像中获取，因此，对图像的质量要求相对较高。

2）纹线特征

掌纹中最重要的特征就是纹线特征。这些纹线中最清晰的几条主线是掌纹中最稳定、最具特点的信息集合之一，基本上伴随人的一生，不发生变化。一般来说，根据这些主线特征就能大致确定被识别者的身份，并且在低分辨率和低质量的图像中仍能清晰地辨认。

3）纹理特征

纹理主要指比纹线更小、更细的一些纹线，它们在手掌上的分布是毫无规律的，如褶皱。褶皱是介于主线和乳突纹之间、较细小且杂乱无章的手掌皮纹。实际上，在掌纹识别中，可以把整个掌纹看做一种纹理，然后用纹理特征分析的方法(如形态学方法)进行处理。

掌纹中包含的信息远远比一枚指纹包含的信息更丰富，利用掌纹的点特征、纹线特征以及纹理特征完全可以确定一个人的身份。因此，从理论上讲，掌纹具有比指纹更好的分辨能力和更高的鉴别能力。

2. 掌纹图像预处理

掌纹采集设备采集到的掌纹图像通常包含背景部分及其他冗余信息。另外，每个人的手掌大小是不一样的。因此，需要对掌纹图像进行预处理，目的是实现掌纹图像的定位和归一化，为掌纹的特征提取和匹配提供稳定、一致的识别环境。

掌纹图像预处理通常包括以下几个典型步骤。

(1) 手掌轮廓提取。将手掌部分从背景中分离出来，并对手掌轮廓作边缘跟踪，以确定其轮廓。

(2) 掌纹图像定位。在手掌上选取一个稳定的基准点作为参考坐标系原点，使所有掌纹图像使用一致的坐标系。

(3) ROI 区域选取。ROI(region of interest)区域即感兴趣区域。根据特征匹配算法的要求选取合适的 ROI 区域。

3. 掌纹识别算法

目前,研究人员已对掌纹识别技术进行了广泛而深入的研究,并取得了一些成果。下面介绍一些掌纹识别的常用方法。

1) 基于掌纹点特征和线特征的识别算法

(1) 点特征。与指纹相似,掌纹图像上也含有脊线、谷线和细节特征点。Funada J 提出了一种通过消除掌纹褶皱提取乳突纹的方法,然而这种方法仅局限于提取掌纹图像的脊线,并没有成功地用于掌纹识别;Duta 提出了一种基于掌纹图像特征点的方法,用于掌纹识别;另外,Chen 等尝试通过产生局部灰度方向场图像来估算掌纹的褶皱点,将这些点连接起来组成直线段用于后续的匹配。

(2) 线特征。手掌上的纹线是最直观的特征,提取掌纹的纹线特征实际上是低对比度、高噪声背景条件下的边缘检测。很多文献都研究了掌纹的线特征。最早的文献使用了掌纹的线特征进行掌纹识别,这种方法只提取手掌上的短直线;Han 等采用数学形态学方法和 Sobel 边缘特征描述掌纹,并训练了一个神经网络分类器用于验证。形态学方法的基本思想是用具有一定形态的结构元素量度和提取图像中的对应形状,以达到对图像分析和识别的目的。另外,基于堆栈滤波的金字塔边缘检测算法和依据灰度形态学中腐蚀、膨胀等概念构造的算子也被用于提取掌纹的线特征。

2) 基于掌纹纹理特征的识别算法

掌纹可被认为是一种无规则但在个体间独一无二的纹理。目前,有很多方法是针对纹理分析处理掌纹图像的,如 Gabor 滤波、傅里叶变换、小波变换和局部能量分析等方法。与指纹相比,掌纹上有很多折痕,Wu 等通过提取局部能量特征将这些折痕向量化,用于掌纹识别;李文新等通过傅里叶变换将掌纹图像变换到频域,然后计算变换后图像的局部能量,最后用分级匹配的方法对提取的掌纹特征进行匹配。

3) 基于子空间分析的掌纹识别算法

基于子空间分析的掌纹识别算法,是将掌纹图像通过映射变换或矩阵运算,实现从样本空间到特征子空间的转换。根据映射的性质,变换后的子空间可分为线性子空间和非线性子空间。目前,运用在掌纹识别中的多为线性子空间。

(1) 主成分分析。PCA(principal component analysis)是多元变量统计中的一种降维技术。这种方法认为:任何一幅图像都可以分解为一系列向量与系数的线性组合,系数之间彼此不相关,并且服从高斯分布。将其中包含信息成分最多的向量方向视为主成分方向。具体实现是将掌纹图像按行展开后,对所形成的一维向量进行 K-L 变换,获得其正交的 n 维 K-L 基底,以对应前 m 个最大特征值的基底张成的子空间。K-L 变换是建立在统计特性基础上的一种变换,它的突出特点是具有很好的相关性,是均方误差(mean square error,MSE)意义下的最佳变换,用于将离散信号转化成一连串不相关的系数。变换后，将掌纹图像投影到该子空间上，实现降维，以减小计算复杂度。其中，对应较大特征值的基底具有类似掌纹图像的纹理，被称为特征掌，可以利用特征掌集描述掌纹。

(2) 二维主成分分析。二维主成分分析是在主成分分析的基础上建立起来的。它与主成分分析的不同之处在于它是直接基于二维矩阵变换的，而无需先将二维掌纹图像转化为一维的。已有研究采用了二维主成分分析的方法对掌纹图像进行特征提取。

(3) Fisher 线性判别。Fisher 线性判断(Fisher linear discrimination，FLD)是线性判别中的经典算法。该算法的主要思想是：在一般情况下，总可以找到某一个或某一些投影方向，使得样本投影在该方向上能够符合类内离散度最小、类间离散度最大的标准，即投影后的模式具有最佳的可分离性。有的学者采用 Fisher 算法对掌纹图像进行了分类识别，取得了很好的效果。

4) 分级特征融合的掌纹识别算法

从上面的分析可以看出，每种掌纹图像识别算法各有优缺点，如果仅采用一种方法很难做到快速、高精度的身份识别。因此，使用多特征融合的方法将几种特征识别方法结合起来，将是掌纹识别的重要发展方向。

这里的融合可以是特征级的融合，即通过定义融合准则将提取的多个特征融合为一个新特征。例如，通过融合准则将 4 个不同方向的 Gabor 滤波器提取的掌纹相位特征融合为一个，有效地表达了掌纹图像的方向和相位信息；又如，用竞争编码的方式将 Gabor 滤波器提取的 6 个方向的掌纹图像相位信息融合，从而在提高识别精度的同时使得匹配速度也大大提高。

这种融合也可以是匹配级的融合，也就是从粗到细，不同的匹配层次采用不同的掌纹特征。例如，粗匹配层次采用纹理能量作为特征，细匹配层次用提取的点特征进行匹配。You 等利用多种特征对掌纹进行了分层编码，以实现在大规模掌纹数据库中进行快速身份识别。

2.3.4　手形识别

手掌的形状包括手指形状、长度和宽度等特征，这些特征均可用于手形识别。基于手掌几何形状的手形识别系统已经在世界各地得到了广泛应用。

手形识别技术具有以下优点。

(1) 简单易用，采集和识别设备造价低。

(2) 对使用环境的限制很少。

(3) 比较容易为人们所接受。

它的不足之处也很明显，主要有如下几点。

(1) 由于手形识别是基于手掌的几何形状的，所以难以达到很高的准确率，在主要的生物特征识别技术中,手形识别是准确率最低的一种。

(2) 手掌的形状,尤其是尺寸,会随着人的年龄的增长而变化,表现为不稳定的特点,故手形识别不适用于未成年人。

1. 手形的特征

手形特征是指手掌的结构特征和几何特征,这些特征包括不同位置的手指长度、手指宽度、手掌长度、手掌宽度以及手掌厚度等,尽管这些特征在不同个体间的区别并不显著,但还是可以用它们来区分不同个体。

2. 手形图像预处理

手形图像预处理的目的是将手从采集的图像中完整地分离出来。与掌纹图像相比,手形图像预处理要简单一些,主要包括图像增强和图像分割两部分内容。手形图像预处理的具体步骤如下。

(1) 图像平滑和灰度调整。利用滤波器对原始手形图像作平滑处理,再将图像归一化,使得图像的灰度值具有预先设定的均值和方差。

(2) 图像二值化。根据预先设定的阈值将手形图像进行二值化处理,以便进行后续分析。

(3) 图像边缘检测和轮廓跟踪。在二值化图像上利用边缘提取算法提取人手边缘,再利用轮廓跟踪算法得到完整的人手轮廓。

3. 手形识别算法

1) 基于手形尺寸测量的识别方法

手的轮廓提取出来以后,需要先提取手指的几何信息;再提取手指的边缘点。根据每个手指的宽度线方向,分别对每个手指作宽度线[16]。将宽度线从指间滑到指根,就得到了手指的一系列边缘点和宽度值,从而形成手指宽度变化曲线。然后,根据宽度变化曲线确定手指尖的范围。确定手指尖范围的目的是排除手指甲长度对认证准确性的影响。最后确定每个手指的形心,再以形心为原点对每个分离的手指进行坐标变换,得到每个手指的相对坐标形式。

比对时采用每个手指分别进行匹配的方法。以一个手指为例,对用户手指和模板手指,分别选择前端坐标和宽度最相近的点作为两者的起始点,选择根部坐标和宽度最相近的点作为两者的结束点。然后对用户手指和模板手指从起始点到结束点平均选取 100 个宽度值,对应 200 个手指边缘特征点。计算用户手指某一部位的宽度与模板手指相应部位宽度的差值,然后设定一个阈值,当宽度差的值小于该阈值时,认为用户手指和模板手指在该部位的宽度相匹配,否则认为不匹配。这样就得到了用户手指和模板手指相匹配的宽度数以及百分率。当有超过 80%的宽度相匹配时，则认为用户手指和模板手指是相符的。

2）基于高斯混合模型的识别方法

这种方法的核心思想是，将手形图像表示为一个由许多轮廓点构成的可观测列。在这种情况下，如果能建立一个模型来描述这个序列的特征，那么就可以利用模型的特征参数来实现手形识别。该方法使用轮廓点特征分布的概率密度函数来描述手形轮廓变化，同时采用高斯混合模型（Gausian mixture model，GMM）估计轮廓点特征分布的概率密度函数。

2.3.5　掌形识别技术展望

掌形识别作为一种新兴的生物特征识别技术，因具有采集简单、图像信息丰富、用户接受度高、不容易伪造以及噪声干扰小等优点受到国内外研究人员的广泛关注，具有很好的发展前景。但是由于掌形识别技术起步较晚，目前尚处于学习和借鉴其他生物特征识别技术的阶段。

2.4　虹膜识别

使用虹膜（iris）作为生物特征进行身份识别的想法，最初是由眼科专家 Frank Burch 在 1936 年提出的。虹膜识别是与眼睛有关的生物特征识别中对人产生较少干扰的识别技术。人的眼睛由巩膜、虹膜和瞳孔 3 部分组成，虹膜位于巩膜和瞳孔之间，包含着丰富的纹理信息，其细节结构在出生以前就以随机组合的方式确定了。每个虹膜都包含一个基于像冠、水晶体、细丝、斑点、皱纹和条纹等独一无二的特征结构，其形成由遗传基因决定。据称，没有任何两个人的虹膜是完全一样的。虹膜扫描系统使用普通的照相机元件，不需要用户与机器发生接触。在发现虹膜时就开始聚焦，因此想通过眨眼睛来欺骗系统是不可能的。另外，虹膜识别有能力实现更高的模板匹配性能。

在所有生物特征识别技术中，虹膜识别是应用最为方便和精确的一种。到目前为止，虹膜识别的错误率在各种生物特征识别中是最低的。虹膜识别技术与相应的算法结合，可以达到很高的准确度，即使全人类的虹膜信息都录入一个数据库中，出现拒真和授假的可能性也是相当小的。例如，两个不同的虹膜有 75%匹配信息的可能性是 1∶106，等错误率（EER）为 1∶1 200 000；两个不同的虹膜产生相同虹膜代码（iris code）的可能性是 1∶10^{52}。因此，虹膜识别比其他任何一种生物特征识别技术的精确度要高几个到几十个数量级。

2.4.1　虹膜识别的特点

与其他生物特征识别技术相比，虹膜识别具有以下几个特点。

(1) 高独特性。几乎任何两个人(包括双胞胎)的虹膜都不是完全相同的,即使同一个人左右眼睛的虹膜也存在一定的差异。

(2) 高稳定性。虹膜本身一般不易病变,可以保持几十年不变。

(3) 不可更改性。

(4) 良好的防伪性能。要想精细地修改虹膜表面的结构特征,即使采用当前最先进的眼科手术,也必须冒着视力损伤的危险。另外,利用虹膜本身有规律的振颤特性以及虹膜随着光照强度变化而缩放的特性,可以把假冒的虹膜图片区分出来。

(5) 易接受性。虹膜采集只需用户位于设备之前而无需物理接触,甚至能在人们没有觉察的情况下把虹膜图像拍摄下来。

2.4.2 虹膜图像采集

一个虹膜识别系统包括硬件和软件两个模块,即虹膜图像获取装置和虹膜识别算法,分别对应于图像采集和模式匹配两个基本问题。

与大多数生物特征识别技术(如指纹、人脸、掌形、签名和步态等)的图像获取装置不同,虹膜图像的获取需要设计合理的光学系统,配备必要的光源和电子控制单元。最初的虹膜图像获取装置功能简单,需要用户很好地配合,而且拍摄距离很近,可用性比较差。随后,由于虹膜识别市场的扩大,许多公司加入到发展虹膜识别技术这一行列。光学专家和计算机领域的研究者共同开发了一些虹膜图像获取技术,包括辅助的用户自定位技术、远距离图像拍摄技术以及自动拍摄技术等,从而使得虹膜图像获取装置逐渐实用化。

虹膜图像获取后,将虹膜的可视特征转换成一个 512B 的虹膜代码模板,这个代码模板被存储下来以便后期识别使用。512B 对其他生物特征识别来说是一个十分紧凑的模板,但是从虹膜上获取的信息量十分巨大。Daugman 的算法[17]从直径 11mm 的虹膜上,用 3.4B 的数据代表每平方毫米的虹膜信息量,这样,一个虹膜就约有 266 个量化特征点,而一般的生物特征识别技术只有 13～60 个特征点。在算法和人眼特征允许的情况下,Daugman 指出,通过他的算法可获得 173 个二进制自由度的独立特征点。这在生物特征识别技术中,所获得特征点的数量是相当大的。

2.4.3 虹膜图像增强

虹膜识别算法包括虹膜图像增强、特征提取和分类器设计 3 部分。其中,虹膜图像增强是其中的重要组成部分。由于设备限制,虹膜图像采集时光照不能完全均匀分布,这将会影响虹膜纹理分析的效果。为了更好地提高识别效果,需要对展开后的虹膜图像进行局部直方图均衡化,以把原始图像的灰度直方图从比较集中的某个区间，变为在全部灰度范围内均匀分布，从而实现虹膜图像增强，减少非均匀光照的影响。另外，如果采集到的是比较模糊的虹膜图像，这些模糊图像如果直接用于识别，会极大地影响虹膜识别系统的性能。因此，也需要对这些图像进行增强处理。

虹膜图像增强算法主要有以下两种。

(1) 基于重建的超分辨率方法。这种方法是利用统一景物重复拍摄所获取的多帧图像冗余信息，消除和降低混叠效应，重构出超分辨率图像。通常情况下，基于重建的超分辨率方法在进行多帧图像融合时，会加入一些限制条件，使得重建图像既满足低分辨率图像的局部特征，又必须满足图像本身的基本特征，如分块平滑特性、边缘的清晰性和连续性等。

(2) 基于学习的超分辨率方法。这种方法的基本原理是利用虹膜图像有较强结构信息这一先验知识，通过对大样本虹膜数据库中的数据进行学习，找到某些对应关系，然后利用这些对应关系获取高分辨率虹膜图像。这种方法的局限性是只能针对同类虹膜图像进行处理，需要建立庞大的数据库，并且数据库的建立和学习算法决定该方法的性能，计算量较大。

2.4.4 虹膜图像配准算法

在虹膜图像采集过程中，不同时刻拍摄到的各帧图像中点与点不一定是一一对应的，要找到这些点之间的对应关系，就涉及图像配准问题。虹膜图像匹配时，由于待识别样本与数据库中的模板样本往往是不一致的，在比对前一般进行配准，以使识别性能不受影响。因此，同虹膜图像增强一样，虹膜图像配准也是非常关键的一步。

总体上说，虹膜图像配准算法有以下几种。

1) 基于特征点的方法

此处的特征点也称控制点。这是一种基本的配准方法，通常包括以下 3 个步骤。

(1) 提取虹膜图像特征点。

(2) 将两幅虹膜图像特征点对应起来。

(3) 根据对应的特征点确定空间变换，通常是两个二维多项式。

① 特征点。虹膜图像的特征点可分为外部特征点(external character)和内部特征点(internal character)两种。外部特征点是在景物上做记号，与图像本身无关。其优点是简单快速，不需要复杂的优化算法，精确度高，缺点是实用性差；内部特征点依赖于图像本身的信息，它既可以是几何结构上一些容易定位的点，也可以是一些极值点。通过算法可以自动产生特征点。

通常选取的几何特征点包括拐点、灰度极值点、轮廓上的曲率极值点以及两个线性结构的交点，或者是某一封闭区域的质心等。

② 全局配准方法。全局配准方法利用一组特征点产生一个整体最优的变换函数，变换函数的参数可通过拟合或插值的方法确定。在拟合方法中，匹配点通过变换尽可能地接近目标点，通常采用最小二乘回归分析。另外，特征点的个数要多于变换函数的参数，因此自动生成大量特征点就很有意义；而插值方法通常用于特征点较少的情况，这时特征点之间可以得到精确的匹配。当特征点较多时，用插值方法会使变换多项式的阶数很高。

③ 局部配准方法。局部配准方法中的变换函数不止一个，只有距离较近(或权重接近)的点才能影响到其对应的变换函数。这种方法适用于许多全局配准不适用的场合，但它的运算量也相对较大。局部配准通常采用的技术是分段插值，插值可以得到精确匹配，而分段则可以降低多项式阶数，同时将插值限制在某一局部。

2) 基于分割的方法

基于分割的方法包括两个基本步骤。

(1) 提取两幅虹膜图像中对应的曲线或曲面。

(2) 根据这些曲线或曲面确定几何变换。变换形式可以是刚体变换，即受力后其大小、形状和内部各点的相对位置均保持不变。刚体变换是固体的理想化模型，也可以是形变变换，即采用弹性形变的方式作用于分割后的曲线或曲面上，并用迭代的方法逐步完成。

3) 基于纹理分析的方法

基于纹理分析的方法和上述两种方法不同，它直接作用于图像中的像素，而不需要事先进行数据压缩或分割。这种方法有以下两种配准方法。

(1) 利用图像统计信息进行配准。利用图像统计信息作为配准依据的典型方法是矩和主轴法。借用经典力学中物体质量分布的概念，计算两幅虹膜图像像素点的质心和主轴，再通过平移和旋转使两幅图像的质心和主轴对齐，从而达到配准的目的。矩和主轴法对数据的缺失较为敏感，要求整个物体必须完整地出现在两幅图像中。从整体上说，该方法匹配准确度较差，常用做粗匹配。

(2) 直接利用图像中所有灰度信息进行配准。利用虹膜图像中所有灰度信息的配准方法是目前研究较多的一种方法。理论上讲，这种方法是最准确、最灵活的。因为它利用了图像中所有的灰度信息，而不像其他方法那样需要先提取出少量信息。常见的方法有相关法、傅里叶变换法和最大互信息法等。

2.4.5　虹膜识别的应用

由于虹膜图像采集设备简单，识别准确率高，虹膜识别已开始在各行各业得到应用。同时，给应用单位带来了种种经济效益和社会效益。这种应用趋势正以较快速度增长，未来虹膜识别必然会在各个行业取得全面应用。

在国内，虹膜识别技术本身的难度导致无法开发出相应产品。到目前为止，国内还没有虹膜识别系统真正被应用起来。但是，很多单位都表示了强烈的应用意向，特别是安全问题成了航空、金融和门禁等领域最关心的问题后，虹膜识别系统更是成了各大航空公司、金融机构以及其他安全保密机构（如国家航天局）的热点关注对象。与世界的发展趋势一样，虹膜识别技术也必将在中国掀起应用高潮。

2.5　步态识别

步态识别（gait identification）是一种新兴的生物特征识别技术，旨在通过人们走路的方式、姿态等行为特征，从相同的行走行为中寻找和提取个体之间的变化进行身份识别。人们可以感知步态，并通过步态来进行人的身份认证。步态识别是融合计算机视觉、模式识别以及视频与图像序列处理的一门技术。与其他生物信息识别技术相比，步态识别具有非接触、远距离和不易伪装等特点，在智能视频监控领域比人脸识别更具优势。

步态提供了充足的信息识别人的身份，主要提取的特征是人体每个关节的运动。步态识别输入的是一段行走的视频图像序列，因此其数据采集与人脸识别类似，具有非侵犯性和可接受性。但是，由于图像序列的数据量较大，步态识别计算复杂度很高，处理起来也比较困难。尽管生物力学中对步态进行了大量的研究，但是基于步态的身份识别研究工作刚刚开始。到目前为止，还没有商业化的基于步态的身份鉴别系统。

2.5.1　步态识别系统的组成

步态识别系统处理的对象是含有人的运动图像序列，通常包括运动检测、特征提取以及识别分类 3 个阶段。一个智能视频监控的自动步态识别系统，通常由监控摄像机、一台计算机和一套步态视频序列识别软件组成。其中，最关键的是步态视频序列识别软件。所以，对智能视频监控系统的自动步态识别的研究也主要是对步态识别算法软件的研究。

(1) 由监控摄像机采集人的步态。对检测、跟踪到的步态图像序列经过预处理提取人的步态特征，即对图像序列中的步态进行运动检测、运动分割和特征提取等步态识别前期的关键处理。

(2) 经过进一步处理，使获取的步态特征成为与已存储在样本数据库中的步态同样的模式。

(3) 将采集的步态特征与样本数据库中的步态特征进行比对。若有相匹配的步态特征,即进行预报警;若无相匹配的,则监控摄像机继续进行步态采集。

2.5.2 步态识别算法

步态识别的突出特点是能进行远距离识别。因此,步态识别算法的研究已越来越多地引起国内外学者的关注。目前,已经研究出的步态识别算法主要有以下几种。

1. 步态度识别算法

该算法思想来源于“从行走运动的时空模式中可学习人体的外观模型”的观点。对于每个图像序列而言,背景减除(分辨对象与背景信息)过程用来提取行人的运动轮廓,这些轮廓随时间的姿态变化在二维空间中被对应地描述成一个序列的复数配置(complex configuration)。利用 Procrustes 的形状分析方法[18],从该序列的复数配置中获取主轮廓模型,作为人体的静态外观特征。实验结果表明,该算法能获得较好的识别性能。

2. 二维步态度识别算法

对于每个步态序列而言,采用一种改进的背景减除技术提取人的三维空间轮廓。在轮廓的边缘,被逆时针方向展开为一系列相对于质心的距离模板。这些模板特征通过主元统计分析来训练,从而获得步态形状的变化模式在特征空间中的轨迹表达。识别时,采用时空相关匹配的方法和基于归一化欧氏距离的最近邻规则,并引入相应于个人体形等生理特征加以融合,以用于必要的步态分类校验。

3. 时空轮廓分析算法

该算法思想来源于“人体行走运动很大程度上依赖于轮廓随着时间的形状变化”的直观想法。对每个图像序列而言,背景减除与轮廓相关的方法用于检测和跟踪行人运动轮廓,这些时变的二维轮廓形状被转换为对应的一维距离信号,同时通过特征空间变换来提取低维步态特征。基于时空相关或归一化欧氏距离进行度量,将标准的模式分类技术用于最后的识别。结果表明,该算法不仅获得了令人满意的识别性能,而且具有相对较低的计算代价。

4. 基于模型的算法

该算法思想来源于“行走运动的关节角度变化包含着丰富的个体识别信息”这一观点。首先,结合人体模型、运动模型、关节变化以及运动约束条件等先验知识,利用 Condensation 算法[19]进行行人的跟踪。然后,从跟踪结果中获取人体主要关节的角度变化轨迹。这些轨迹经过结构和时间归一化后，作为动态特征而用于身份识别。

5. 基于霍夫变换的算法

这是一种基于新的特征提取方法的自动步态识别算法，仅从腿部运动进行身份识别。Hough 变换是从图像中识别几何形状的基本方法之一，基本原理是利用点与线的对偶性，将原始图像空间中的给定曲线（如直线、弧线、圆和椭圆等）变换为参数空间的一个点，通过降低维数来减小计算复杂度。Hough 变换能够检测任意形状的曲线，而不受曲线间断和图形旋转的影响，即使目标有缺损和污染也能正确识别。经 Hough 变换后，对于每个步态序列，再用一种基于图像色度偏差的背景减除算法来检测运动对象。在经过处理的二值图像序列中，利用边界跟踪算法获取对象的边界。

6. 基于三维小波矩的算法

基于广义多尺度分析理论，针对不同的应用图像或信号数据库，得到最优小波分解，并在人体步态识别中与二维小波矩相结合。三维小波矩理论是在三维物体表示方面的一种无冗余的描述和识别方法。与现有方法相比，它不但具有平移、缩放和旋转不变性，而且在径向上增加了多尺度分析的特性。可以根据不同需要提供多层次的特征描述算子，同时引入球面调和函数（spherical harmonic function）和小波的 Mallat 算法[20]，使小波矩的计算速度得到很大提高。

7. 其他算法

此外，还有人基于“人体生物特征不仅包含静态外观信息，也包含行走运动的动态信息”的思想，提出了一种决策级上融合人体静态和动态特征的身份识别方法。此方法在不同融合规则下的实验结果表明，融合后的识别性能均优于使用任何单一模态下的识别性能。

2.5.3 步态识别的应用

类似于人脸识别，步态识别也要解决检测和识别两类问题。在检测问题中，步态识别算法需要对已假定的某人的身份作出判定，即接受或拒绝该假定身份；在识别问题中，给出未知身份的人的步态，在数据库中搜寻与之相匹配的人的步态，从而确认此人的身份。

步态识别作为一种生物特征识别技术，具有其他生物特征识别技术所不具有的独特优势，即在远距离或低质量图像、视频情况下的识别能力，且步态难以伪装或隐藏等。例如，为了防止贵重物品被盗，研究人员可在计算机、手机等物品中安装传感器。只要把传感器的频率调整到物主步行时的典型频率上，这时该计算机或手机就“认识”物主了。当有人偷了该计算机或手机又不能模仿物主的步态时，传感器就会报警。

2.6 签名识别

签名识别又称笔迹识别或手写体识别。从身份识别的角度来看，签名是一种后天的、稳定的行为特征，这源于每个人都有自己独特的书写风格。与虹膜识别、步态识别一样，签名的获取也具有非侵犯(非接触)性，采集方式比较自然，易被人们所接受和认可。这使得签名识别在生物特征识别领域有着不可忽视的地位。签名识别就是从签名中找出能够表明个人身份的特征，它的任务就是判断签名是不是某个人所书写的，或更进一步指出签名为谁所书写。签名的认证和识别可以用于司法鉴定，为法律所认可。签名识别的难度在于，由于人们书写方式及习惯等并非固定不变，签名的动态变化范围很大，单从字形上有时可能无法区分真实签名和伪造签名。

签名作为身份识别的手段已经有几百年的历史了。签名的数字化是这样一个过程：测量图像本身以及整个签名动作，即每个字母以及字母之间的不同速度、顺序和压力。签名识别和语音识别一样，是一种行为测定学。

签名识别的优点是更容易被大众所接受，是一种公认的身份识别技术。

签名识别的缺点主要有如下几点。

(1) 随着经验增长、性情变化与生活方式的改变，签名也会改变。

(2) 为了处理签名不可避免的自然改变，必须在安全方面作出妥协。

(3) 签名的速度不快，无法在 Internet 上使用它。

(4) 用于签名的手写板结构复杂且价格昂贵，且它与便携式计算机触摸板的分辨率有很大差异，在技术上很难将两者结合起来。

(5) 很难将签名的尺寸小型化。

2.6.1 签名的采集

签名采集技术主要有以下 3 种。

(1) 用一个数字式的垫板和一个特制的签字笔。这种方式是由美国一家大的包裹速递公司用于“投递确认”时引进的。

(2) 使用触摸屏。在其上签名的人能够直接在屏幕上写字，就像在纸上写字一样。

(3) 零售业的方式。用以证实签名人在文档上所签名字的真实性。这种方式还包括“生理”统计特征，例如，签名者书写时的用笔力度、笔画、角度和速度等信息。

计算机签名识别分为在线签名识别和离线签名识别两种。

2.6.2　在线签名识别

在线签名识别通过专用手写板采集书写人的签名样本，不仅可以采集到签名序列并将其转化为图像，而且可以记录书写压力、角度、速度和笔画顺序等信息，从而为签名识别提供更丰富的条件。

从总体上看，1993 年以来，计算机在线签名识别算法在签名特征分析与处理上都没有取得突破。许多新出现的技术都是对原有技术的改进和组合。在线签名识别算法主要有基于概率的分类器、动态匹配、信号相关性以及人工神经网络等。一些常用签名的特征分析方法有谱分析、余弦分析、直接编码、时间和形状特征集以及压力、力度和角度函数等。

2.6.3　离线签名识别

离线签名识别的对象是书写在纸上的签名样本，通过扫描仪或摄像机转化为计算机能处理的数字信号。在一个典型的离线签名识别系统中，一幅签名图像，如从支票、公文、证明文件上扫描提取出的图像，被用来同相关人员提供的签名样本作比较，例如，一个人在打开其账号时提供的签名。相对于在线签名识别系统，离线签名识别系统既没有关于时间的信息可以利用，如速度、笔画顺序等，也没有关于力学上的信息可利用，如角度、力度等，只能依赖从签名的灰度图像中得到的信息进行认证。

离线签名识别算法近几年来的发展也是很快的，新的方法不断涌现，但还没有一个成功的解决方案。1993 年以来，人工神经网络成为该领域的研究热点，许多研究用传统方法如多层感知器、协同结构和自适应共振理论（adaptive resonance theory，ART）网络进行分析。其他传统方法有最近邻法、动态编程法、最小距离分类器和基于阈值的分类器等。所有这些方法的区别在于，用来描述签名时所使用的特征是不一样的。简单的直接描述方法包括固定窗函数法、几何基本元素法、描述符扩展掩码法等。复杂的方法包括谱模式法和小波变换法等。

2.6.4　在线签名识别与离线签名识别的比较

在线签名是实时获取的签名，它可以记录签名时书写的时间、力学信息，从而得到笔迹的书写速度、笔画顺序、各点压力等；而离线签名一般是通过扫描得到的图像，因而只能获得笔迹本身的一些信息。显然，离线签名比在线签名更容易伪造，识别难度也更大。在线签名由于有动态信息，不容易被伪造，目前的识别率也可以达到比较满意的程度。

2.6.5 签名识别的应用

信息化时代中，签名识别在司法系统、金融系统以及商务和政务系统都得到了广泛应用。随着计算机技术和网络技术的普及与发展，签名识别技术的应用领域将更为广泛，并会突破原有的应用范围，如用于计算机登录、信息网入网、银行及信用卡签名等领域。

2.7 语音识别

自动语音识别(automatic speech recognition，ASR)也称语音识别或计算机语音识别，是语音信号处理学科的一个分支。自动语音识别技术(automatic speech recognition technology，ASRT)就是让机器通过理解和识别过程，把语音信号转变为相应的文本或命令的技术，最高目标是让计算机能够“听写”出不同人发出的连续语音，也就是俗称的“语音听写机”。

与签名识别相同，语音识别也可看做一种行为识别技术，语音识别设备不断测量、记录声音的波形和变化。而声音识别基于将现场采集到的声音同登记过的声音模板进行精确匹配。

语音识别是一种非接触的识别技术，用户可以很自然地接受。

语音识别的缺点主要有如下几点。

(1) 和其他行为识别技术一样，声音因为变化范围太大，很难进行精确匹配。

(2) 声音会随音量、速度和音质的变化(例如，感冒时)而影响到采集与比对结果。

(3) 随着技术的发展，将来语音识别系统或许可以觉察和拒绝录音机的声音，然而就目前来看，还很容易用记录在磁带上的声音欺骗语音识别系统。

(4) 用于语音识别系统的高保真的麦克风价格昂贵，因此语音识别系统的整体价格较高。

2.7.1 语音识别的分类

ASRT 有以下几种分类方法。

(1) 按系统的用户情况分为特定人和非特定人语音识别系统。

(2) 按系统词汇量分为小词汇量、中词汇量和大词汇量语音识别系统。

(3) 按语音的输入方式分为孤立词、连接词和连续语音识别系统等。

(4) 按输入语音的发音方式分为朗读式和口语式(自然发音)语音识别系统。

(5) 按输入语音的方言背景分为普通话、方言背景普通话和方言语音识别系统。

(6) 按输入语音的情感状态分为中性语音和情感语音识别系统。

2.7.2　语音识别系统结构

一个简单的自动语音识别系统(automatic speech recognition system,ASRS)如图 2-1 所示。

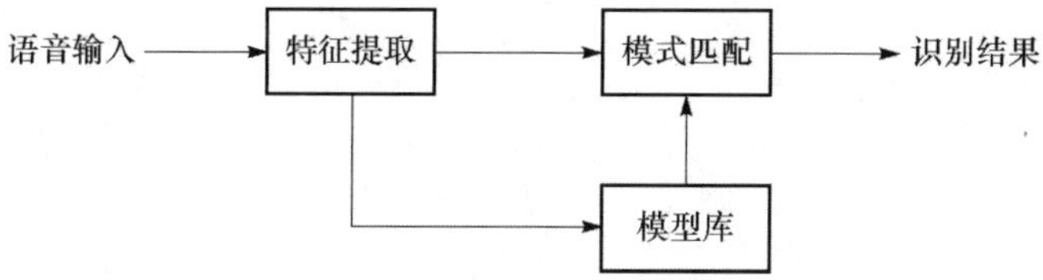

图 2-1　一个简单的自动语音识别系统

ASRS 的构成主要包括特征提取、模式匹配和模型库(模型训练)3 个模块,主要会用到以下识别技术或术语。

(1) 训练(training):预先分析出语音的特征参数,制作语音模板,并存放在语音参数库中。

(2) 识别(recognition):待识语音经过与训练时相同的处理,得到语音参数。将待识语音与样本库中的模板一一比较,并采用判决的方法找出最接近该语音特征的模板,得出识别结果。

(3) 失真测度(distortion measure):待识语音与模板语音在比对时要有一个标准,这就是计量语音特征参数之间的"失真测度"。

语音识别系统的性能指标有如下几个。

(1) 词汇表范围,这是指机器所能识别的单词或词组的范围。如不作任何限制,则可认为词汇表范围是无限的。

(2) 说话人限制,指仅能识别特定说话人的语音,或对任何说话人的语音都能识别。

(3) 训练要求,使用前要不要进行训练,即是否让机器先"听"一下给定的语音,以及训练次数的多少。

(4) 正确识别率,平均正确识别的百分比,它与前面 3 个指标都有关。

2.7.3　语音识别算法

一般来说,用于语音识别的算法主要有以下 3 种。

1. 基于声道模型和语音知识的算法

这种方法起步较早,但由于声道模型及语音知识过于复杂,现阶段还没有被广泛应用。该方法认为常用语言中有有限个不同的语音基元,而且可以通过其语音信号的时域或频域特性来区分。这种方法主要分以下两步实现。

(1) 分段和标号。把语音信号按时间分成离散的段落,每个段落对应一个或几个包含语音基元的声学特性,根据相应的声学特性对每个分段给出相近的语音标号。

(2) 得到词序列。根据第(1)步所得的语音标号序列,得到一个语音基元网格。然后从词典中获得有效词序列,也可结合句子的文法和语义同时进行。

2. 模板匹配的算法

模板匹配的方法发展比较成熟,目前已经被广泛应用。模板匹配分为 4 个步骤,即特征提取、模板训练、模板分类和判决。其中,有 3 种常用的方法:动态时间规整法、隐马尔可夫法和矢量量化法。

1) 动态时间规整法

在孤立词语音识别中,最简单有效的方法是采用动态时间规整(dynamic time warping,DTW)法,解决了发音长短不一致的模板匹配问题,是语音识别中使用较早、较为经典的一种算法。1960 年,日本学者 Itakura 提出了 DTW 算法。该算法的基本思想是把未知量均匀地加长或缩小,直到与参考模式的长度一致。在这一过程中,未知单词的时间轴要不均匀地扭曲或弯折,以使其特征与模型特征对正。另外,DTW 算法还用于语音信号的端点检测。语音信号端点检测是语音识别中的一个基本步骤,它是特征训练和语音识别的基础。所谓端点检测就是检测语音信号中各种段落(如音素、音节和词素)的起始点和结束点位置,从语音信号中排除无声段。在早期,进行端点检测的主要依据是能量、振幅和过零率,但效果往往不明显。

2) 隐马尔可夫模型

隐马尔可夫模型(hidden Markov model,HMM)是 20 世纪 70 年代被引入到语音识别理论中的,这使得自然语音识别取得了实质性突破。HMM 现已成为语音识别的主流技术,目前大多数大词汇量、连续语音和非特定人的语音识别系统都是基于 HMM 的。HMM 是对语音信号的时间序列结构建立统计模型,将之看做一个数学上的双重随机过程:一个是用具有有限状态数的马尔可夫链来模拟语音信号统计特性变化的隐含随机过程;另一个是与马尔可夫链的每一个状态相关联的观测序列随机过程。但 HMM 在训练阶段需要提供大量的语音数据,通过反复计算才能得到模型参数,而 DTW 在训练中不需要额外计算。

3) 矢量量化法

矢量量化(vector quantization,VQ)法是一种重要的信号压缩方法。与 HMM 相比,VQ 法主要适用于小词汇量、孤立词的语音识别。其过程是:将语音信号波形中 k 个采样点的每一帧,或有 k 个参数的每一参数帧,构成 k 维空间中的一个矢量,然后对矢量进行量化。量化时,将 k 维无限空间划分为 M 个区域边界,将输入矢量与这些边界进行比较,并被量化为“距离”最小的区域边界的中心矢量值。矢量量化器的设计就是从大量样本信号中训练出好的码书,从实际效果出发寻找好的失真测度定义公式,从而设计出最佳矢量量化系统,用最少搜索和计算失真的运算量,实现最大可能的平均信噪比。

3. 人工神经网络的算法

人工神经网络(artificial neural network,ANN)法是 19 世纪 80 年代末提出的一种新的语音识别方法。ANN 本质上是一个自适应非线性动力学系统,模拟了人类神经活动原理,具有并行性、鲁棒性、容错性和学习特性,其强大的分类能力和输入/输出映射能力在语音识别中都很有吸引力。但是,由于存在训练、识别时间太长的缺点,目前仍处于实验探索阶段。另外,由于 ANN 不能很好地描述语音信号的时间动态特性,常把 ANN 与传统识别方法相结合,利用各自的优点进行语音识别。

2.7.4　语音识别的应用

在电话与通信系统中,智能语音接口把电话机从一个单纯的服务工具变成一个服务的“提供者”和“生活伙伴”。使用电话机与通信网络,人们可以通过语音命令方便地从远端数据库中查询与提取有关信息。另外,随着计算机的小型化,键盘已成为移动平台的一个很大的障碍。语音识别正逐步成为信息技术中人机接口的关键技术,语音识别与语音合成技术相结合使人们能够甩掉键盘,通过语音命令进行操作。

语音识别技术的应用已经成为一个具有竞争性的新兴高新技术产业。在经济发达的国家,大量语音识别产品已进入市场和服务领域。一些用户交换机、电话机和手机都包含了语音识别拨号的功能,语音记事本、语音智能玩具等产品也具有语音识别与语音合成功能。人们可以通过电话网络使用语音识别对话系统查询机票、旅游和银行等信息,并且取得了很好的效果。可以预测,未来语音识别系统的应用将更加广泛。但就目前来看,还不可能造出具有能和人相比拟的语音识别系统,只能朝着改进语音识别系统性能的方向一步步前进。至于什么时候可以建立一个像人一样完善的语音识别系统,则是很难预测的。

2.8　视网膜识别

视网膜也是一种被用于生物特征识别的生物特征。在生物特征识别领域,视网膜识别指的是利用视网膜上的血管分布模式进行身份识别。将一束低亮度光线照向人的眼球背面,即可通过相应设备采集到视网膜图像。视网膜识别与虹膜识别具有很大的相似性,它也具有唯一性、隔离于外部环境以及不能通过手术修改等特性。某些人认为,视网膜是比虹膜更具唯一性的生物特征,视网膜的这些特性使这一识别技术具有很好的防伪性能,也有潜力成为将来生物特征识别技术的主流之一。目前,国外已有不少基于视网膜的生物识别产品上市,主要用于对安全性要求很高的场合,在实际应用中得到了用户的充分肯定。

视网膜识别的优点主要有以下几点。

(1) 视网膜是一种极其固定的生物特征,因为它是"隐藏的",所以不可能磨损、老化或是为疾病所影响。

(2) 使用者不需要和设备进行直接接触。

(3) 视网膜识别系统是一个最难被欺骗的系统。因为视网膜是不可见的,所以不会被伪造。

视网膜识别的缺点主要有以下几点。

(1) 视网膜识别技术未经过任何测试,因此还不能被推广使用。

(2) 视网膜识别可能会给使用者带来健康损坏,还需要进一步研究和完善。

(3) 对于消费者,视网膜识别没有吸引力。

(4) 很难进一步降低视网膜识别的成本。

2.9 脸部热量图识别

血液流经人脸部的血管,并向外散发热量,这种热量的分布图可以用红外摄像机采集到,从而可进行脸部热量图识别。人们通常认为,人体脸部的这种基于血管走向的热量分布图具有唯一性。

脸部热量图识别的优点主要有以下几点。

(1) 在防伪性能上有独到之处。即使做了脸部整形手术的人,只要手术不改变脸部血管的流向,就不能改变脸部的热量图信息。

(2) 对环境因素的限制不严格。因为采用了红外成像技术,这种技术在光线比较暗甚至完全没有照明条件的情况下,仍能正确采集信息。

(3) 这种生物特征识别技术是非侵犯性的,几乎不需要人去特意配合,容易被人们所接受。有人声称这种识别技术要优于人脸识别。

脸部热量图识别的缺点主要有以下几点。

(1) 脸部热量图的唯一性尚未得到充分的实验验证。即使这种特征具有唯一性,以现有技术手段能否正确区别这种唯一性还有待进一步研究。

(2) 脸部热量图的分布情况容易受到待识者情绪、体温以及环境等因素的影响,从而表现出不甚稳定的特点。

(3) 尚无充分证据证明人的脸部热量图是终生不变的。

2.10　手部血管分布识别

人的手部血管分布是一种稳定的、重复性好的生物特征。通过红外摄像设备很容易采集到这种分布图像。人的手部血管分布具有唯一性,而且这种分布即使通过手术也很难改变,具有很强的稳定性。所以,基于手部血管分布的生物特征识别技术具有很强的防伪性能。但是,现在市场上尚未有这类生物特征识别产品上市。同手形识别一样,这种识别手段也是依靠手部血管分布的几何信息来进行的,要达到很高的准确率,在技术实现上难度很大。同时,这一识别技术也不适用于未成年人。

2.11　其他生物特征识别技术

除了以上介绍的 10 种生物特征识别技术外,还有人从事其他生物特征识别技术的研究。这些生物特征识别技术主要有声纹识别、耳廓识别、手背静脉识别、红外温谱图识别和 DNA 识别等。虽然这些生物特征识别技术各有优势,但迄今为止,它们要么难以达到以上 10 种生物特征识别技术的准确率,要么难以实现完全自动化。近期,这些识别方法还不能成为生物特征识别技术的主流。

2.11.1　声纹识别

所谓声纹识别(voiceprint recognition,VPR),也称说话人识别,不是对说出的词语本身进行辨识,而是利用声音信息的声波频谱来识别说话的人。人在讲话时使用的发声器官差异很大,所以任何两个人的声纹图谱都不一样。VPR 可分为两类,即说话人辨认(speaker identification)和说话人确认(speaker verification)。前者判断某段语音是若干人当中哪一个人所说的,是"多选一"的问题;后者确认某段语音是否为某个指定的人所说的,是"一对一"的判别问题。不同的任务和实际应用会使用不同的声纹识别技术,但不管是辨认还是确认,都需要先对说话人的声纹进行建模,这就是所谓的"训练"或者"学习"过程。

与语音识别相比,虽然利用计算机进行自动语音识别很方便,但每个人语音的声学特征不是绝对一成不变的。这种变化可能来自生理、病理、心理、模拟和伪装,也可能与环境干扰有关,因此自动语音识别并不可靠。而声纹识别的稳定性要大得多。与指纹识别、人脸识别和虹膜识别相比,声纹识别系统具有价格便宜、使用方便、可维护性强等优点,使其在与其他同类型产品的竞争中更具广阔的市场潜力,相信声纹识别会成为未来生物特征识别技术的主流技术之一。将声纹识别技术产业化，也为未来相关产业的发展带来了契机。

2.11.2 耳廓识别

耳廓识别是近年来发展起来的一项新的生物特征识别技术。人的耳廓是个体形态的重要组成部分，每个人的外耳轮廓、内部纹理结构都是不同的。耳廓上的耳轮、耳屏和耳垂等多个部位的宽度、弧度、位置、形态及其相互关系，构成了个体耳廓所固有的相对稳定的特征，成为耳廓识别的重要标记。与人脸识别相比，外耳图像尺寸更小，这意味着计算量更小[21]。外耳的颜色分布较一致，因此，在转化为灰度图像时信息的损失较少。另外，人耳不受化妆、表情和发型变化的影响，也几乎不随年龄的增长而改变。耳廓识别也是一种非侵犯性的生物特征识别技术，只需普通照相机就可远距离获得清晰的耳廓图像。

2.11.3 手背静脉识别

手背静脉识别也是生物特征识别技术的一种。它是根据静脉血液中脱氧血色素吸收近红外线或人体辐射远红外线的特点[22]，采用相应波长范围的红外电荷耦合元件(infrared charge coupled device，ICCD)摄像机，获取个体手指、手掌或手背的静脉分布图，并运用图像滤波(去噪)、二值化、细化等手段从数字化的静脉图像中提取特征值。然后，将手背静脉的数字图像及其特征值存储在计算机系统中，作为模板库。比对时，实时采集待识者的手背静脉分布图，使用相同的特征提取算法提取其静脉图像特征值，同存储在模板库中的手背静脉特征值进行匹配，从而完成个人身份识别。

手背静脉作为一种重要的生物特征，具有唯一性、稳定性、可采集性和非侵犯性等特点，而非侵犯性是生物特征识别研究与应用发展的必然趋势。与人脸识别、语音识别等非侵犯式的身份识别方法相比，手背静脉识别具有更高的准确性。

2.11.4 红外温谱图识别

红外温谱图识别是研究较少的一种生物特征识别技术。人体各个部位都在向外发出热量，而这种发热模式就是每个人都不同的生物特征。通过红外采集设备获得反映身体各部位发热强度的图像，这种图像称为温谱图。人体的温谱图受外界环境影响很大，例如，人体附近的环境温度、室内暖气以及汽车排气管等都会极大地干扰人体红外温谱图。红外温谱图识别具有可接受性(因为数据的获取是非接触式的)、非侵犯性等特点。由于红外测温设备价格昂贵，所以该技术不能得到广泛应用。

红外温谱图识别还有以下几个特点。

(1) 热红外线不能穿透玻璃。

(2) 可以融合多光谱图像进行识别。

(3) 利用热红外人脸图像进行人脸识别，可以克服现有人脸识别易受光照变化影响的缺点。

2.11.5　DNA 识别

DNA(脱氧核糖核酸)识别，又称基因识别，是生物特征识别的一个重要分支。DNA 识别的主要对象是脱氧核糖核酸序列上具有生物学特征的片段，也包括其他具有一定生物学功能的因子，如 RNA(核糖核酸)、调控因子等。DNA 存在于一切有细胞核的动植物中，生物体的全部遗传信息都存储在这里。在 DNA 结构的编码区中，遗传基因占全长的 1/30～1/10，这部分就是所谓的遗传密码区。人体的遗传基因约有 10 万个，每个遗传基因均由 A、T、G 和 C 四种核苷酸构成，按次序排列在两条互补的螺旋形 DNA 长链上。核苷酸的总数达 30 亿个，如果随机检查两个人的 DNA 图谱，其完全相同的概率仅为 $1/(3\times10^{11})$。所以，DNA 识别是精度非常高的一种生物特征识别技术。

2.12　多生物特征融合识别技术

2.12.1　单一生物特征识别的局限性

表 2-1 是几种生物特征识别技术的比较。仅使用任何一种单独的生物特征识别技术具有以下局限性[23]。

表 2-1　几种生物特征识别技术的比较

生物特征	唯一性	永久性	可采集性	准确性	可接受性	防伪性能
指纹	高	高	中	高	中	高
人脸	低	中	高	低	高	低
掌形	中	中	高	中	中	中
虹膜	高	高	中	高	低	高
步态	中	低	高	中	高	中
签名	低	低	高	低	高	低
语音	低	低	中	低	高	低
视网膜	高	中	低	高	低	高
脸部热量图	高	低	高	中	高	高
手部血管分布	中	中	中	中	中	高
DNA	高	高	低	高	低	高

(1) 采集数据的噪声。采集数据可能包含噪声或失真，例如，一个有疤痕的指纹的图像、一段由于寒冷而变调的声音都是有噪声数据的例子。噪声数据也可能是由有缺陷的或未正确保养的传感器(如表面上积累了污渍)，或者不适宜的周围环境条件(如人脸识别中用户的脸接受了较差的光照)造成的。有噪声的生物特征数据可能与数据库中的模板数据进行错误匹配，造成用户被误识或误拒。

(2) 类内的变化。鉴定时，从私人身上获取的生物特征数据与登记时产生的模板数据有很大差异，从而影响到匹配过程。这种变化可能是数据采集时用户与传感器的不正确交互，或者验证阶段传感器特性发生改变（如改变了传感器与传感器之间协同工作的问题）造成的，也可能是一个人心理上的变化导致在不同时间段产生不同的行为特征（如步态识别）。

(3) 独特性。人们希望一种生物特征的特性在不同的人之间出现很大的变化性。但是，体现这些特性的特征集内部可能存在很大的类内相似性。这种局限性限制了生物特征的特性所提供的可分辨能力。每一种生物特征的特性在它的可分辨能力方面都有一个理论上限。

(4) 非普遍性。从理论上说，每一个用户都拥有可获取的生物特征，而现实中总有一部分人不具有一个特定的生物特征。例如，由于某些人的指纹图像质量较差，一个指纹识别系统可能无法提取这些特定人的指纹特征信息。因此，使用一个单独的生物特征信息就存在登记失败的问题。有数据表明，超过4%的人由于指纹纹线质量非常差而不能采集到可用的指纹图像，从而造成登记失败。在语音识别系统中，也存在登记失败的问题。

(5) 欺骗攻击性。一个假冒者为了攻击一个系统，试图伪造另一个合法用户的生物特征。这种类型的攻击经常与使用签名和语音等行为特征的生物特征识别情况相关联。同样，生理特性也容易遭受假冒攻击的侵害。例如，在一个合理的时间内构造一个人造手指或指纹（尽管非常烦琐，而且需要一个合法用户的帮助），就有可能入侵一个指纹识别系统。

2.12.2　多生物特征融合

多种生物特征结合在一起进行身份识别是必然发展趋势[24]。单一生物特征识别系统的结果往往与传感器采集的信息有很大关系，而采集信息容易受到时间、环境及其他因素的影响。单一模式生物特征识别技术的局限性可通过使用多模式生物特征识别技术解决。例如，使用指纹和人脸相结合或者一个人多个手指的指纹进行生物特征识别。这种识别方法称为多模态生物特征识别（multi-mode biometric identification），又叫多模态识别[25]。多模态识别系统由于具有多个各自独立的生物特征而更加可靠[26]，也可以满足各种应用中对性能的严格要求[27]。这种生物特征识别系统解决了非普遍性问题，因为复合特征充分确保了人口的覆盖面。此外，由于入侵者很难仿造合法用户的多个生物特征信息，多模态生物特征识别系统提供了反欺诈措施。通过要求用户提供一个随机的生物特征子集（如按顺序的右拇指和右中指），系统确保在数据采集现场该用户是真正在场的。使用多模态生物特征识别，系统具有一种响应挑战的身份认证方式。

多模态生物特征识别具有准确性、可靠性、适用性。

多模态生物特征识别系统能够在不同层次上进行信息融合。图2-2给出了结合两种或更多生物特征系统的3种融合层次，它们分别如下。

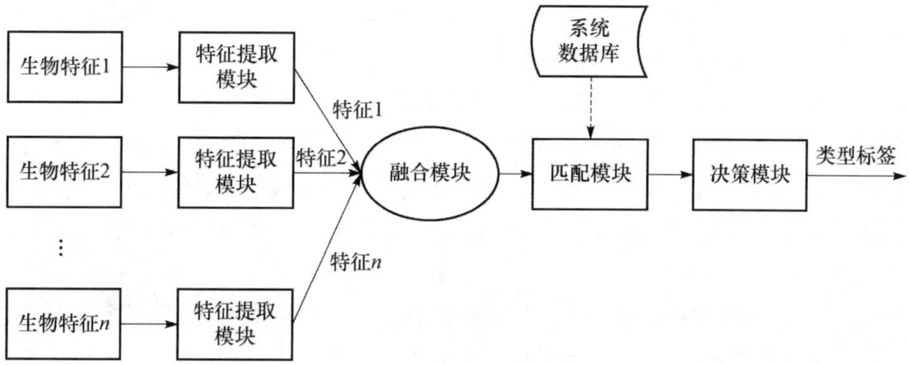

(a) 特征提取层次的信息融合

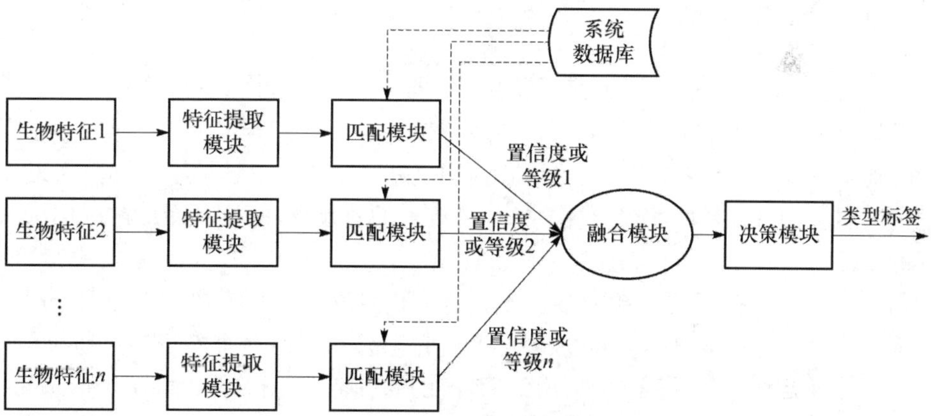

(b) 匹配得分层次的信息融合

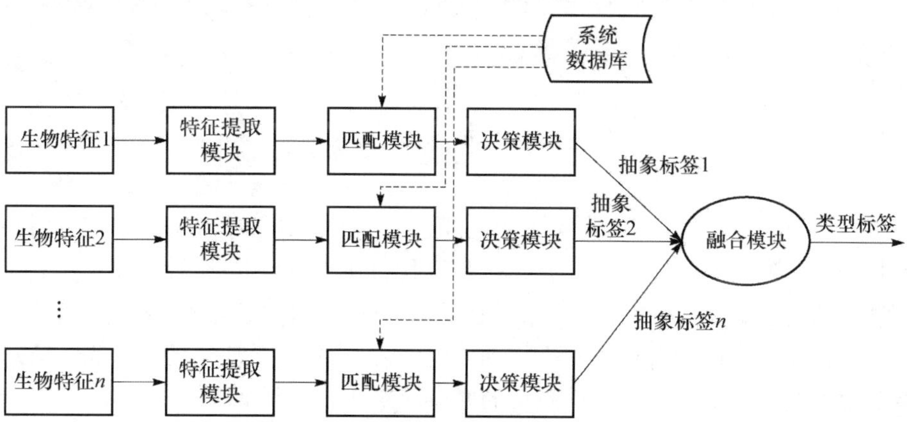

(c) 决策层次的信息融合

图 2-2　并行融合模式下不同层次的信息融合
在所有 3 种情况下，最后的标签类型是“接受”或者“拒绝”

(1) 特征提取层次的信息融合。从每一种生物特征形态获得的数据被用于计算一个特征矢量。如果从一个生物特征指示器提取的特征(部分)独立于从另一个指示器中提取的特征,考虑到来自不同生物特征指示器的特征具有相同类型的度量尺度,将两个特征矢量合成一个单独的新矢量是合理的。新的特征矢量具有较高的维度,并且在一个不同的(同时希望是更易区分的)特征空间表示一个人的身份。数据缩减(feature reduction)技术可以用于从大的特征集中提取少量的显著特征。

(2) 匹配得分(置信度或等级)层次的信息融合。每一种生物特征匹配器都提供了表明输入生物特征与模板特征接近程度的匹配得分,这些得分结合起来能够判断所声明身份的准确性。例如,加权平均技术可以用于结合由多个匹配器产生的匹配得分。

(3) 决策(抽象标记)层次的信息融合。每一种生物特征识别系统都可以根据自己的特征矢量作出决策,然后用一种多数投票的方案[28]作出最后决策。

通常认为,一个融合方案在生物特征识别系统中使用得越早越有效。例如,特征提取层次的融合比匹配得分层次的融合产生的效果更好。这是因为与一个匹配器的匹配得分相比,特征表达传达了最丰富的信息,而抽象标记包含了与决策相关的最小量信息。然而,在特征提取层次上进行信息融合是很困难的,因为不同生物特征识别系统的特征空间之间的相互关系可能是未知的,而且特征表达也可能不兼容。此外,由于多模态生物特征识别系统的固有特性,不可能访问单个形态的特征值。在这种情况下,只有匹配得分或者决策层次的融合方式是可选的,这也反映了多模态生物特征识别系统研究的本质。目前,有关特征提取层次的信息融合结果的相关文献非常少。

2.13　本章小结

生物特征识别技术,是指用人体所固有的生理特征(如指纹、人脸、虹膜、DNA等)或行为特征(如步态、签名、语音等)来进行身份识别的技术。本章对常见的生物特征识别技术作了一一介绍,重点关注每种识别技术的概念、特点以及应用前景等。另外,由于任何一种单一的生物特征识别技术都有它的局限性,本章还研究了多模态生物特征识别技术,并就系统的融合层次问题展开了讨论。

在所有生物特征识别中,指纹识别是最早被开发、研究历史最长的一种。指纹识别具有很多其他生物特征识别所不具有的优点,已被广泛研究和使用,目前已成为生物特征识别技术的代名词。由于指纹识别的重要性和特殊地位,从第 3 章开始,本书将重点介绍自动指纹识别系统的核心算法。

参考文献

[1] Prabhakar S, Pankanti S, Jain A K. Biometric recognition: security and privacy concerns, IEEE Security & Privacy, 2003, 1(2): 33-42.

[2] Maltoni D, Maio D, Jain A K, et al. Handbook of fingerprint recognition. New York: Springer-Verlag, 2003.

[3] Maio D, Maltoni D, Cappelli R, et al. FVC2002: fingerprint verification competition. Proceedings of International Conference on Pattern Recognition(ICPR), Quebec, 2002: 744-747.

[4] Golfarelli M, Maio D. Maltoni D. On the error-reject trade-off in biometric verification systems. IEEE Transcations on Pattern Analysis and Machine Intelligence, 1997, 19(7): 786-796.

[5] Zhang D, Shu W. Two novel characteristic in palmprint verification: datum point invariance and line feature matching. Pattern Recognition, 1999, 32(4): 691-702.

[6] Clarke R. Human identification in information systems: management challenges and public policy issues. Information Technology & People, 1994, 7(4): 6-37.

[7] Davies S G. Touching big brother: how biometric technology will fuse flesh and machine. Information Technology & People, 1994, 7(4): 38-47.

[8] 谭铁牛. 生物研究识别新进展. 北京:清华大学出版社, 2003.

[9] Woodard L J, Nelson L J, Ferrante L J, et al. Automated entry control: RADC technology development results and future plans. Proceedings of International Carnahan Conference on Crime Countermeasures, Lexington, 1981: 77-82.

[10] Campbell J J. Speaker recognition: a tutorial. Proceedings of the IEEE, 1997, 85(9): 1437-1462.

[11] Miller B. Vital signs of identity [biometrics]. IEEE Spectrum, 1994, 31(2): 22-30.

[12] Nalwa V S. Automatic online signature verification. Proceedings of the IEEE, 1997, 85(2): 215-239.

[13] Newham E. The biometric report. New York: SJB Services, 1995.

[14] Wildes R. Iris recognition: an emerging biometric technology. Proceedings of the IEEE, 1997, 85(9): 1348-1363.

[15] Zhang J, Yan Y, Lades M. Face recognition: eigenface, elastic matching and neural nets. Proceedings of IEEE, 1997, 85(9): 1423-1435.

[16] 田捷, 杨鑫. 生物特征识别技术理论与应用. 北京:电子工业出版社, 2005.

[17] Daugman J G. High confidence visual recognition of persons by a test of statistical independence. IEEE Transcations on Pattern Analysis and Machine Intelligence, 1993, 5(11): 1148-1161.

[18] Goodall C. Procrustes methods in the statistical analysis of shape. Journal of the Royal Statistical Society(Series B), 1991, 53(2): 285-339.

[19] Isard M, Blake A. Condensation conditional density propagation for visual tracking. International Journal of Computer Vision, 1998, 29(1): 5-28.

[20] Mallat S. 信号处理的小波导引. 2 版. 北京：机械工业出版社，2003.

[21] 田莹，范玮琦. 人耳识别技术研究综述. 计算机应用研究，2007，24(4)：21-25.

[22] 刘相滨，刘智成，龚平，等. 手背静脉识别算法研究. 湖南师范大学自然科学学报，2009，32(1)：32-35.

[23] 谭台哲. 自动指纹识别系统中指纹分类与匹配方法的研究. 南京：南京大学，2003.

[24] 周斌. 多生物特征融合理论的研究与实验. 北京：清华大学，2007.

[25] Hong L, Jain A K, Pankanti S. Can multibiometrics improve performance? Proceedings of AutoID'99, New Jersey, 1999：59-64.

[26] Kuncheva L I, Whitaker C J, Shipp C A, et al. Is independence good for combining classifiers? Proceedings of International Conference on Pattern Recognition(ICPR), Spain, 2000, 2：168-171.

[27] Hong L, Jain A K. Integrating faces and fingerprints for personal identification. IEEE Transactions on Pattern Analysis and Machine Intelligence, 1998, 20(12)：1295-1307.

[28] Zuev Y A, Ivanon S. The voting as a way to increase the decision reliability. Journal of the Franklin Institute, 1999, 336(2)：361-378.

第3章　验证模式下自动指纹识别系统

与一般的生物特征识别系统相同，自动指纹识别系统(automatic fingerprint identification system，AFIS)的工作模式也分为两类，即验证模式和辨识模式。验证模式为一对一比对，比对原理为指纹预先登记到样本数据库，并设定一个标识码(ID)，比对时，录入(登记)指纹并输入标识码，系统根据标识码从样本数据库中提取指纹样本，与录入指纹进行比对。辨识模式为一对多比对，比对原理为录入指纹与样本数据库中的所有指纹逐一进行比对，直至找到相匹配的指纹或搜索完整个样本数据库为止，然后给出有无对应指纹的结论。

本章将对验证模式下自动指纹识别系统作整体介绍。该系统只进行一对一比对，验证待识者是否为他所声称的那个人。这种指纹识别系统适用于自动取款机、智能卡安全系统、计算机多用户登录或一般访问控制系统。

3.1　AFIS算法设计

AFIS主要实现指纹图像采集、指纹特征提取和指纹匹配等功能。其中指纹特征提取是自动指纹识别系统研究的核心内容之一。指纹匹配包括粗匹配和细匹配，也是自动指纹识别系统研究的核心内容。

设计中，指纹特征提取模块可进一步分为指纹图像预处理和指纹细节特征提取2个子模块，而指纹图像预处理又可分为图像与背景分离(图像分割)、方向信息提取、纹线提取、图像二值化(或称二值图像分割)、图像细化及纹线修复5个子模块。对一幅采集到的灰度指纹图像，首先要进行指纹图像与背景分离并提取指纹方向信息，然后利用方向信息进行指纹纹线提取，再对图像进行二值化，得到二值图像。对二值图像加以细化和纹线修复，然后在此基础上提取指纹细节特征信息。以上模块再加上指纹匹配模块，共同构成了整个自动指纹识别系统的各算法模块。

图3-1是验证模式下自动指纹识别系统[1]的算法流程图。

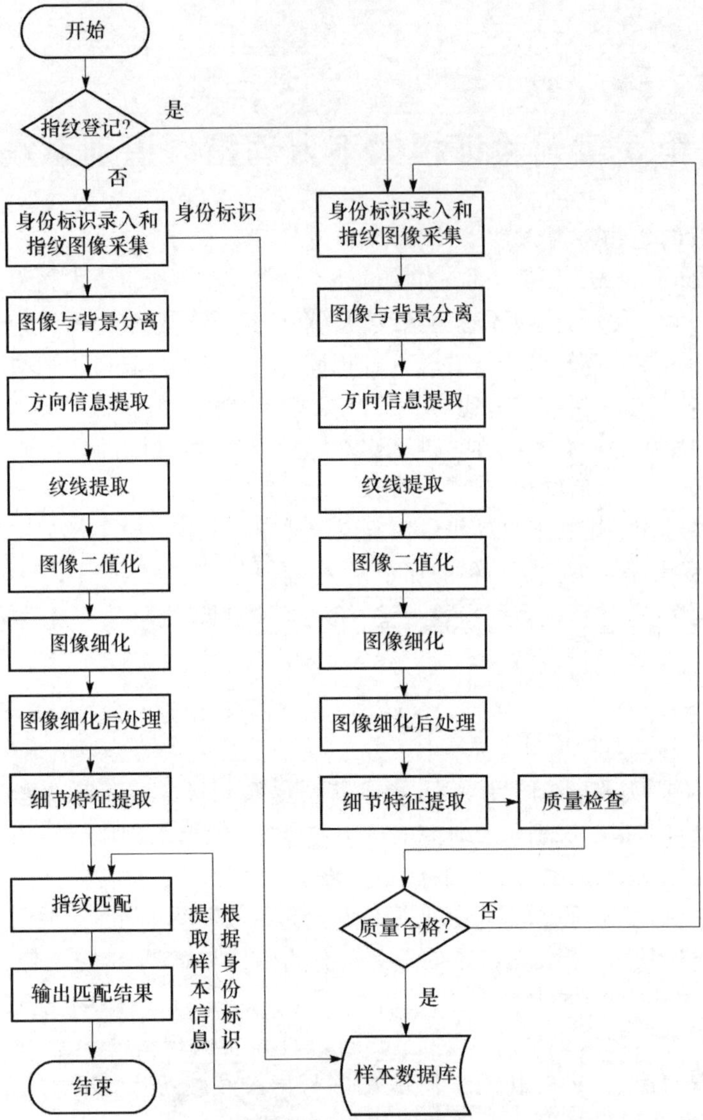

图 3-1　验证模式下自动指纹识别系统算法流程图

3.2　AFIS 各模块算法概述

本节先从整体上介绍 AFIS 各模块算法的概况和基本功能，给出每部分的实验结果。第 4～6 章再详细介绍其中的指纹图像预处理和细节特征提取模块算法原理，第 7 章介绍指纹匹配模块，第 8～9 章介绍指纹分类。

3.2.1 指纹图像采集

指纹图像采集主要由指纹图像采集仪实现。本系统采用的是中国科学院长春光学精密机械与物理研究所(长春光机所)生产的 ZY202-B 光学全反射活体指纹录入仪,基本能够满足系统精度的要求。采集到的指纹图像质量对 AFIS 是至关重要的,一幅好的指纹图像能显著减少后续算法的计算量,提高系统精确度和准确率。系统需要质量更好的活体指纹录入设备,对干、湿或脏一些的指纹都能采集到质量良好的指纹图像,另外对老化、有伤痕和爆皮等指纹也有很好的适应性。

3.2.2 图像与背景分离

图像与背景分离的目的是从背景中分离出指纹图像(前景)区,确定指纹图像的有效区域,从而有针对性地进行处理,节约处理时间并保证处理效果。为解决指纹图像采集时按压力度等原因造成的不均匀问题,使用一种自适应的局部阈值(门槛值)图像分离方法。其基本思想是先对整幅指纹图像预分块,求取各块灰度方差。将每块的灰度方差与自适应局部阈值相比较,初步确定指纹图像的前景区和背景区(非指纹图像)。然后对前景区进行基于块水平的平滑,消除孤立前景块。这种方法充分利用了指纹图像特有的纹理特性,以及沿着和横穿指纹纹线流的灰度级方差有明显差异的思想。经验表明,用于方差计算的典型指纹图像分块尺寸为跨越 1～2 个纹线的距离。

3.2.3 方向信息提取

在 AFIS 指纹图像预处理算法中,指纹纹线提取必须利用指纹纹线的方向信息,指纹分类和增强算法的实现也都依赖指纹方向信息。一般来说,指纹匹配算法也要利用指纹方向信息。可以说,指纹图像方向信息提取是整个自动指纹识别的前提和基础。预定方向逼近法[2]和 Rao 法的改进算法[3]是目前指纹图像方向信息提取最常用的算法,这两种方法基本都能正确提取指纹图像的方向信息,但它们都存在一定的问题[4]。

本系统采用的方法是首先将指纹图像预先分块,利用改进的 Sobel 算子计算块内每一点的梯度,然后根据计算结果计算每一分块的块方向,最后利用低通滤波器将求得的块方向转化到一个连续向量场中进行平滑处理。在进行方向平滑时,采用了一种多级分割(分块尺寸分别为 32,16 和 8)的平滑技术。即利用大分割尺寸对噪声抗干扰能力强的特点,用大尺寸下的块方向信息对小尺寸下的块方向信息进行调整,从而提高整个指纹图像方向信息的准确性。

3.2.4 纹线提取

指纹纹线提取的主要目的是实现纹线平滑和纹线增强。指纹纹线是一种方向流(纹理)模式,纹线的分布具有良好的方向特性和局部频率特性。在指纹区域,结合纹线本身的方向信息,通过构建合适的模板,沿着纹线切线方向对纹线进行平滑处理,可以连接不应有的间断。沿着与纹线垂直的方向对纹线进行增强处理,可以将相互粘连的纹线分开。另一方面,指纹图像是由脊线和谷线交替组成的,沿着垂直于纹线的方向,图像灰度分布近似呈正弦波形式,该正弦波的频率就是指纹局部区域的纹线频率。由于 Gabor 滤波器具有良好的方向和频率选择特性[4],同时可以很好地兼顾时域和频域信息,所以基于 Gabor 函数的指纹图像增强是一个合理的选择。因此,以指纹图像局部区域内的纹线方向和频率信息作为参数,对每个局部区域构建相应的模板进行增强,能有效地去除噪声,保存和突出纹线固有结构。

3.2.5 图像二值化

图像二值化也称二值图像分割,是在指纹纹线提取的基础上进行的。经过纹线提取的指纹灰度图像首先要进行二值化,变成二值图像(只有黑、白两种颜色),才能进行细化处理。本系统采用的是自适应局部阈值二值化算法,其核心思想是:对于每个指纹图像块,选取的分割阈值应具有自适应特性。即该块图像内大于此阈值的像素点数和小于此阈值的像素点数应大致相等。这一思想基于指纹图像脊线、谷线间隔均匀分布的特性。

3.2.6 图像细化及纹线修复

指纹图像细化的目的是使纹线变成单像素宽,为后续的细化后处理算法和细节特征提取做准备。一幅二值图像的细化结果往往被称为"骨架"。在自动指纹识别系统中,细化的总体效果一定要好,从而为细节特征提取提供一个可靠的基础。传统的快速细化算法[5]细化不够彻底,细化后的纹线不是单像素宽;改进的 OPTA 算法[6]在分叉点处细化也不彻底,并且细化后纹线上会出现很多毛刺。本系统将快速细化算法和改进的 OPTA 算法相结合,修正了这两种算法的不足,形成一种综合的图像细化算法[7]。然后,在此基础上进行细化纹线的修复处理(细化后处理),主要包括断线的连接、毛刺和短线的去除、叉连的删除、小孔的消除等。经以上算法细化及修复后的指纹骨架在纹线中心处,且纹线光滑无毛刺,算法的运算速度也较快。

3.2.7 细节特征提取

细节特征提取就是检测一幅指纹图像中所有细节特征点的类型(如端点、分叉点)、位置和方向等信息。跟踪细化及修复后的单像素指纹纹线,依据一定规则提取指纹细节特征点,作为后继指纹匹配的依据。为提高运算速度,本系统使用一种基于非彻底细化图像的指纹细节特征提取算法,即不对细化后的指纹图像作任何纹线修复处理,使用一种特殊的细节特征提取算法直接对非彻底细化指纹图像提取细节特征,得到初步的细节特征提取结果。然后结合指纹细节特征的分布规律和方向信息剔除初步提取结果中的伪细节特征信息,保留真正的细节特征信息。该方法是对常规细节特征提取方法的改进,未对指纹纹线进行修复,而是直接在细化图像上提取所有细节特征点,然后利用伪特征点在数学形态上的分布规律,对其进行删除。

3.2.8 指纹匹配

指纹匹配要解决的问题,是对从两幅给定指纹图像中提取的细节特征信息进行比较,判断这两枚指纹是否来自同一根手指。本系统的匹配方法针对基于点模式的指纹匹配算法[8]速度较慢的现状,提出依据 3 个邻近特征点(三角点)之间的相互关系来确定可能的匹配基准点对,统计其余特征点对此匹配点对作为匹配基准点对的支持度,然后计算变换参数,并将待识指纹图像相对于模板指纹图像进行姿势纠正,最后使用坐标匹配的方法统计两幅指纹图像能够匹配的特征点对的数目,以确定两枚指纹是否匹配。该算法根据多个统计步骤计算变换参数,一定程度上消除了特征提取过程中引入的位置、角度等偏差,得到更为准确的变换参数。同时,也在一定程度上加快了基准点对的求取,提高了整个匹配算法的运算速度。本算法误识率低,准确性高,并具有图像平移和旋转不变性。对于面积适中的指纹图像,匹配结果可以满足在线应用的需要。

3.3 实验结果

3.3.1 实验结果与讨论

选择南京大学活体指纹库(NJU-2000)中的 4 幅灰度指纹图像作为实验研究对象,如图 3-2 所示。前 3 幅是低质量指纹图像,分别代表老化、多横纹和爆皮的指纹,最后 1 幅代表对比度比较低的指纹图像。3.2 节中各算法处理的结果分别如图 3-3～图 3-9 所示。

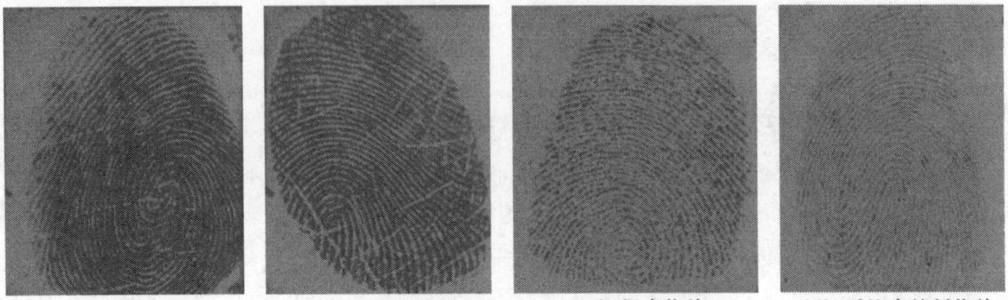

（a）老化指纹　（b）多横纹指纹　（c）爆皮指纹　（d）对比度较低指纹

图 3-2　4 幅典型的低质量原始指纹图像

由图 3-3 的图像分割结果可见，只要自适应局部阈值选择合适，无论指纹图像的背景区域是否复杂，该方法均能稳定、可靠地从指纹图像背景区域中分离出原始指纹图像。

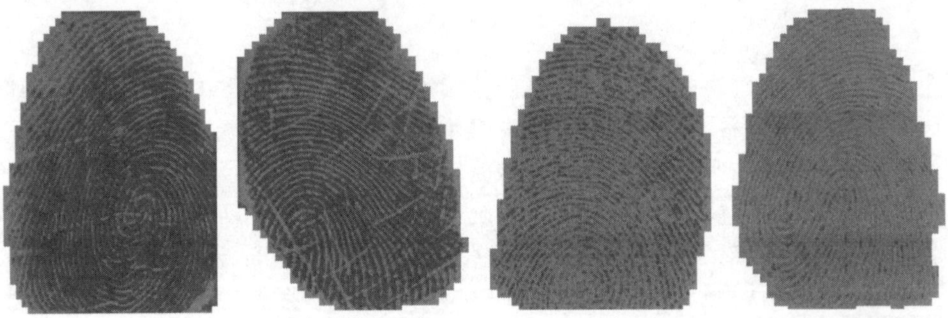

（a）老化指纹　（b）多横纹指纹　（c）爆皮指纹　（d）对比度较低指纹

图 3-3　指纹图像与背景分离结果

图 3-4 显示了 4 幅指纹图像方向信息的提取结果。可见，采用本系统的三级平滑技术求出的每幅图像的方向均为连续角，准确地表示了纹路的真实方向信息。与 Rao 法的改进算法相比，该算法运算速度也有较大提升。当每幅图像内包含多

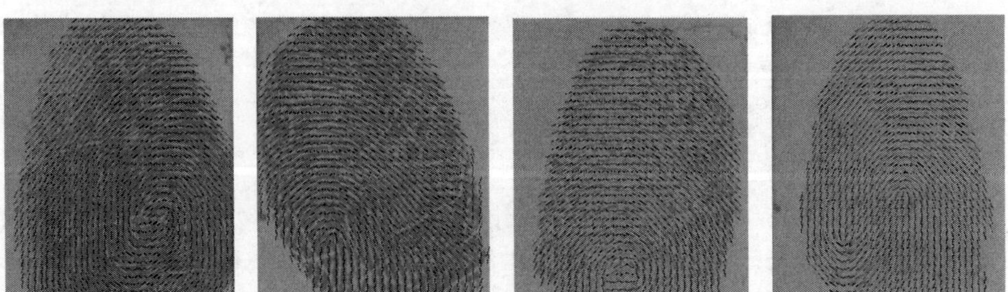

（a）老化指纹　（b）多横纹指纹　（c）爆皮指纹　（d）对比度较低指纹

图 3-4　指纹图像方向信息提取结果

条指纹纹线时，只要这些纹线走向大体一致，仍能取得较为满意的效果。需要指出的是，本方法对于指纹纹线较混乱的前景区也能起到很好的平滑作用，这对后续处理是非常关键的。

图 3-5 给出了 4 幅指纹图像增强（纹线提取）的结果。由于使用 Gabor 函数计算的纹线方向和局部频率信息较为准确，该方法对老化、多横纹、爆皮和对比度较低等典型的低质量指纹图像取得了显著的增强效果，增强后可有效降低指纹匹配的拒识率。但在奇异点（core 点和 delta 点）区域附近，由于指纹纹线的方向变化较为剧烈，很难确定一幅图像中的纹线方向，也难以准确计算纹线频率信息。这时，采用 Gabor 函数进行增强的效果比较差。在今后的研究中，可考虑将其他增强算法与基于 Gabor 函数的增强算法相结合，对奇异点附近指纹区域采用单独算法进行增强。

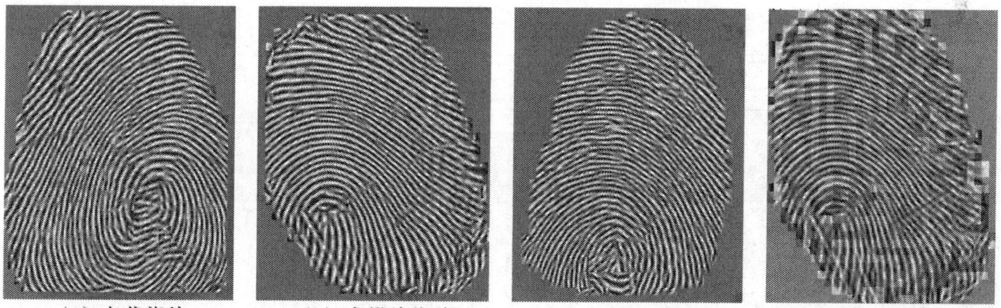

（a）老化指纹　（b）多横纹指纹　（c）爆皮指纹　（d）对比度较低指纹

图 3-5　指纹图像增强结果

图 3-6 是对增强后的指纹图像进行二值化处理的结果。由图可见，系统的自适应局部阈值二值化方法达到了预期效果。

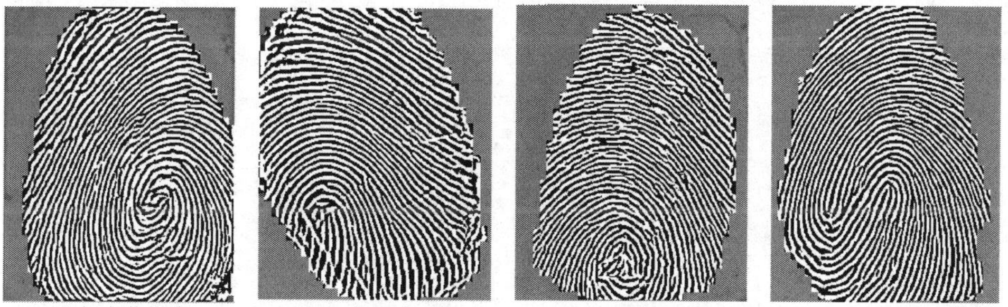

（a）老化指纹　（b）多横纹指纹　（c）爆皮指纹　（d）对比度较低指纹

图 3-6　指纹图像二值化结果

图 3-7 是指纹图像细化的结果。由图可见，本系统的综合细化算法基本满足细化要求，既保证了纹线单像素宽，又没有破坏纹线的连通性，同时纹线的细节特征没有丢失。细化后的纹线骨架接近原始纹线的中心，且纹线光滑、无毛刺。另外

由于采用了查找表算法,运算速度也大大提高了。

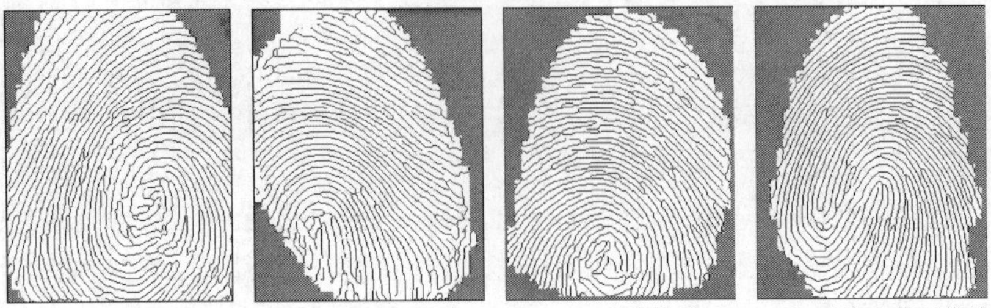

（a）老化指纹　（b）多横纹指纹　（c）爆皮指纹　（d）对比度较低指纹

图 3-7　指纹图像细化结果

图 3-8 是基于非彻底细化图像的指纹细节特征提取结果。与常规的细节特征提取算法相比,较大幅度地提高了细节特征提取的速度,特征提取的准确率也能够满足实际应用的需要。

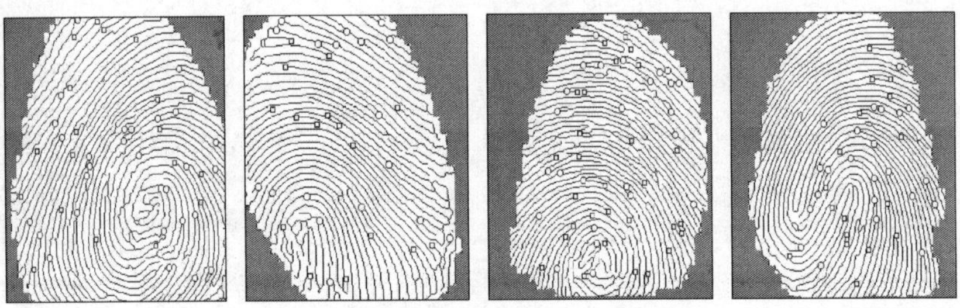

（a）老化指纹　（b）多横纹指纹　（c）爆皮指纹　（d）对比度较低指纹

图 3-8　指纹图像细节特征提取结果

∘表示纹线端点,▫表示纹线分叉点

图 3-9 给出 4 幅指纹图像的同源比对结果。系统实现了同一枚指纹在不同采集模式下的匹配,得到了较为满意的结果。比对结果测试见 3.3.2 节。

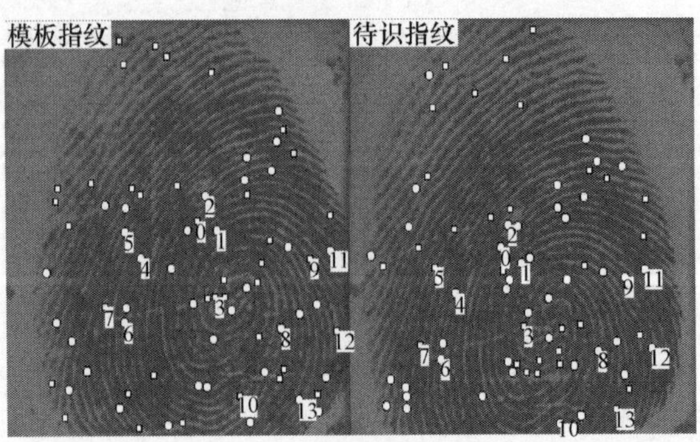

（a）老化指纹

图 3-9　同源指纹的比对结果

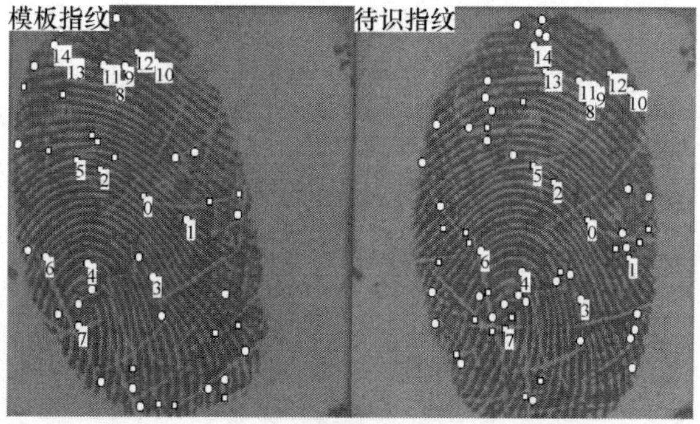

（b）多横纹指纹

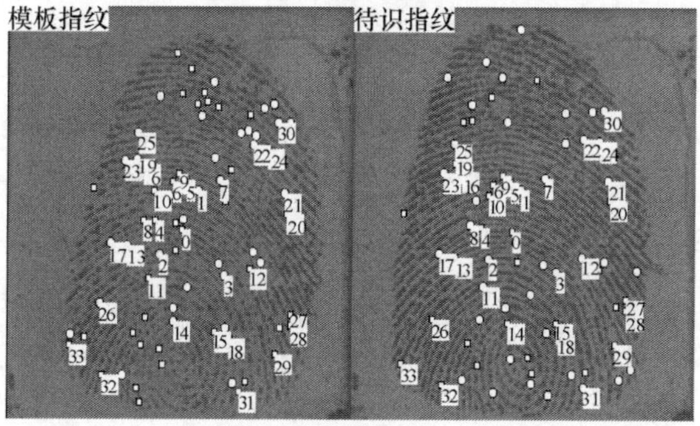

（c）爆皮指纹

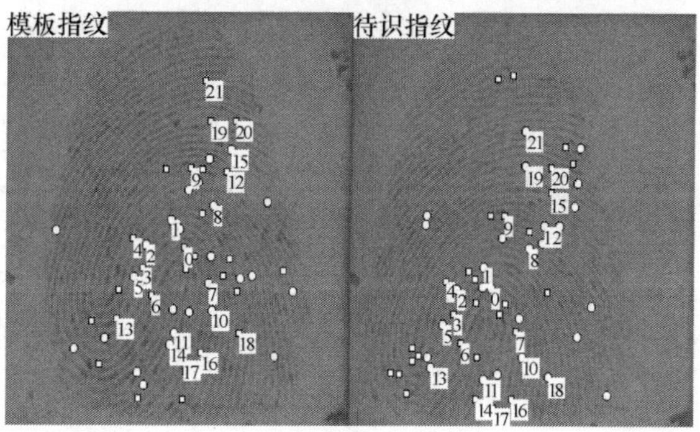

（d）对比度较低指纹

图 3-9 同源指纹的比对结果(续)

◦表示纹线端点,◦表示纹线分叉点,数字编号代表模板指纹与待识指纹对应的细节特征点

3.3.2 实验结果测试

对图 3-2 中 4 幅典型的低质量指纹图像，首先进行指纹登记(录入)，分别将编号 a、b、c 和 d 作为各自的身份标识。登记后的指纹图像作为模板指纹，存入系统样本数据库，以便匹配时使用。随后进行指纹图像采集。为模拟现实中的不同情

况，每个身份标识下的手指在不同采集模式下各采集 10 次，共采集 40 幅指纹图像作为待识指纹。待识指纹经过与模板指纹相同的预处理及特征提取各模块处理后，分别与样本数据库中同源的模板指纹进行比对，测试其成功率。每个指纹比对次数为 $C_{10}^{2}=45$ 次，共比对 180 次。设定一个比对成功阈值，系统的比对测试结果如表 3-1 所示。

表 3-1　4 幅典型低质量指纹图像的比对测试结果

手指编号	比对次数	比对成功次数	比对失败次数	拒真率/%
a	45	41	4	8.9
b	45	40	5	11.1
c	45	37	8	17.8
d	45	43	2	4.4

由表 3-1 的比对结果可知，系统达到了较高的比对成功率，平均拒真率(FNMR)为 10.53%。4 枚指纹中，身份标识为 d(对比度较低)的指纹图像识别效果较好，FNMR 仅为 4.4%。对于身份标识为 c(爆皮)的指纹图像，由于采集时图像质量较低，识别效果也最差，FNMR 为 17.8%。该自动指纹识别系统基本达到了实际应用的要求。

3.4　本章小结

在验证模式下自动指纹识别系统的算法设计中，算法模块包括指纹图像预处理、指纹特征提取和指纹匹配，并首先需要进行指纹图像的采集。其中，指纹图像预处理模块又包括图像与背景分离、方向信息提取、纹线提取、图像二值化、图像细化及纹线修复等几个子模块。本章从整体上介绍了以上各模块的算法思想和基本功能，给出实验结果，在此基础上建立了一对一自动指纹识别系统。在一些模块的实现上提出了改进算法，运算速度和准确率都有所提高。最后，对系统的比对结果进行了测试。

第 4 章将针对指纹图像预处理和细节特征提取各模块，详细介绍其算法原理和实现过程。

参考文献

[1] 宁新宝，詹小四，谭台哲，等. 验证模式下自动指纹识别技术：中国，CN1484189. 2004-03-24.

[2] 韩伟红，黄子中. 指纹自动识别系统中的预处理技术. 计算机研究与发展，1997，6(34)：913-920.

[3] 林征. 指纹图像方向信息的研究. 北京:清华大学,1995:25-28.

[4] 尹义龙. 自动指纹识别系统研究. 长春:吉林工业大学,2000.

[5] Guo Z, Hall R W. Fast full parallel thinning algorithms. CVGIP: Image Understanding, 1992,55(3):317-328.

[6] 冯星奎,李林艳,颜组泉. 一种新的指纹图像细化算法. 中国图像图形学报,1999,4A(10):835-838.

[7] 王业琳,宁新宝,尹义龙. 指纹图像细化算法的研究. 南京大学学报(自然科学版),2003,39(4):468-475.

[8] Ranade S, Rosenfeld A. Point pattern matching by relaxation. Pattern Recognition, 1980,12(4):269-275.

第 4 章　自动指纹识别系统预处理及细节特征提取

指纹图像预处理是自动指纹识别系统的关键步骤，它的好坏直接影响到整个系统的速度和准确率。本章详细介绍指纹图像预处理过程中的图像与背景分离、方向信息提取、纹线提取、图像二值化、图像细化及纹线修复和细节特征提取等关键算法，并对整个系统的性能进行严格测试。这些模块提出了一些改进算法和新的思想。

根据人体指纹本身是一个曲面结构的特点，采用一种自适应的局部阈值图像分离算法，使不同深浅区域的指纹图像均能有效地同背景分离；针对大分块尺寸和小分块尺寸下分别计算指纹块方向信息的优缺点，提出了一种基于多级分割的指纹方向信息提取算法，使系统性能得到明显提高；还提出了一种改进的、基于非彻底细化图像的指纹细节特征提取算法，在不对细化纹线进行任何修复的情况下，直接从细化后的指纹图像上提取原始细节特征点集合，并针对各类噪声产生的伪特征点进行处理。本章还介绍一种基于灰度图像纹线跟踪、直接提取指纹细节特征点的新方法，并与传统细节特征提取算法进行了比较。该方法不必经过二值化、细化等过程，能显著减少预处理带来的累计误差，在一定程度上提高了准确率和处理速度。实践证明，以上改进算法行之有效，在实际应用和严格测验中取得了较好的效果。

4.1　指纹图像预处理

指纹图像预处理是整个自动指纹识别系统的核心内容[1,2]。本节详细介绍了指纹图像预处理的各关键步骤，从多个方面对 AFIS 进行了补充和完善，对提高整个自动指纹识别系统的性能具有重要意义。

指纹图像预处理过程如图 4-1 所示。

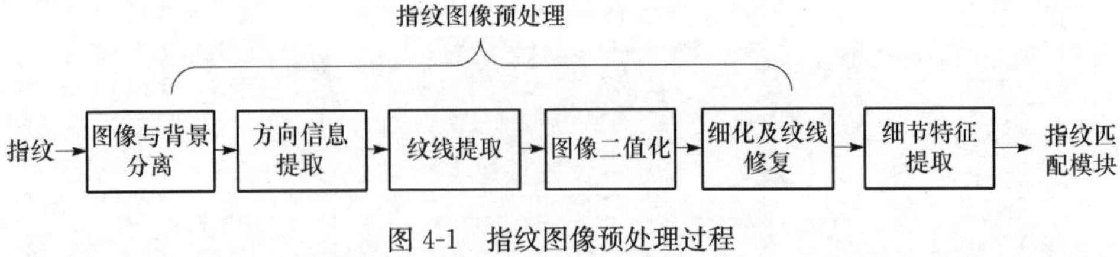

图 4-1　指纹图像预处理过程

从图 4-1 可以看出，指纹图像预处理过程一般由指纹图像与背景分离、方向信息提取、纹线提取、图像二值化、细化及纹线修复 5 个子模块组成。对于一幅输入的灰度指纹图像，首先进行指纹图像与背景分离，然后在此基础上进行方向信息提取。利用指纹的方向信息进行纹线提取，随后再对图像进行二值化得到二值图像，并加以细化和纹线修复。对细化及纹线修复后的指纹图像提取其细节特征(端点和分叉点)，作为指纹匹配的基础。以上模块再加上指纹匹配模块，共同构成整个自动指纹识别系统的各算法模块。

下面对指纹图像预处理各模块分别进行介绍。

4.1.1　指纹图像与背景分离

采集到的指纹图像总不可避免地存在着背景区域，而且背景区域的面积往往要占到整个采集区域的 1/3～1/2。从背景中分离指纹图像的目的就是确定指纹图像的有效区域，有针对性地进行处理，从而节约处理时间，保证处理效果。

由于人的指纹本身是一个曲面结构，而现有的活体指纹录入仪采集窗口大多是平板式的。在采集指纹图像时，指头的不同位置及和采集窗口接触压力的不同，必然造成采集到的指纹图像深浅不一，中心区域深一些，越向外深度越浅。这就要求指纹图像与背景分离算法能够适应这一点，不论在深一些的区域还是在浅一些的区域，均能准确地将指纹图像同背景区域分离出来。为此，本系统使用一种自适应的局部阈值分离算法解决这一问题，这种方法充分利用了沿着和垂直指纹纹线的灰度方差有明显不同的思想，用于方差计算的典型分块尺寸为跨越 1～2 个纹线的距离。另外，在不同对比度条件下，所求得的灰度值方差变化是很大的。为使所选取的阈值能够满足局部方差的变化，需要针对每一小块的灰度对比度选取适合该块的灰度方差阈值。

自适应局部阈值图像分离算法描述如下。

(1) 将指纹图像划分为互不重叠的、大小为 $w\times w$ 的块。将 320×320 个像素点的指纹图像分成 20×20 块，每块大小为 $w=16\times16$。

(2) 求取每幅图像内各点的最大、最小灰度值。第(i,j)块的最大、最小灰度值分别记为 $\mathrm{LMax}(i,j)$和 $\mathrm{LMin}(i,j)$，$i=0,1,\cdots,31$，$j=0,1,\cdots,31$。

(3) 求取各幅图像的灰度均值，即

$$\mathrm{Aver}(i,j)=(\mathrm{LMax}(i,j)+\mathrm{LMin}(i,j))/2 \tag{4-1}$$

(4) 计算每幅图像的灰度方差 $\mathrm{Var}(k,l)$和灰度对比度 $C(k,l)$，即

$$\mathrm{Var}(k,l)=\frac{1}{w\times w}\sum_{i=k\times w}^{(k+1)\times w}\sum_{j=l\times w}^{(l+1)\times w}(G(i,j)-\mathrm{Aver}(k,l))^2 \tag{4-2}$$

$$C(k,l)=\mathrm{LMax}(k,l)-\mathrm{LMin}(k,l) \tag{4-3}$$

式中，w 为分块尺寸；$G(i,j)$为点(i,j)处的灰度值；$\mathrm{LMax}(k,l)$、$\mathrm{LMin}(k,l)$分别是

第(k,l)块的最大、最小灰度值；$\text{Aver}(k,l)$为该块灰度均值，其计算方法为

$$\text{Aver}(k,l) = (\text{LMax}(k,l) + \text{LMin}(k,l))/2 \tag{4-4}$$

(5) 经试验选定一初始门槛值 T_d 和合理的灰度对比度 C_d，且有

$$T_d(k,l) = T_d + \text{sign}(C(k,l) - C_d)\,\frac{(C(k,l) - C_d)^2}{{C_d}^2} \times T_d/2 \tag{4-5}$$

若 $\text{Var}(k,l) > T_d(k,l)$，则第$(k,l)$块为指纹图像(前景)区域，设置标志 $\text{Flag}(i,j)=1$；否则为背景图像区域，$\text{Flag}(i,j)=0$。

这里为了突出灰度对比度的变化对局部阈值的影响，选取平方函数作为它的惩罚函数。这样，每一块的灰度方差阈值就能很好地适应该块对比度的变化，从而准确提取出有效指纹图像区域。

(6) 基于块水平的平滑，消除孤立前景块。若某一块被标记为前景块，且其 8 邻域块中前景块的数目不超过 2 个，则将该块置为背景块，即 $\text{Flag}(i,j)=0$。

实验表明，只要门槛值 T_d 选择合适，该方法能稳定、可靠地从背景区域中分离出指纹图像。

另外，由于指纹图像是一种纹理性很强的方向流模式，这种方向性由局部平行的脊线和谷线构成。在指纹图像区域，沿脊线方向灰度变化很小，体现了纹路的走向，而沿与脊线垂直方向的灰度变化则很大；在背景区域和噪声区域，这种变化并无方向性可言。利用这一特性，对指纹图像块内任一点(i,j)，分别沿平行块方向和垂直块方向求取灰度变化，如图 4-2所示。分别沿这两个方向在该点两边各取 4 个点和 3 个点，求取灰度值变化(差值)，然后计算该块内所有点在这两个方向的平均灰度变化，得到整个块的方向灰度变化。利用每块的这两种方向灰度变化对该块进行分割，确定属于哪种区域。

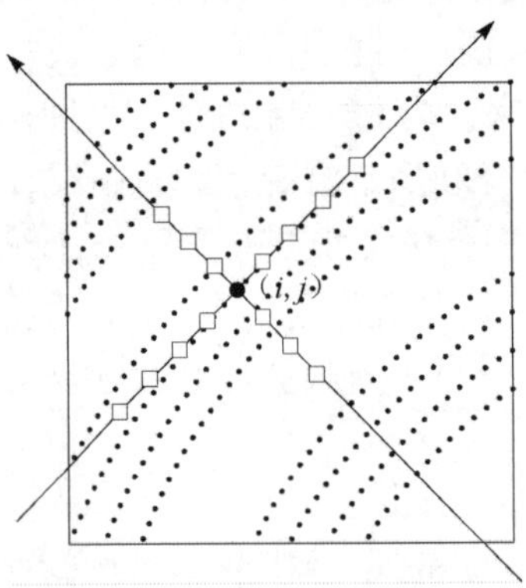

图 4-2　点的方向灰度变化示意图

本系统结合自适应局部阈值法和每块的方向灰度变化分割指纹图像，合理选择自适应门槛值 T_d，实验结果如图 4-3(b)所示。可以看到，对图 4-3(a)中的老化指纹图像，合成法取得了较好的分割效果。实验证明，无论指纹图像的背景区域是否复杂，这种方法均能稳定、可靠地从背景区域中分离出指纹图像，从而达到良好的分割效果。

4.1.2　方向信息提取

指纹图像的方向信息提取是整个 AFIS 的前提和基础，指纹纹线提取、指纹增强、指纹匹配乃至指纹分类都依赖指纹图像的方向信息。Lin 等[3] 提出的算法是

（a）一幅老化的指纹图像　（b）结合两种方法的分割结果

图 4-3　指纹图像分割的结果

在固定分块尺寸下计算纹线方向，虽然对纹线清晰的指纹图像能够取得较好的效果，但对质量较差的指纹图像则存在明显不足之处：选取大的分块尺寸所求得的块方向相对可靠，且对指纹图像中存在的噪声不敏感，但所求得的块方向与实际纹线走向拟合度不高；选取小的分块尺寸所求得的块方向与实际纹线走向拟合度较好，但抗噪性较差[4]。为此，本章对该算法进行了改进，提出了一种基于多级分割的指纹方向信息提取算法。具体步骤是首先将指纹图像预分块，利用改进的Sobel算子(Sobel operator)[5]计算块内每一点梯度（点方向）。根据点方向计算结果求取每一块的块方向，并利用低通滤波器在各级分块尺寸下对所求得的块方向进行平滑（基于块水平），以修正不准确的计算结果。

基于多级分割的方向信息提取算法描述如下。

(1) 将指纹图像划分为互不重叠的且大小为 $w \times w$ 的块。将 320×320 个像素点的指纹图像分成 20×20 块，每块大小为 $w = 16 \times 16$。

(2) 对整幅指纹图像进行增强，计算每个像素点的一阶偏导数。根据实际计算的需要，一阶偏导算子可以选取简单的 Sobel 算子，也可以选取复杂的 Marr-Hildreth 算子[6]。选择的一阶偏导算子越复杂，求导结果越精确，得到的方向信息也就越准确。但同时计算复杂度也越高，算法也就越耗时。

这里采用 Sobel 算子，模板尺寸为 3×3。构建水平模板和垂直模板如下。

水平模板：

$$\begin{matrix} -1 & 0 & 1 \\ -2 & 0 & 2 \\ -1 & 0 & 1 \end{matrix}$$

垂直模板：

$$\begin{matrix} -1 & -2 & -1 \\ 0 & 0 & 0 \\ 1 & 2 & 1 \end{matrix}$$

将原始指纹图像分别与这两个模板进行离散卷积,即可求得一阶偏导数。经实验验证,使用 Sobel 算子已足以满足实际需要。

(3) 计算每块图像的方向信息,即

$$V_y(i,j) = \sum_{u=i-\frac{w}{2}}^{i+\frac{w}{2}} \sum_{v=j-\frac{w}{2}}^{j+\frac{w}{2}} 2\partial_x(u,v)\partial_y(u,v) \tag{4-6}$$

$$V_x(i,j) = \sum_{u=i-\frac{w}{2}}^{i+\frac{w}{2}} \sum_{v=j-\frac{w}{2}}^{j+\frac{w}{2}} (\partial_x^2(u,v) - \partial_y^2(u,v)) \tag{4-7}$$

$$\theta(i,j) = \frac{1}{2}\arctan\frac{V_y(i,j)}{V_x(i,j)} \tag{4-8}$$

式中,$\partial_x(i,j)$、$\partial_y(i,j)$分别为点(i,j)的 x、y 方向的一阶偏导数。

求得的块方向 $\theta(i,j)$范围为$-\frac{\pi}{4}\sim\frac{\pi}{4}$,为满足后续算法的要求,需要将所求角度调整至 $0\sim\pi$,作如下处理:

① 若 $V_x(i,j)>0$,表明该块的纹线方向应为 $\theta(i,j)\in\left(0,\frac{\pi}{4}\right)$或 $\theta(i,j)\in\left(\frac{3\pi}{4},\pi\right)$,则 $\theta(i,j)=\theta(i,j)+\frac{\pi}{2}$;

② 若 $V_x(i,j)<0$ 且 $V_y(i,j)>0$,表明该块的纹线方向应为 $\theta(i,j)\in\left(\frac{\pi}{4},\frac{\pi}{2}\right)$,则 $\theta(i,j)=\theta(i,j)+\pi$;

③ 若 $V_x(i,j)<0$ 且 $V_y(i,j)<0$,表明该块的纹线方向应为 $\theta(i,j)\in\left(\frac{\pi}{2},\frac{3\pi}{4}\right)$,则 $\theta(i,j)$无需调整。

经以上处理得到的块方向 $\theta(i,j)$为该块局部切线方向,将被用于后续指纹图像预处理算法。

(4) 由于输入的指纹图像存在噪声、边缘结构信息缺损等情况,以上求得的块方向信息并不总是准确的。分析指纹的纹路走向,会发现这样一个特点:除了个别地方外,指纹局部区域内纹路走向的变化一般是比较缓慢的。基于这一特点,用低通滤波器对各指纹图像的方向信息进行平滑,以修正不准确的计算结果。低通滤波描述为[7]

$$\Phi(i,j) = \sum_{u=-w_\Phi/2}^{w_\Phi/2} \sum_{v=-w_\Phi/2}^{w_\Phi/2} h(u,v)\theta(i-uw, j-vw) \tag{4-9}$$

式中,h 为二维低通滤波器元件;w 是分块尺寸。$w_\Phi\times w_\Phi$ 是滤波器尺寸,该滤波器缺省尺寸为 5×5。应当注意的是,该平滑操作是基于块水平而非基于像素水平进行的。

(5) 计算各幅图像方向信息的可靠性。

参数 $C(i,j)$表示为

$$C(i,j)=\frac{1}{N}\sqrt{\sum_{(i',j'\in D)}\left|\Phi(i',j')-\Phi(i,j)\right|^2} \tag{4-10}$$

式中，D 是以点(i,j)为中心的块周围的一个局部区域，是一个分块图像的集合，缺省尺寸为 5×5；N 为区域 D 内块的数目；$\Phi(i',j')$、$\Phi(i,j)$分别是块(i',j')、(i,j)的方向。

(6) 如果 $C(i,j)$大于某一预先设定的门槛值 T_C，则必须重新调整分块尺寸进行方向信息的计算，直至满足要求。当然，随着分块尺寸的减小，计算量会增大。

调整时，采用一种多级分割的技术(三级分割，分块尺寸分别为 32、16 和 8)，利用大尺寸分割对噪声抗干扰性强的特点，用大尺寸的方向信息对小尺寸的方向信息进行局部调整，从而提高整个方向信息提取的准确性。但这样一来，在指纹图像模式区会造成方向信息的紊乱(原因主要是大尺寸分割不能有效反映模式区的突变性)。为了解决这一问题，对模式区进行建模，利用模式区特有的规律性对其进行单独处理，从而给出模式区的方向信息。

调整时主要依据两个原则：①局部块方向信息的突变性。也就是每块的方向与其周边块的方向的一致性，如果一致性很好，则不需要进行调整，如果一致性很差，则进行第②步；②计算本次分割与它的上一级分割所求得的块方向角度差。如果角度相差很大，则认为小分块尺寸计算的方向信息有误，需要利用大分块尺寸下的方向信息对其进行修正。

对分辨率为 500dpi 的指纹图像，以不同的分块尺寸将原始图像划分为互不重叠的指纹块，设 D32[r][s]、D16[m][n]、D8[i][j]分别是在 32×32、16×16、8×8 分块尺寸下得到的方向信息，修正方法如下。

(1) 对于 $\forall$ D16[m][n]$\in$D32[r][s]，若|D16[m][n]−D32[r][s]|$>T_1$，则令 D16[m][n]=D32[r][s]，否则保持 D16[m][n]的值不变。

(2) 对于 $\forall$ D8[i][j]$\in$D16[m][n]，若|D8[i][j]−D16[m][n]|$>T_2$，则令 D8[i][j]=D16[m][n]，否则保持 D8[i][j]的值不变。

其中，T_1、T_2 是两个经验的门槛值，已经实验确定。

最后，D8 [i][j] 即为所求的 8×8 分块尺寸下准确的块方向信息。经过以上调整的指纹块方向信息既能准确描述局部纹线方向，又有较高的可信度，基本上可以可靠地实现指纹纹线的方向信息提取。

图 4-4　指纹图像方向信息提取的结果

图 4-4 是经三级分块调整后，对图 4-3(a)进行方向信息提取的结果(块方向)。由该图可看出，算法求出的每

块指纹图像方向角为连续角，相邻块方向无突变，且对指纹图像中纹线不连续区域也能正确提取方向信息，因此，更准确地表达了纹路真实的方向。另外，本算法对指纹纹线较混乱区域也能起到平滑作用，这对后续处理是非常关键的。

4.1.3　纹线提取

纹线提取模块的功能是进行纹线平滑和纹线增强。指纹纹线是一种方向流模式，具有很强的方向性，结合纹线本身的方向信息构建适当的模板，沿着纹线切线方向对纹线进行平滑处理，可以连接不应有的间断；沿着纹线垂直方向对纹线进行增强，可以将粘连的纹线分离开[7]。这实际上是一个方向平滑和方向增强的概念，即平滑和增强处理都具有严格的方向性。

由于 Gabor 函数能够很好地兼顾时域和频域特性，以指纹图像的方向信息和频率信息为参数，可以使用 Gabor 函数对其进行增强。除指纹图像模式区等少数异常区域外，在一个小的局部范围内，纹线分布具有良好的方向特性和频率特性。利用这种局部区域内纹线的方向信息和频率信息，对每个区域构建相应的模板进行增强，能有效去除噪声、保留和突出纹线的固有结构。在计算纹线频率时，使用的是一种基于区域水平的纹线距离估计方法[8]，该方法能够合理、准确地统计出指纹纹线的频率。

偶对称 Gabor 滤波器具有以下形式：

$$h(x,y) = \mathrm{e}^{-\frac{1}{2}\left(\frac{x^2}{\delta_x^2}+\frac{y^2}{\delta_y^2}\right)}\cos(2\pi u_0 x) \tag{4-11}$$

在指纹增强中，该公式调整为[9]

$$h(m,n) = \mathrm{e}^{-\frac{1}{2}\left(\frac{m^2}{\delta_m^2}+\frac{n^2}{\delta_n^2}\right)}\cos(2\pi f d_{(m,n)}) \tag{4-12}$$

式中，m、n 为离散变量，取值均为 $-M_s/2 \sim M_s/2$。M_s 为增强模板尺寸，这里，$M_s=7\times 7$，如图 4-5 所示。δ_m、δ_n 分别是沿横轴与纵轴的高斯包络常数，经验值均为 4。f 为分块图像的纹线频率，是纹线频率信息在 Gabor 函数中的体现。$d_{(m,n)}$ 为增强模板中某一元素 (m,n)，到通过模板中心且方向与该块指纹图像方向相同的直线的距离，是纹线方向信息在 Gabor 函数中的体现。

$$\begin{matrix} S & S & S & S & S & S & S \\ R & R & R & R & R & R & R \\ Q & Q & Q & Q & Q & Q & Q \\ P & P & P & P & P & P & P \\ Q & Q & Q & Q & Q & Q & Q \\ R & R & R & R & R & R & R \\ S & S & S & S & S & S & S \end{matrix}$$

图 4-5　平滑模板和增强模板结构示意图

纹线提取算法描述如下。

(1) 将指纹图像划分为互不重叠的大小为 $w \times w$ 的块。将 320×320 个像素点的指纹图像分成 20×20 块,每块大小为 $w=16\times16$。

(2) 对每个 16×16 大小的分块图像,依据 4.1.2 节的方向信息提取的结果,按照下述准则[7]分别构建平滑模板和增强模板。

对于平滑模板,结构参数应满足

$$P > Q > R > S \geqslant 0 \tag{4-13}$$

对于增强模板,结构参数应满足

$$P + 2Q + 2R + 2S = 0 \tag{4-14}$$

这样,该模板就具有沿纹线平行方向平滑、连接纹线间断,而沿纹线垂直方向增强、分离粘连纹线的功能。图 4-6 给出了满足条件的 7×7 尺寸平滑模板和增强模板具体参数。

0	0	0	0	0	0	0
1	1	1	1	1	1	1
2	2	2	2	2	2	2
4	4	4	4	4	4	4
2	2	2	2	2	2	2
1	1	1	1	1	1	1
0	0	0	0	0	0	0

(a) 平滑模板

0	0	0	0	0	0	0
-1	-1	-1	-1	-1	-1	-1
-2	-2	-2	-2	-2	-2	-2
6	6	6	6	6	6	6
-2	-2	-2	-2	-2	-2	-2
-1	-1	-1	-1	-1	-1	-1
0	0	0	0	0	0	0

(b) 增强模板

图 4-6　7×7 尺寸平滑模板和增强模板

(3) 对每个 16×16 大小的分块图像,将该块图像与相应的平滑模板进行离散卷积,以卷积结果作为输出。

(4) 对每个 16×16 大小的分块图像,将第(3)步的输出结果与相应的增强模板进行离散卷积,以卷积结果作为输出。

(5) 对每个 16×16 大小的分块图像进行归一化处理,使输出结果中所有像素点的灰度值都为 0～255。

图 4-7　指纹图像纹线提取的结果

图 4-7 是指纹图像纹线提取的结果。在准确计算纹线方向和纹线频率的基础上,该算法对老化、多横纹、爆皮以及对比度较低等低质量指纹图像具有显著的增强效果,增强后可显著降低指纹匹配的误识率,处理速度和准确性基本满足 AFIS 的需要。

4.1.4 自适应局部阈值二值化

经过纹线提取后的指纹图像需要进行二值化变成二值图像，才能进行细化处理。由于采集到的指纹图像不同区域深浅不一，如对整幅图像使用同一阈值进行二值分割，会造成大量有用信息的丢失。本节使用自适应局部阈值二值化的思想，对于每幅指纹图像，选取的阈值应尽量使该块图像内大于该阈值的像素点数小于等于该阈值的像素点数，这一思想和指纹图像的脊线、谷线间隔均匀出现的特点相吻合。

自适应局部阈值二值化的算法流程图如图 4-8 所示。

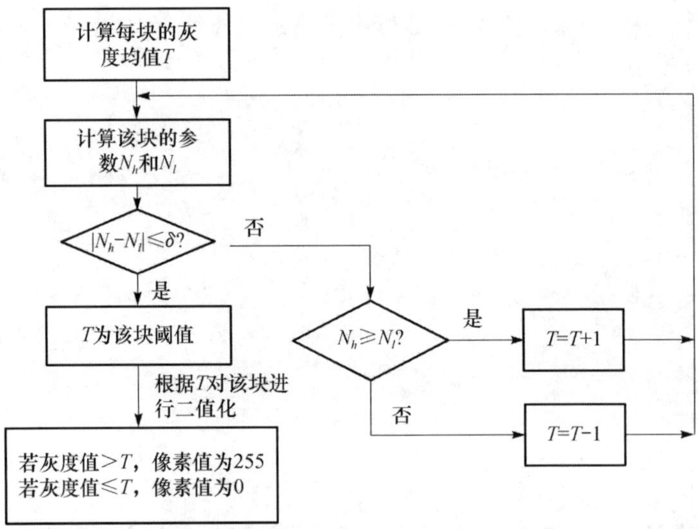

图 4-8 自适应局部阈值二值化流程图

自适应局部阈值二值化算法描述如下。

(1) 将指纹图像划分为互不重叠的大小为 $w\times w$ 的块。将 320×320 个像素点的指纹图像分成 20×20 块，每块大小为 $w=16\times 16$。

(2) 求取每块图像的灰度均值 T，即

$$T=\frac{\sum_{i=k\times w}^{(k+1)\times w}\sum_{j=l\times w}^{(l+1)\times w}G(i,j)}{w\times w} \tag{4-15}$$

式中，w 是分块尺寸，$G(i,j)$为点(i,j)处的灰度值。

(3) 计算第(k,l)块指纹图像中灰度值大于等于 T 的像素点的个数 N_h，及灰度值小于 T 的像素点个数 N_l。

(4) 若 $|N_h-N_l|\leqslant\delta(\delta=w\times w\times 10\%)$，则 T 为阈值；否则 $N_h\geqslant N_l$，则

$T=T+1, N_h<N_l$，则 $T=T-1$。

(5) 进行二值化。对第(k,l)块中每一个像素点(i,j)，若灰度值大于 T，置为 255；若灰度值小于等于 T，置为 0。

图 4-9 是本算法对纹线提取后的指纹图像进行二值化处理的结果。由图可见，该二值化方法完全达到了预期的效果。

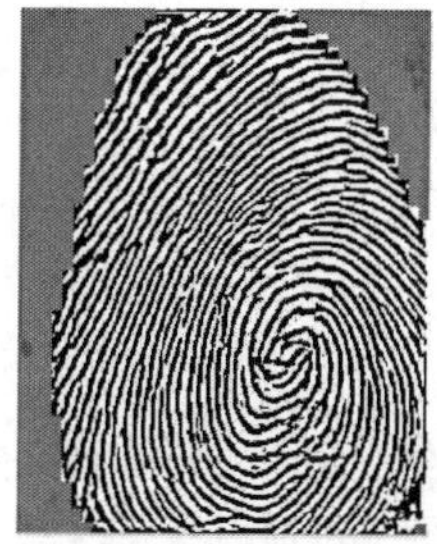

图 4-9　指纹图像二值化的结果

4.1.5　图像细化及纹线修复

1. 图像细化

下面先给出几个有关细化的概念和约定[10]。

(1) 目标点和背景点。目标点指像素值为 1 的点。与此对应，背景点指像素值为 0 的点。

P_1	P_2	P_3
P_8	P	P_4
P_7	P_6	P_5

图 4-10　8 邻点和 4 邻点示意图

(2) 8 邻点和 4 邻点。如图 4-10 所示，设像素点 P 是被考察的像素点，即中心点，P 的 8 邻点是以 P 为中心的 3×3 区域中除了 P 点以外的另外 8 个点 $P_1 \sim P_8$。P_2、P_4、P_6 和 P_8 为其 4 邻点。

(3) 边界点。属于目标点，并且该点的 4 邻点中至少有一个为背景点。符合上述两个条件的点称为边界点。

(4) 8 连通性和 4 连通性。一个点具有 8 连通性是指该点的 8 邻点中至少有一点为目标点，4 连通性则是指该点的 4 邻点中至少有一点为目标点。

(5) 单像素宽。考察纹线上每一点的 8 邻点。符合下述条件的细化图像即为单像素宽：纹线端点的 8 邻点中只有 1 个目标点，纹线连续点的 8 邻点中有 2 个目标点，纹线分叉点的 8 邻点中有 3 个目标点，并且最多有 3 个目标点。

(6) 模板。对被考察像素点周围邻域内目标点和背景点的分布情况作预先规定，然后将被考察像素点邻域的实际情况和预先规定的情况相比较，判断两者是否相符。这种预先规定的像素点邻域分布情况被称为模板。

按照邻域大小或像素点个数，模板可以分为 3×3 模板、4×4 模板、5×5 模板等。按照模板的功能，模板又可以分为消除模板、保留模板等。

(7) 消除模板。用来判断被考察像素点是否符合删除条件的模板就是消除模板。具体来说，如果该点是边界点，则可以被删除。删除的意思就是把该点的像素值置为 0。消除模板一般为 3×3 模板。

(8) 保留模板。为了保持纹线连通性而构造的模板即为保留模板。当被考察像素点是边界点时，并不马上删除，而是先判断删除该点是否会造成纹线间断，破坏原有连通性。也就是需要把该点的邻域与保留模板相比较，若符合保留模板，则保留该点；若不符合，才能删除该点。

指纹图像细化是指纹图像预处理过程中的一个重要环节，因为一般的细节特征提取都是在细化的基础上进行的，如果细化不好，将无法使用常规的细节特征提取算法提取细节特征信息。细化处理是在指纹图像二值化之后，在不影响纹线连通性的基础上，删除纹线（脊线）的边缘像素，直到纹线为单像素宽为止。

理想细化后的指纹纹线骨架应位于原始纹线的中间位置，并保持纹线的连通性、拓扑结构和细节特征。细化算法种类很多，按细化顺序来分主要有 3 类：串行细化[10]、并行细化[11]和混合细化[12]。快速细化算法[13]（quick thinning algorithm）和改进的 OPTA 细化算法[14]（improved OPTA thinning algorithm）是目前使用较多的两种细化算法。其中，快速细化算法为 4 连通并行细化算法，其原理是判断指纹纹线的边界点，并逐步删除。该细化算法运算速度很快，但细化不彻底；改进的 OPTA 细化算法是串行细化算法，其原理是构造一定的消除模板和保留模板，将二值化后的指纹图像与相应的模板相比较，确定是否删除某点的像素值。这种算法虽然能基本保证纹线单像素宽，但细化后会产生很多毛刺，且在纹线分叉点处并不是单像素宽的。分叉点处细化不彻底的 3 种情况如图 4-11 所示。

（a）不是单像素宽　（b）多个分叉点　（c）存在伪分叉点

图 4-11　分叉点处细化不彻底的 3 种情况

本系统将快速细化算法和改进的 OPTA 细化算法相结合，在分别实现这两种细化算法的基础上，通过构造修正模板，对改进的 OPTA 细化算法进行补充，形成一种综合细化算法[15]，效果较好。

综合细化算法的算法思想描述如下。

(1) 使用快速细化算法进行初步细化，细化以后的纹线有一定的宽度。

快速细化算法步骤如下：

① 遍历整幅指纹图像，找出纹线边界点；

② 判断该边界点是否应该删除；

对边界点 P(图 4-10)，定义两个特征量 nsum 和 tsum，它们的值分别为

$$\mathrm{nsum}=\sum_{i=1}^{8}P_i \tag{4-16}$$

$$\mathrm{tsum}=\sum_{i=1}^{8}\left|P_{i+1}-P_i\right| \tag{4-17}$$

如果 P 点同时满足 tsum=2，nsum≠1 且 nsum<6，则可将其删除(像素值置为 0)。

③ 继续寻找下一个边界点，直到没有可删除的点为止。

(2) 对初步细化后的指纹图像再使用改进的 OPTA 细化算法进一步细化，使得除分叉点外的其他纹线保证单像素宽。

本系统采用统一的 4×4 模板作为改进的 OPTA 细化算法结构模板，改善了原 OPTA 细化算法[14]中消除模板和保留模板不一致的情况，构建 8 个消除模板、6 个保留模板实现对图像的细化处理。综合细化算法的模板结构如图 4-12～图 4-14 所示，其中，图 4-12 为改进的 OPTA 细化算法统一结构模板，左上角 3×3 方格为消除模板区域。图 4-13 为改进的 OPTA 细化算法消除模板，图 4-14 为改进的 OPTA 细化算法保留模板。

P_1	P_2	P_3	P_{13}
P_4	P_5	P_6	P_{14}
P_7	P_8	P_9	P_{15}
P_{10}	P_{11}	P_{12}	×

图 4-12　改进的 OPTA 细化算法统一结构模板

改进的 OPTA 细化算法步骤如下：

① 从指纹图像的左上角开始，考察像素值为 1 的点，即目标点；

(a) 上边界

0	0	0
×	1	×
1	1	1

(b) 左边界

0	×	1
0	1	1
0	×	1

(c) 下边界

1	1	1
×	1	×
0	0	0

(d) 右边界

1	×	0
1	1	0
1	×	0

(e) 右上边界

×	0	0
1	1	0
×	1	×

(f) 左上边界

0	0	×
0	1	1
×	1	×

(g) 左下边界

×	1	×
0	1	1
0	0	×

(h) 右下边界

×	1	×
1	1	0
×	0	0

图 4-13　改进的 OPTA 细化算法消除模板

×表示该点的像素值可为 0，也可为 1

② 对每个目标像素点(图 4-12 中为 P_5)，均抽取出图 4-12 中的 15 个相邻像素，把其中的 8 个像素(P_1～P_4，P_6～P_9)与图 4-13 中的 8 个消除模板相比较，如果都不匹配，则 P_5 保留；

③ 否则，所抽取的 15 个像素再与图 4-14 中的 6 个保留模板相比较，如果与其中任意一个模板匹配，则保留 P_5，否则将 P_5 删除；

④ 重复上述过程，直到搜索完整的指纹图像，或没有一个像素的值被改变为止。

×	1	×	0
0	1	1	0
×	1	×	0
×	×	×	×

(a)

×	×	0	0
0	1	1	0
×	×	1	×
×	×	×	×

(b)

×	×	1	×
0	1	1	0
×	×	0	0
×	×	×	×

(c)

×	0	×	×
1	1	1	×
×	1	×	×
0	0	0	×

(d)

×	0	×	×
×	1	×	×
1	1	0	×
×	0	0	×

(e)

×	0	×	×
×	1	×	×
0	1	1	×
0	0	×	×

(f)

图 4-14　改进的 OPTA 细化算法保留模板

×表示该点的像素值可为 0，也可为 1

(3) 对改进的 OPTA 细化算法进行修正。针对图 4-11 指纹纹线分叉点处细化不彻底的 3 种情况，考虑增加以下几个模板。在分叉点处一一判断。改变某几个点的像素值，从而使分叉点为单像素宽，满足细化要求。

本系统采用的修正模板如图 4-15～图 4-18 所示。

0	0	0
1	1	1
0	1	0

(a)

0	1	0
0	1	1
0	1	0

(b)

0	1	0
1	1	1
0	0	0

(c)

0	1	0
1	1	0
0	1	0

(d)

图 4-15　模板一

(a)～(b)为分叉点处不是单像素宽的几种情况

0	1	0
0	1	1
1	0	0

(a)

0	1	0
1	1	0
0	0	1

(b)

0	0	1
1	1	0
0	1	0

(c)

1	0	0
0	1	1
0	1	0

(d)

图 4-16　模板二

(a)～(d)为存在多个分叉点的几种情况

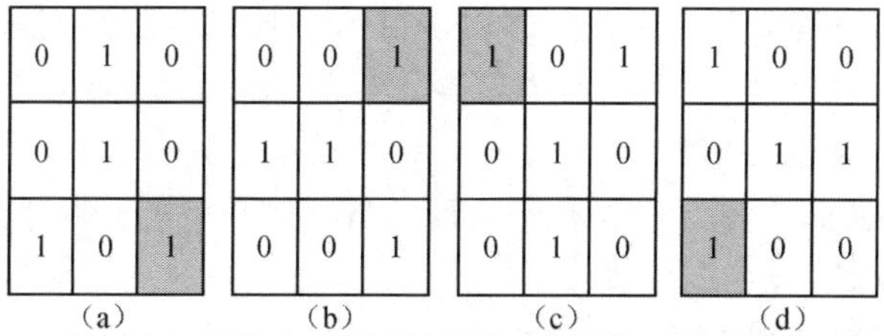

图 4-17　模板二的改进标准

(a)～(d)为存在多个分叉点修正后的结果

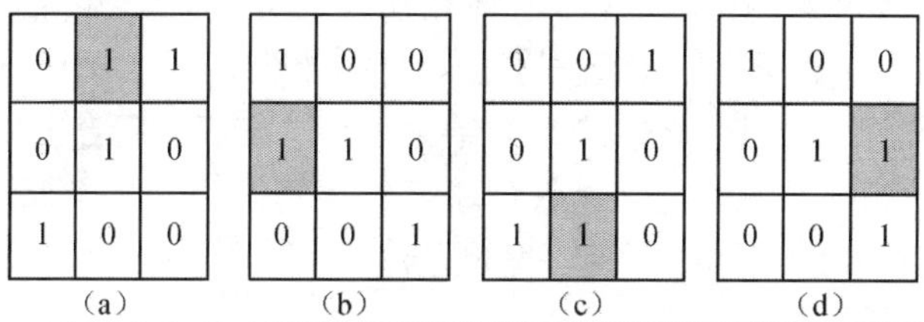

图 4-18　模板三

(a)～(d)为存在伪分叉点的几种情况

考察每个像素点的 8 邻点，若符合图 4-15 中 4 个模板中的任意一个，则删除该点(灰底色像素点)，即将其像素值置为 0。

考察每个像素点的 8 邻点，若符合图 4-16 中 4 个模板中的任意一个，则将其相应地修改为图 4-17 的样子。注意，其中灰底色的像素值改变了。

考察每个像素点的 8 邻点，若符合图 4-18 中 4 个模板中的任意一个，则删除该点(灰底色像素点)，即将其像素值置为 0。

经过以上模板一～模板三的修正，基本上解决了指纹纹线分叉点处细化不彻底的问题。表 4-1 是 3 种细化算法的性能比较。结果表明，综合细化算法细化完全，细化后的指纹骨架在纹线中心，纹线光滑无毛刺且速度也较快。从而为后续的指纹细节特征提取提供了可靠的基础。

表 4-1　3 种细化算法的性能比较

性能指标	快速细化算法	改进的 OPTA 细化算法	综合细化算法
速度	很快	较快	较快
是否为单像素宽	不是	基本是	是
总体细化效果	较差	较好	好

2. 纹线修复

纹线修复(细化后处理)是在细化基础上进行的纹线修复处理，目的是减少各种伪噪声(伪特征点)，如断线、短线、毛刺、叉连和小孔等，以提高系统的可靠性。

因此，纹线修复包括断线的连接、短线的删除、毛刺的删除、叉连和小孔的去除等。实验证明，纹线修复可以去除绝大多数典型噪声，减少伪特征点的出现。

定义两个特征量 nsum 和 tsum，见式(4-16)和式(4-17)。

(1) 断线的连接。断线间断是指不应有的指纹纹线的中断。这种间断不是纹线结构的真实反映，应加以连接。

断线的连接算法描述如下：

① 计算目标像素点的 tsum 值；

② 如果 tsum 的值为 2(该点为纹线端点)，则在给定阈值范围内搜索是否存在另外一个端点，如果存在，且这两个端点连线的方向与原端点所在纹线方向一致，则连接这两个端点，否则，标记该端点为已搜索过；

③ 如果所有端点都搜索过，则算法结束，否则，继续执行步骤①。

(2) 短线的删除。短线定义为长度小于给定阈值的一小段孤立纹线。一般来说，那些小于指纹纹线(脊线或谷线)宽度的纹线大多为短线，应予以删除。

短线的删除算法描述如下：

① 计算目标像素点的 tsum 值；

② 如果 tsum 的值为 2，则在给定阈值范围内搜索与该端点相连接的其他端点，如果存在，则删除该短线，否则，标记该端点为已搜索过；

③ 如果所有端点都搜索完毕，则算法结束，否则继续执行步骤①。

(3) 毛刺的删除。毛刺的一端是端点，另一端表现为分叉点。一般毛刺很短。根据毛刺的这些特点，从任一端点出发沿着纹线跟踪，若在很短的距离内遇到了分叉点(tsum 值为 6)，则有理由认为跟踪过的指纹纹线为毛刺，应予以删除。

毛刺的删除算法描述如下：

① 计算目标像素点的 tsum 值；

② 如果 tsum 的值为 2，则标记该点，并沿该点所在纹线开始跟踪，否则标记该端点为已搜索过；

③ 如果在一个给定的阈值范围内跟踪到一个分叉点，则删除所跟踪过的纹线上的点，否则，继续处理下一个像素点；

④ 如果所有端点都搜索完毕，则算法结束，否则，继续执行步骤①。

(4) 小孔的去除。细化后指纹图像上往往会出现一些不应有的孔状结构，这些孔状结构面积一般都很小。一个孔状结构往往会形成两个伪特征点。为了消除它的不利影响，在纹线修复阶段要将其去除。

小孔的去除算法描述如下：

① 计算目标像素点的 tsum 值；

② 如果 tsum 值为 6(分叉点)，则沿该点的 3 个纹线方向分别跟踪，直到跟踪步数超过一个给定阈值，或者遇到端点或分叉点，如果遇到分叉点，则将其记录下；

③ 如果 3 个方向的纹线跟踪过程中遇到两个分叉点，且这两个分叉点相同，则表明其为孔状结构，删除这两条跟踪过的纹线中的任意一条；

④ 重复步骤①～③，直到所有分叉点都处理完毕。

图 4-19 是综合细化算法对指纹图像细化及纹线修复的结果。

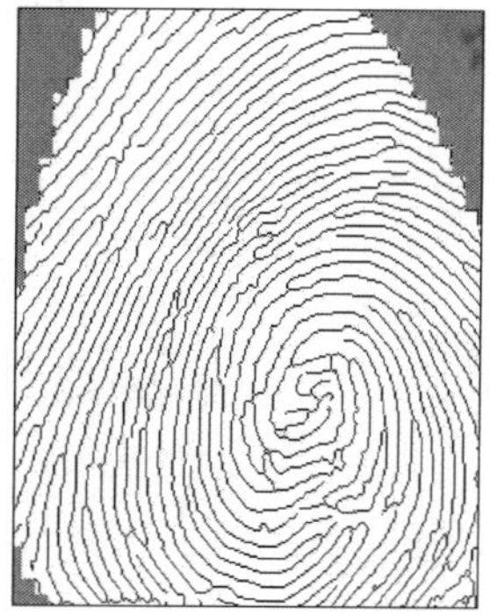

图 4-19　综合细化算法及纹线修复的结果

3. 基于纹线跟踪的指纹图像细化

指纹图像细化的另一种方法是基于纹线跟踪的思想。该算法可简单描述为，首先在原始指纹图像上选取一系列跟踪起始点，以一定步长跟踪起始点所在的指纹纹线(脊线)，当该条纹线终止或遇到其他纹线时，停止跟踪。然后转到下一个跟踪起始点继续跟踪，直到所有指纹纹线跟踪完毕。这样就得到一幅细化了的指纹骨架图。该细化方法直接对原始的灰度指纹图像进行操作，不必经过二值化、细化等过程，所以运算速度较快且精度较高。

4.2　指纹图像细节特征提取

4.2.1　基于非彻底细化图像的指纹细节特征提取

指纹图像细节特征点(端点和分叉点)的提取是建立在对该点的 8 邻点统计分析基础之上的，这里不再赘述[15]。

目标像素点 P 及其 8 邻点的定义如图 4-10 所示。

对图 4-10 中的目标像素点 P，计算其 nsum、tsum 的值。式(4-16)描述为：如果 nsum＝1，则 P 为纹线端点；如果 nsum＝3，则 P 为纹线分叉点。该公式必须在指纹纹线被严格细化成单像素宽的情况下，才能正确工作。式(4-17)描述为：如果 tsum＝2，则 P 为纹线端点；如果 tsum＝6，则 P 为纹线分叉点。该公式即使对未完全细化的指纹图像，也可正确提取其细节特征信息。

本节结合细化图像本身的特点，提出了一种基于非彻底细化图像的指纹细节特征提取算法[7]。在不对纹线作任何修复的情况下，从细化图像上直接提取原始细节特征点集，得到初步的细节特征提取结果。然后分析图像中各类噪声及其特点，利用伪特征点在数学形态上的分布规律并结合纹线方向信息，将这些噪声引起的伪特征点分别予以删除。最后保留的特征点集就是真正特征点的集合。

基于非彻底细化图像的细节特征提取算法描述如下。

(1) 原始细节特征点集的提取。

使用式(4-17),在未经任何修复处理的细化图像上直接进行细节特征提取,得到原始的指纹细节特征点集合$\Omega(\Omega=\Omega_i+\Omega_j)$。其中,$\Omega_i$为纹线端点集合,$\Omega_j$为纹线分叉点集合。由于式(4-17)方法的特点,即使对未完全细化的指纹图像仍可正确提取细节特征点。当然,由于存在大量噪声,原始细节特征点集中可能包含大量伪特征点。

(2) 短线与纹线间断形成的伪特征点的删除。

对于原始细节特征点集Ω中任意两个纹线端点i_1、i_2($i_1,i_2\in\Omega_i$),如果$\mathrm{Dis}(i_1,i_2)<D_1$且$\Delta\theta\approx0$,则认为这两点为伪特征点,应予以删除。

(3) 小孔状结构形成的伪特征点的删除。

对原始细节特征点集Ω中任意两个纹线分叉点j_1、j_2($j_1,j_2\in\Omega_j$),如果$\mathrm{Dis}(j_1,j_2)<D_2$,则认为该两点为伪特征点,应予以删除。

(4) 小毛刺形成的伪特征点的删除。

对原始细节特征点集Ω中任一个纹线端点$i(i\in\Omega_i)$和任一个纹线分叉点$j(j\in\Omega_j)$,如果$\mathrm{Dis}(i,j)<D_3$且$\mathrm{Con}(i,j)=1$,则认为这两点为伪特征点,应予以删除。

(5) 较长毛刺形成的伪特征点的删除。

对原始细节特征点集Ω中任一个纹线端点$i(i\in\Omega_i)$和任一个纹线分叉点$j(j\in\Omega_j)$,如果$\mathrm{Dis}(i,j)<D_4$,$\mathrm{Con}(i,j)=1$且$\Delta\theta<\frac{\pi}{4}$,则认为这两点为伪特征点,应予以删除。

(6) 纹线叉连形成的伪特征点的删除。

对原始细节特征点集Ω中任意两个纹线分叉点j_1、j_2($j_1,j_2\in\Omega_j$),如果$\mathrm{Dis}(j_1,j_2)\approx D_5$,$\mathrm{Con}(j_1,j_2)=1$且$\Delta\theta\approx\frac{\pi}{2}$,则认为这两点为伪特征点,应予以删除。

在(1)~(6)中,$\mathrm{Dis}(i,j)$为两个特征点i、j之间的距离,表示为像素点数;$\mathrm{Con}(i,j)$为两个特征点i和j之间的连接度,即如果有纹线连接这两个特征点,则$\mathrm{Con}(i,j)=1$,否则$\mathrm{Con}(i,j)=0$;$\Delta\theta$为$\mathrm{Ang}(i,j)$与$\theta(i,j)$之差的绝对值,其中,$\mathrm{Ang}(i,j)$为两个特征点i和j的连线与横坐标轴方向的夹角,表示为弧度;$\theta(i,j)$为两个特征点i和j所在局部邻域的纹线方向,表示为弧度。另外,D_1、D_2、D_3、D_4和D_5为距离门槛值,在指纹图像为500dpi的采集分辨率下,经实验确定,D_1、D_2、D_3和D_4分别取7、3、4和8,D_5为指纹图像平均纹线宽度,可通过计算求得。

图4-20是基于非彻底细化图像的指纹细节特征提取结果。与常规的细节特征提取算法相比,本算法较大幅度地提高了细节特征提取的速度,特征提取的准确率可达87%以上,基本上可以满足实际应用的需要。特别是当指纹图像质量比较差时,该算法能有效删除大多数伪特征点,特征提取的准确率比常规算法有大幅度提高;但当指纹图像质量较好时,该算法固有的缺陷会导致误删除少量真正的特征

点，特征提取的准确率比常规算法要低。

4.2.2　纹线跟踪算法直接实现指纹细节特征提取

AFIS 实现指纹细节特征提取的另一种思路[16-18]，是不经过纹线提取、二值化、细化等预处理过程，而是在指纹图像分割和方向信息提取的基础上直接处理灰度指纹图像，自适应地跟踪每一条纹线（脊线），直到该条纹线结束或遇到其他纹线，依次提取细节特征点。与传统算法相比，这种方法减少了预处理过程带来的累计误差，加快了运算速度，并且在一定程度上提高了准确率。图 4-21 是纹线跟踪算法思想的过程描述。

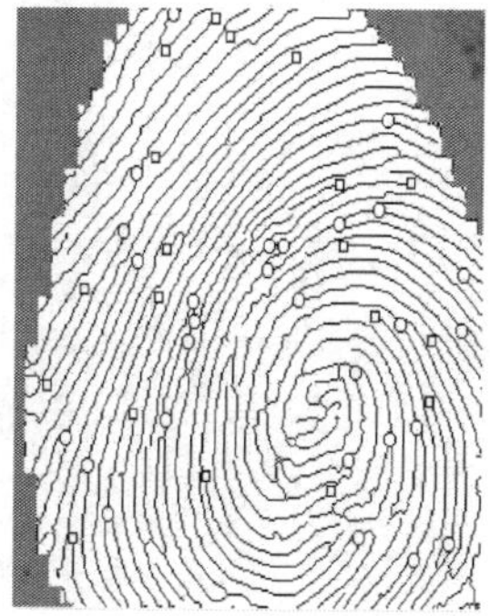

图 4-20　基于非彻底细化图像的细节特征提取结果

表示纹线端点，

表示纹线分叉点

纹线跟踪算法的基本思想是，首先在灰度指纹图像上寻找一系列跟踪起始点，对每个跟踪起始点以一定步长跟踪该点所在纹线，在跟踪过程中进行局部增强，如果满足结束条件，则自动转到下一个跟踪起始点继续跟踪，直到遍历完所有指纹图像的纹线。这样就得到一幅细化了的指纹脊线骨架图和上面的细节特征点信息，然后就可以进行后续的指纹匹配等工作。

图 4-21　纹线跟踪算法过程

设(x_k, y_k)为某一当前跟踪点，下一跟踪点(x_{k+1}, y_{k+1})的计算式为

$$\begin{pmatrix} x_{k+1} \\ y_{k+1} \end{pmatrix} = \begin{pmatrix} x_k \\ y_k \end{pmatrix} + \left[\mu \begin{pmatrix} \cos(\varphi_k) \\ \sin(\varphi_k) \end{pmatrix} + 1/2 \right] \tag{4-18}$$

式中，μ 为跟踪步长，φ_k 是当前点(x_k, y_k)的方向，符号[]表示向下取整。

结束条件有以下几种情况。

(1) 跟踪到指纹图像的背景区，则停止跟踪，无细节特征点可提取。

(2) 跟踪到该条纹线结束，该点为纹线端点。

(3) 跟踪到另一条纹线，该点为纹线分叉点。

图 4-22 是直接在灰度指纹图像上进行纹线跟踪，然后提取细节特征点的结果。经过验证，本算法的平均细节特征点提取时间为 0.36s，较传统算法（1s 左右）有较大提高。

基于纹线跟踪的指纹细节特征提取算法的详细描述见第 6 章。

（a）原始的灰度指纹图像　　（b）指纹纹线跟踪的结果　　（c）指纹细节特征点提取的结果

图 4-22　纹线跟踪及细节特征点提取的结果

4.3　算法测试

为了具体描述 AFIS 的整体性能，选用南京大学活体指纹库（NJU-2000）的指纹图像进行了大量测试。库中存放了分别从 110 个不同手指采集的指纹图像，每个手指有 10 幅图像，一共有 1100 幅指纹图像。测试了几个关键的性能指标：平均注册时间（average enroll time）、平均匹配时间（average match time）、拒绝注册率（reject enroll rate）、拒真率（FNMR）、授假率（FMR）、ROC 曲线和等错误率（EER）等。分别计算了 FMR 为 1%的拒真率 FMR100，授假率为 0.1%的拒真率 FMR1000，授假率为 0 的拒真率 ZeroFMR 和拒真率为 0 的授假率ZeroFNMR，测试结果如表 4-2所示。

表 4-2　本系统在 NJU-2000 数据库中的测试结果

平均注册时间	平均匹配时间	平均匹配时间(G)	平均匹配时间(I)
0.62s	0.68s	0.41s	1.17s

拒绝注册率	REJ_{NGRA}	REJ_{NIRA}
0.00%(F：0T：0C：0)	0.00%(E：0F：0T：0C：0)	0.00%(E：0F：0T：0C：0)

EER	FMR100	FMR1000	ZeroFMR	ZeroFNMR
0.57%	1.06%	1.83%	9.97%	100%

图 4-23 是系统的 FNMR 和 FMR 曲线。把 FNMR 作为 FMR 的函数，并且以 FNMR 为纵坐标，以 FMR 为横坐标，得到该系统的 ROC 曲线，如图 4-24 所示。ROC 曲线可以反映敏感性和特异性连续变量的综合技术指标。

以上结果表明该系统达到了一定的性能指标，在各运算时间上比使用传统算法有所降低。另外，通过对多幅不同质量的指纹图像进行测试，可达到误识率小于 0.01%、拒识率小于 2%的综合技术指标，一次验证时间 $t<2$s。这些指标均达到了较先进的水平。

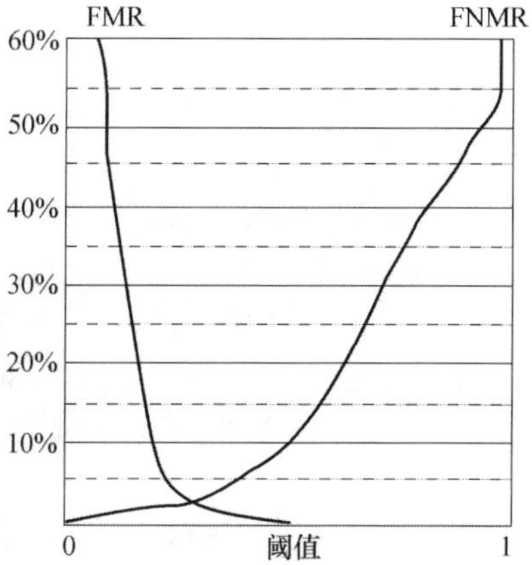

图 4-23　拒真率 FNMR(t)和授假率 FMR(t)曲线

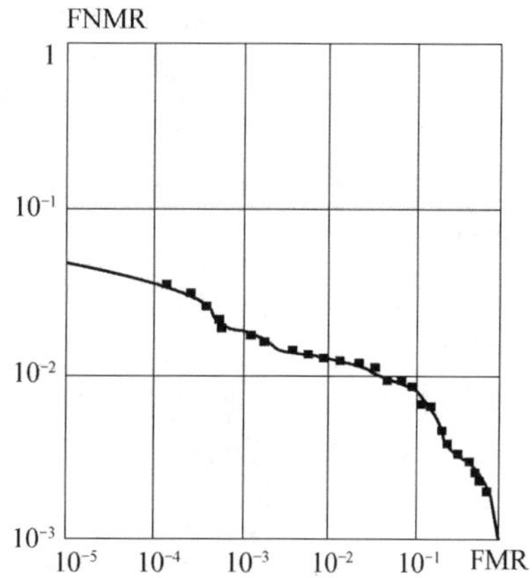

图 4-24　系统的 ROC 曲线

4.4　本章小结

本章详细介绍了 AFIS 中预处理技术及细节特征提取算法，并提出了一些新的方法和思想。实验证明这些算法有效可行。指纹图像经过上述预处理过程，变成一幅清晰的单像素宽图，其中包括端点和分叉点等重要的细节特征信息，这是后面细节特征提取算法的基础。

在实际工作中，可能遇到以下困难和想法。

(1) 指纹图像在图像与背景分离、方向信息提取和细节特征提取等多个过程中，都用到了阈值(门槛值)作为比较的参照物。如何准确地估计这些参数，对提高处理结果的精确度至关重要。

(2) 进一步优化预处理算法，减少计算步骤，提高整个系统的识别速度和准确率。

(3) 通过灰度纹线跟踪算法直接提取的指纹细节特征信息，从实验结果可看出，细节特征提取后还存在一些伪特征点。这与指纹采集图像的质量和某些阈值的选取有关。这些伪特征点可通过细化后处理算法予以删除。另外，对于某些质量较差的指纹图像，纹线跟踪提取细节特征的算法效果不甚满意，精确度有待进一步提高。

(4) 进行指纹质量评测。对每块指纹图像区域打分，将破坏程度严重的指纹区域屏蔽。另外，改进和提高细节特征提取算法，提取的细节特征点都要乘上一个可靠性系数，该系数由细节特征点所在图像块的质量分数决定。

指纹图像与背景分离(图像分割)是指纹图像预处理过程的第一步，十分重要，

第5章将单独介绍这一算法，并提出一些改进思想。

参考文献

[1] 尹义龙，宁新宝，张晓梅. 自动指纹识别技术的发展与应用. 南京大学学报(自然科学版)，2002，38(1)：29-35.

[2] 韩伟红，黄子中，王志英. 指纹自动识别系统中的预处理技术. 计算机研究与发展，1997，34(12)：913-920.

[3] Lin H，Wan Y，Jain A K. Fingerprint image enhancement：algorithm and performance evaluation. IEEE Transactions on Pattern Analysis and Machine Intelligence，1998，20(8)：777-789.

[4] 詹小四，宁新宝，尹义龙，等. 多级分块尺寸下的指纹方向信息提取算法. 南京大学学报(自然科学版)，2003，39(4)：476-482.

[5] 何春华，张雪飞，胡迎春. 基于改进 Sobel 算子的边缘检测算法的研究. 光学技术，2012，38(3)：323-327.

[6] 董汉莉. Marr-Hildreth 算子边缘精确定位的研究. 郑州工业大学学报，1999，20(2)：36-38.

[7] 尹义龙. 自动指纹识别系统研究. 长春：吉林工业大学，2000.

[8] 尹义龙，谭台哲，詹小四，等. 指纹纹线距离估计的两种方法：谱分析法和统计窗法. 南京大学学报(自然科学版)，2002，38(2)：189-196.

[9] 尹义龙，詹小四，谭台哲，等. 基于加博函数的指纹增强算法及应用. 软件学报，2003，14(3)：484-489.

[10] Yu S S，Tsai W H. A new thinning algorithm for gray-scale images by the relaxation technique. Pattern Recognition，1990，23(10)：1067-1076.

[11] Datta A，Parui S K. A robust parallel thinning algorithm for binary images. Pattern Recognition，1994，27(9)：1181-1192.

[12] GormanL O. K×K thinning. Computer Vision，Graphics and Image Processing，1990，51(2)：195-215.

[13] Guo Z，Hall R W. Fast full parallel thinning algorithms. CVGIP：Image Understanding，1992，55(3)：317-328.

[14] 冯星奎，李林艳，颜组泉. 一种新的指纹图像细化算法. 中国图像图形学报，1999，4A(10)：835-838.

[15] 王业琳，宁新宝，尹义龙. 指纹图像细化算法的研究. 南京大学学报(自然科学版)，2003，39(4)：468-475.

[16] 杨小冬，宁新宝，谭台哲. 基于纹线跟踪的指纹细节提取算法. 计算机应用，2004，24(3)：75-78.

[17] Maio D，Maltoni D. Direct gray-scale minutiae detection in fingerprints. IEEE Transactions on Pattern Analysis and Matching Intelligence，1997，19(1)：27-40.

[18] Jiang X，Yau W Y，Ser W. Detecting the fingerprint minutiae by adaptive tracing the gray-level ridge. Pattern Recognition，2001，34(5)：999-1013.

第 5 章　自动指纹识别系统图像分割

为了进行自动指纹识别，输入的指纹图像要经过一系列预处理，包括指纹图像与背景分离（图像分割）、方向信息提取、纹线提取、图像二值化、图像细化及纹线修复和细节特征提取等，然后进行指纹的匹配和分类[1-5]。前已述及，指纹图像分前景区和背景区两部分，其中前景区是清晰的指纹图像，而背景区则是采集区域中无纹线或纹线非常模糊的区域。一幅采集到的指纹图像，总不可避免地存在背景区。所谓指纹图像分割，就是将背景区和指纹图像中质量很差、在后续处理中很难恢复的区域从指纹图像中分离出来，使后续处理能够集中于有效的区域。指纹图像分割通常位于预处理过程的前端，有效的分割处理不仅能提高特征提取的准确度，还能大大减少指纹图像预处理和特征提取的时间。它不仅要求尽可能地去除无效区域，还要求尽可能完整地保留有效区域，这就需要有精确的分割算法。所以，指纹图像分割是预处理过程中非常关键的一步。

一个针对指纹图像特点的良好的指纹图像分割算法，在对指纹图像进行分割后，其结果应当满足以下几个条件。

(1) 能够检测到指纹图像中的污迹和噪声污染区域。

(2) 对图像的灰度和对比度变化应具有鲁棒性。

(3) 分割结果应对增强后的指纹图像同样适用。

(4) 对不同质量的指纹图像，分割的效果应具有连续性。

本章先对传统的方差分割算法和方向分割算法进行介绍，然后介绍一种新的指纹图像分割算法。

5.1　方差法和方向法

传统的指纹图像分割算法主要是基于图像灰度特性的分割（方差法）[6]和利用图像方向信息进行分割（方向法）[7]。方差法分割速度较快，但它只对非指纹区域分割效果较好，对指纹区域内的脊线和谷线却无法识别；方向法利用指纹图像的方向信息，在指纹区域能取得理想的分割效果，但在非指纹区域和指纹质量较差区域效果下降。本章在充分研究了这两种算法的基础上，提出了一种基于方向灰度方差（变化）的新的指纹图像分割方法，这种方法较传统算法在性能上有所提高。

由于指纹图像噪声区域和背景区域中各点的方向分布是随机的，而前景区各点在某一方向上占主导地位。因此，前景区中在与纹线流垂直的方向上灰度方差较大，而在沿纹线流的方向上方差较小。本算法利用这一特点，首先将指纹图像分块，准确地提取出每块的方向信息。然后，分别沿平行块方向和垂直块方向求取块内各点的灰度变化，并计算该块在这两个方向上的所有点的平均灰度变化。对指纹图像每一块的两个方向灰度变化进行归一化处理，结合这两种判断依据确定该块属于前景区还是背景区。本算法充分利用了指纹图像特有的方向性和灰度特性，能准确地将背景区从指纹图像中分离出来，既节约了预处理时间，又能保证一定的处理精度。

5.1.1 方差分割算法

一幅指纹图像是由前景区(脊线和谷线)和背景区组成。一般来说，前景区中指纹图像脊线和谷线的灰度差是很大的，因而其灰度统计特性中局部灰度方差很大，而背景区中各点的灰度值相差很小。基于这一特性，可利用指纹图像的局部灰度方差对图像进行分割，这种方法称为方差法。

方差分割算法描述如下[6]。

(1) 将输入的指纹图像($N\times N$ 像素矩阵)划分为互不重叠的 $w\times w$ 像素大小的子块，对每一块分别进行处理。

(2) 计算每一子块图像的灰度平均值，即

$$M(k,l)=\frac{1}{w\times w}\sum_{i=k\times w}^{(k+1)\times w-1}\sum_{j=l\times w}^{(l+1)\times w-1}G(i,j);k,l=0,1,\cdots,M-1 \tag{5-1}$$

式中，$G(i,j)$是子块(k,l)中第 i 行第 j 列像素的灰度值；M 是水平或垂直方向上的分块数目，由图像大小 N 及分块尺寸 w 的取值决定，且 $M=N/w$。

(3) 计算每一图像子块的灰度方差，即

$$V(k,l)=\frac{1}{w\times w}\sum_{i=k\times w}^{(k+1)\times w-1}\sum_{j=l\times w}^{(l+1)\times w-1}[G(i,j)-M(k,l)]^2;k,l=0,1,\cdots,M-1 \tag{5-2}$$

(4) 对于每一图像子块，当 $V(k,l)$小于预选设定的阈值 T1 时(T1 由经验值决定)，将其设为背景区；否则作为前景区，保留其灰度值，以进行后续处理。

(5) 通过上述分割后，指纹图像中可能会出现一些孤立的图像块。为了去除这些孤立块，可用其 3×3 邻域进行平滑。

5.1.2 方向分割算法

1. 方向直方图

指纹图像可被看做一种弱规则的方向纹理模式，方向图就是它的一种变换表

示方法。利用纹线的局部方向来表示该条纹线，一般有两种方向图：一种是点方向图，表示指纹图像中每一像素点的方向；另一种是块方向图，表示指纹图像中每一块脊线的大致方向。

点方向信息提取算法(预定方向逼近法)步骤如下[8]。

(1) 定义 $d=0,1,\cdots,7$，分别对应于 $0,\pi/8,\cdots,7\pi/8$ 共 8 个角度。

(2) 设点 (i,j) 的方向为 $\theta(i,j)$，应先计算 S_d(该点沿 d 方向的灰度变化)，其计算公式为

$$S_d=\sum_{k=1}^{n}\left|f_d^*(i,j)-f_d(i_k,j_k)\right|,d=0,1,\cdots,7 \tag{5-3}$$

式中，$f_d^*(i,j)=\dfrac{1}{m}\sum_{k=1}^{m}f_d(i_k,j_k)$ 为 d 方向上 $m(m=8)$ 个点的灰度均值，用它来代替点 (i,j) 的灰度值，这就相当于在求点方向之前作了一次均值滤波操作。$f_d(i_k,j_k)$ 是 d 方向上第 k 个点 (i_k,j_k) 的灰度值；n 是为计算 $f_d(i_k,j_k)$ 所取的邻点数，一般取 $n=8$，即 8 个邻点。

(3) 各点 (i,j) 的方向是 S_d 取值最小的方向 d，即灰度变化最小的方向。求出每点的方向后，点方向图就形成了。这是求取点方向图的基本思想。

(4) 将图像分块，对每一块计算其方向直方图。统计该块中各点的主体方向(比较块内每个方向的统计结果)，将块中点方向数目最多的方向作为本块的方向，代表该块指纹图像的纹路走向，这就是块方向图。

但该算法存在的问题是：预先将指纹图像设定为有 8(或 16)个固定方向，将求取的指纹图像点方向逼近为其中的一个，这样就会带来一定的误差，造成提取的方向信息不精确，计算量大，运算速度较慢。为此，可采用文献[9]提出的指纹图像方向信息提取算法，即采用多级分块的方法，用大的分块尺寸下的方向信息调整小的分块尺寸下的方向信息。

上述方法计算出的方向信息可能含有噪声，还需要在其邻域内按以下方法进行平滑，最后得到准确的指纹点方向图。

设 $N(d)$ 是某一像素 8 邻点中方向为 d 的像素点的个数，将 $N(d)$ 的最大值定义为 $N(\mathrm{D}_1)$，次大值定义为 $N(\mathrm{D}_2)$。变量 $D(i,j)$ 是点 (i,j) 校正后的方向代码，则可按如下规则进行平滑[6]，即

$$D(i,j)=\begin{cases}\mathrm{D}_1, & 5\leqslant N(\mathrm{D}_1)\leqslant 8\\ (\mathrm{D}_1+\mathrm{D}_2)/2, & 3\leqslant N(\mathrm{D}_1)\leqslant 5,N(\mathrm{D}_2)\geqslant 2,N(\mathrm{D}_1)-N(\mathrm{D}_2)\leqslant 2\\ \mathrm{D}(i,j), & \text{其他}\end{cases} \tag{5-4}$$

2. 方向分割算法

某一区域的方向直方图显示了它是前景区还是背景区。其原理为：如果这一

区域的方向直方图中存在峰值,则表明该区域为前景区。因为前景区中脊线和谷线有着相同的方向,使得方向直方图在这一方向上会产生峰值;而背景区中纹线在各个方向出现的概率几乎相等,因而其方向直方图中无峰值出现,据此可判断该块属于前景区还是背景区。

方向分割算法描述如下。

(1) 将 320×320 像素的指纹图像划分为 40×40 块,每一块包含 8×8 个像素,分别求出每一块图像的方向直方图。

(2) 找出该块方向直方图的峰值。若该块无峰值或峰值小于某一阈值,则认为这一块为背景块,否则该块为前景块,其峰值为这一块的块方向。

(3) 对各个块进行平滑,消除孤立块。若某一块与周围 8 邻块的方向都不相同,则先看看它周围的块是否都是背景块。若是,则把这一块也设为背景块,否则把它设为周围 8 邻块的主要方向。

5.1.3 两种分割算法的比较

方差法对对比度较高的指纹图像非常有效,但对对比度较低的指纹图像效果较差。因此,用该方法进行指纹图像分割时,在非指纹区域效果较好,但对指纹区域内的脊线和谷线却无法识别,不能体现出指纹脊线及其方向,而且该方法对噪声比较敏感,抗干扰能力差。方向法充分利用了指纹的方向信息进行分割,所以在指纹区域因有指纹的方向信息作为引导,不管图像对比度高低、噪声干扰与否,总能取得理想的分割效果,且对指纹断裂和粘连有一定的连接和隔离功效。但在非指纹区域或指纹质量较差的区域,由于没有指纹的方向信息作为引导,方向法分割效果较差。

5.2 新的指纹图像分割算法

5.2.1 算法思想

不同于其他图像,指纹图像具有很强的方向性,可以将它看做具有一定纹理结构的方向流模式,这种方向流由局部平行的脊线和谷线构成[10]。在指纹图像区域,沿与脊线平行的方向灰度变化很小,体现了纹路的走向,称为局部主导方向。它是很重要的结构信息,可以利用它来提高指纹的识别性能。沿与脊线垂直的方向灰度变化则很大,称为局部梯度方向。而在指纹背景区和噪声区,这种灰度变化并无方向性可言。换句话说,背景区中各个方向上的灰度变化都很小。本算法充分利用了这一指纹图像特有的方向性和灰度特性,直接对灰度指纹图像进行分割,其算法不同于方向分割算法。

此外,利用方向灰度变化也可决定指纹图像块(点)的质量。把指纹图像块按质量的好坏划分为 4 种，即好的、中等的、差的和背景块，作如下判断。

(1) 如果指纹图像中某点沿各个方向上的灰度变化都很小，且该点灰度较小(白点)，可断定该点属于背景区。

(2) 如果某点沿某一方向的灰度变化很小，沿与其垂直方向的灰度变化很大，而沿其他方向的灰度变化在两者之间，则该点属于好的指纹图像块。

(3) 如果某点沿各个方向上灰度变化相差都很小，且该点所在区域灰度较大(黑点)，则可判断该点属于指纹图像质量较差的区域，可能被墨迹污染或峰谷粘连在一起，或属于背景区中被污染的区域。

(4) 介于(2)和(3)之间的点属于指纹图像质量中等区域。

5.2.2　算法步骤

1. 算法一

该算法的具体步骤如下。

第 1 步　设有灰度指纹图像 $\boldsymbol{I}$，定义为 $N\times N$ 大小的像素矩阵。首先按 5.1.2 节的方法计算原始指纹图像中每一点的方向信息，并平滑点方向[8]。

第 2 步　取分块尺寸为 $w\times w$ 的像素，将指纹图像划分为大小相等的块，准确计算每块的方向。

第 3 步　对每个指纹图像块，分别沿平行于块方向和垂直于块方向求取灰度变化。

(1) 对该块内各点 (i,j)，依次选取步长 $d=k(k\in\mathbf{Z})$，沿平行于块方向上在该点两边各找 $m(m=4)$ 个点，分别为 $P_k^1(i_k,j_k)(k=1,2,3,4)$，$P_k^2(i_k,j_k)(k=1,2,3,4)$；沿垂直于块方向上在该点两边各找 $n(n=2)$ 个点，分别为 $Q_k^1(i_k,j_k)(k=1,2)$，$Q_k^2(i_k,j_k)(k=1,2)$。其中，符号 P、Q 分别表示两个方向，下标 k 表示所取邻点的数目，上标 1 和 2 表示在该点两边，如图 5-1 所示。

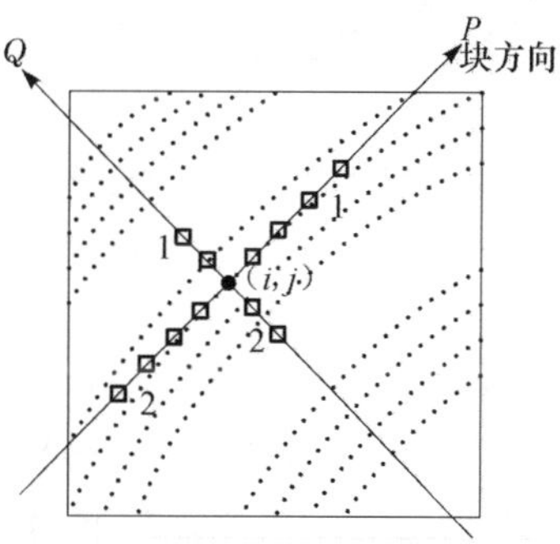

图 5-1　16×16 分块尺寸下点的方向灰度变化(1)

点 (i,j) 两方向邻点的计算公式如下。

沿平行于块方向，对于点 $P_k^1(i_k,j_k)$ 有

$$\begin{cases}i_k = i+[k\sin\alpha+0.5]\\ j_k = j+[k\cos\alpha+0.5]\end{cases},\quad k=1,2,3,4 \tag{5-5}$$

对于点 $P_k^2(i_k,j_k)$ 有

$$\begin{cases}i_k = i-[k\sin\alpha+0.5]\\ j_k = j-[k\cos\alpha+0.5]\end{cases},\quad k=1,2,3,4 \tag{5-6}$$

沿垂直于块方向，对于点 $Q_k^1(i_k,j_k)$ 有

$$\begin{cases} i_k = i + [k\cos\alpha + 0.5] \\ j_k = j - [k\sin\alpha + 0.5] \end{cases}, \quad k = 1,2 \tag{5-7}$$

对于点 $Q_k^2(i_k,j_k)$ 有

$$\begin{cases} i_k = i - [k\cos\alpha + 0.5] \\ j_k = j + [k\sin\alpha + 0.5] \end{cases}, \quad k = 1,2 \tag{5-8}$$

式中，符号[]表示向下取整，α 为该块方向。

(2) 对该块内每一点 (i,j) 求取灰度变化，分别沿平行于块方向和垂直于块方向计算灰度之差。

沿平行于块方向的灰度之差为

$$\mathrm{G1}(i,j) = \frac{1}{2}\left(\frac{1}{m}\sum_{k=1}^{4}\left|G_{P_k^1}(i_k,j_k) - G(i,j)\right| + \frac{1}{m}\sum_{k=1}^{4}\left|G_{P_k^2}(i_k,j_k) - G(i,j)\right|\right)$$

$$i,j = 0,1,\cdots,N-1;m = 4 \tag{5-9}$$

沿垂直于块方向的灰度之差为

$$\mathrm{G2}(i,j) = \frac{1}{2}\left(\frac{1}{n}\sum_{k=1}^{2}\left|G_{Q_k^1}(i_k,j_k) - G(i,j)\right| + \frac{1}{n}\sum_{k=1}^{2}\left|G_{Q_k^2}(i_k,j_k) - G(i,j)\right|\right)$$

$$i,j = 0,1,\cdots,N-1;n = 2 \tag{5-10}$$

式中，$G(i,j)$ 表示点 (i,j) 的灰度值；$G_{P_k^1}(i_k,j_k)$，$G_{P_k^2}(i_k,j_k)$ 分别表示 P 方向上该点两边第 k 个点 (i_k,j_k) 的灰度值；$G_{Q_k^1}(i_k,j_k)$，$G_{Q_k^2}(i_k,j_k)$ 分别表示 Q 方向上该点两边第 k 个点 (i_k,j_k) 的灰度值。

(3) 将该块内所有点的灰度变化相加，再取平均，得到该块分别沿两个方向上的平均灰度变化。

沿平行于块方向的平均灰度变化为

$$G_{\mathrm{parall}}(k,l) = \frac{1}{w\times w}\sum_{i=k\times w}^{(k+1)\times w-1}\ \sum_{j=l\times w}^{(l+1)\times w-1}\mathrm{G1}(i,j);k,l = 0,1,\cdots,M-1 \tag{5-11}$$

沿垂直于块方向的平均灰度变化为

$$G_{\mathrm{perpen}}(k,l) = \frac{1}{w\times w}\sum_{i=k\times w}^{(k+1)\times w-1}\ \sum_{j=l\times w}^{(l+1)\times w-1}\mathrm{G2}(i,j);k,l = 0,1,\cdots,M-1 \tag{5-12}$$

式中，$\mathrm{G1}(i,j)$，$\mathrm{G2}(i,j)$ 分别是子块 (k,l) 中第 i 行第 j 列的像素沿两方向的灰度变化；M 为水平或垂直方向的分块数目，M 由图像大小 N 及分块尺寸 w 的取值决定，且 $M=N/w$。

第 4 步　为了降低不同指纹图像对比度不同带来的影响，将块的方向灰度变化进行归一化处理，这是针对原始指纹图像所有块的操作。

(1) 分别寻找所有块中两个方向上的最大、最小灰度变化。

沿平行于块方向的最大、最小灰度变化分别为

$$G_{\text{paramax}}(\boldsymbol{I}) = \max\{G_{\text{parall}}(k,l)\} \tag{5-13}$$

$$G_{\text{paramin}}(\boldsymbol{I}) = \min\{G_{\text{parall}}(k,l)\};k,l = 0,1,\cdots,M-1 \tag{5-14}$$

沿垂直于块方向的最大、最小灰度变化分别为

$$G_{\text{perpmax}}(\boldsymbol{I}) = \max\{G_{\text{perpen}}(k,l)\} \tag{5-15}$$

$$G_{\text{perpmin}}(\boldsymbol{I}) = \min\{G_{\text{perpen}}(k,l)\};k,l = 0,1,\cdots,M-1 \tag{5-16}$$

(2) 分别沿两个方向对每个图像块进行归一化处理，即

$$G'_{\text{parall}}(k,l) = \frac{G_{\text{parall}}(k,l) - G_{\text{paramin}}(\boldsymbol{I})}{G_{\text{paramax}}(\boldsymbol{I}) - G_{\text{paramin}}(\boldsymbol{I})}(b-a)+a;k,l = 0,1,\cdots,M-1 \tag{5-17}$$

$$G'_{\text{perpen}}(k,l) = \frac{G_{\text{perpen}}(k,l) - G_{\text{perpmin}}(\boldsymbol{I})}{G_{\text{perpmax}}(\boldsymbol{I}) - G_{\text{perpmin}}(\boldsymbol{I})}(b-a)+a;k,l = 0,1,\cdots,M-1 \tag{5-18}$$

式中，$[a,b]$是期望的归一化区间，这里取 $a=0,b=1$；$G'_{\text{parall}}(k,l)$、$G'_{\text{perpen}}(k,l)$是各块归一化后的值。

第 5 步　给定平行于块方向的全局阈值 T1 和垂直于块方向的全局阈值 T2，对每块结合两个方向归一化后的灰度变化进行判断，决定该块是属于前景区还是属于背景区。

若 $G'_{\text{parall}}(k,l) \leqslant \text{T1}$ 且 $G'_{\text{perpen}}(k,l) \geqslant \text{T2}$，则第$(k,l)$块为前景区。

第 6 步　指纹图像经以上分割后可能会出现一些孤立块，可用该块的 3×3 邻域加以平滑。即若某块被判断为前景块，而其 8 邻块中背景块的数目大于等于 5，则将该块修改为背景块；如果某块被判断为背景块，而其 8 邻块中前景块的数目大于等于 5，则将该块修改为前景块。

2. 算法二

该算法步骤如下。

第 1 步　设有灰度指纹图像 $\boldsymbol{I}$，定义为 $N \times N$ 的像素矩阵。首先按 5.1.2 节的方法计算原始指纹图像每一点的方向信息，并平滑点方向。

第 2 步　为准确计算每块的方向，将指纹图像划分为大小相等的块，取分块尺寸为 $W \times W$ 个像素，并计算每块的方向。

第 3 步　对每个指纹图像块，分别沿平行于块方向和垂直于块方向求取灰度变化。

(1) 对该块内各点(i,j)，选取步长 $l=2$，分别沿平行于块方向在该点两边取点 $A(i_A,j_A)$和点 $B(i_B,j_B)$，沿垂直于块方向上在该点两边取点 $C(i_C,j_C)$和点 $D(i_D,j_D)$，如图 5-2 所示。

沿平行于块的方向，对于点 A 有

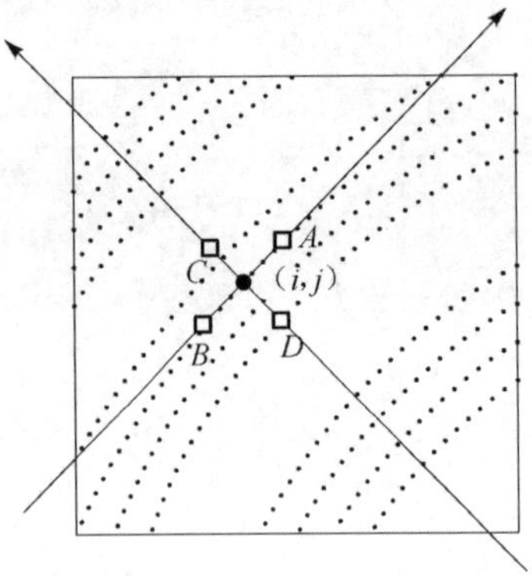

图 5-2　16×16 分块尺寸下点的方向灰度变化(2)

$$\begin{cases} i_A = i + \text{int}[l\sin\alpha + 0.5] \\ j_A = j + \text{int}[l\cos\alpha + 0.5] \end{cases} \tag{5-19}$$

对于点 B 有

$$\begin{cases} i_B = i - \text{int}[l\sin\alpha + 0.5] \\ j_B = j - \text{int}[l\cos\alpha + 0.5] \end{cases} \tag{5-20}$$

沿垂直于块的方向，对于点 C 有

$$\begin{cases} i_C = i + \text{int}[l\cos\alpha + 0.5] \\ j_C = j - \text{int}[l\sin\alpha + 0.5] \end{cases} \tag{5-21}$$

对于点 D 有

$$\begin{cases} i_D = i - \text{int}[l\cos\alpha + 0.5] \\ j_D = j + \text{int}[l\sin\alpha + 0.5] \end{cases} \tag{5-22}$$

式中，符号[]表示向下取整，α 为该块方向。

(2) 对该块内每点(i,j)求取灰度变化，分别沿平行于块的方向和垂直于块的方向计算灰度之差。

沿平行于块方向的灰度之差为

$$\text{G1}(i,j) = \frac{|G(i_A,j_A) - G(i,j)| + |G(i_B,j_B) - G(i,j)|}{2};i,j = 0,1,\cdots,N-1 \tag{5-23}$$

沿垂直于块方向的灰度之差为

$$\text{G2}(i,j) = \frac{|G(i_C,j_C) - G(i,j)| + |G(i_D,j_D) - G(i,j)|}{2};i,j = 0,1,\cdots,N-1 \tag{5-24}$$

式中，$G(i,j)$表示点(i,j)的灰度值。

(3) 将该块内所有点的灰度变化相加，再取平均，得到该块分别沿两个方向的平均灰度变化。

沿平行于块方向的平均灰度变化为

$$\text{G3}(k,l) = \frac{1}{W \times W} \sum_{i=k\times W}^{(k+1)\times W-1} \sum_{j=l\times W}^{(l+1)\times W-1} \text{G1}(i,j);k,l = 0,1,\cdots,M-1 \tag{5-25}$$

沿垂直于块方向的平均灰度变化为

$$\text{G4}(k,l) = \frac{1}{W \times W} \sum_{i=k\times W}^{(k+1)\times W-1} \sum_{j=l\times W}^{(l+1)\times W-1} \text{G2}(i,j);k,l = 0,1,\cdots,M-1 \tag{5-26}$$

式中，$\text{G1}(i,j)$，$\text{G2}(i,j)$分别是子块(k,l)中第 i 行第 j 列的像素沿两个方向上的灰度变化；M 为水平或垂直方向上的分块数目，M 由图像大小 N 及分块尺寸 W 的取值决定，且 $M=N/W$。

第 4 步　为了降低不同指纹图像的对比度不同带来的影响，将块的方向灰度变化进行归一化处理，这是针对原始指纹图像所有块的操作。

(1) 求所有指纹图像块两个方向上的平均灰度变化。

沿平行于块方向的平均灰度变化为

$$\mathrm{G5}(\boldsymbol{I})=\frac{1}{M\times M}\sum_{k=0}^{M-1}\sum_{l=0}^{M-1}\mathrm{G3}(k,l);k,l=0,1,\cdots,M-1 \tag{5-27}$$

沿垂直于块方向的平均灰度变化为

$$\mathrm{G6}(\boldsymbol{I})=\frac{1}{M\times M}\sum_{k=0}^{M-1}\sum_{l=0}^{M-1}\mathrm{G4}(k,l);k,l=0,1,\cdots,M-1 \tag{5-28}$$

(2) 分别沿两个方向对每个图像块归一化，具体计算方法为

$$\mathrm{G3}'(k,l)=\mathrm{M0}+\frac{\mathrm{G3}(k,l)-\mathrm{G5}(\boldsymbol{I})}{100};k,l=0,1,\cdots,M-1 \tag{5-29}$$

$$\mathrm{G4}'(k,l)=\mathrm{M1}+\frac{\mathrm{G4}(k,l)-\mathrm{G6}(\boldsymbol{I})}{100};k,l=0,1,\cdots,M-1 \tag{5-30}$$

式中，$\mathrm{G5}(\boldsymbol{I})$，$G6(\boldsymbol{I})$分别是指纹图像所有块沿平行于块方向和垂直于块方向的平均灰度变化；$\mathrm{G3}(k,l)$，$\mathrm{G4}(k,l)$是第(k,l)块两个方向的灰度变化；M0，M1 为两个方向期望的归一化值，这里取 M0＝M1＝1；$M\times M$ 为图像块的数目。

第 5 步　给定两个方向的全局阈值 T1 和 T2，对每块结合两个方向归一化后的灰度变化 $\mathrm{G3}'(k,l)$和 $\mathrm{G4}'(k,l)$进行判断，决定该块是属于前景区还是属于背景区。

若 $\mathrm{G3}'(k,l)\leqslant \mathrm{T1}$ 且 $\mathrm{G4}'(k,l)\geqslant \mathrm{T2}$，则第$(k,l)$块为前景区。

第 6 步　指纹图像经以上分割后可能会出现一些孤立块，可用该块的 3×3 邻域加以平滑。即若某块被判断为前景块，而其 8 邻块中背景块的数目大于等于 5，则将该块修改为背景块；如果某块被判断为背景块，而其 8 邻块中前景块的数目大于等于 5，则将该块修改为前景块。

5.3　实验结果及算法测试

5.3.1　实验结果

选取一幅好指纹图像和两幅坏指纹图像(一幅部分纹线区域粘连严重，一幅部分纹线区域较淡)，直接对原始灰度指纹图像进行分割处理。为了比较，也分别用原来的两种算法进行分割。

算法一的实验结果如图 5-3～图 5-6 所示。

同样选取一幅好指纹图像和两幅坏指纹图像，直接对原始灰度指纹图像进行分割处理。为了比较，也分别用原来的两种算法进行分割。

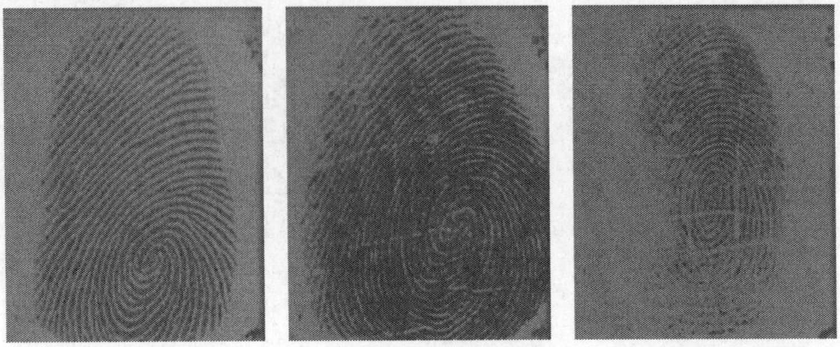

(a)好指纹　　(b)部分纹线粘连严重指纹　　(c)部分纹线较淡指纹

图 5-3　3 幅原始指纹图像

(a)好指纹　　(b)部分纹线粘连严重指纹　　(c)部分纹线较淡指纹

图 5-4　方差法的分割结果

(a)好指纹　　(b)部分纹线粘连严重指纹　　(c)部分纹线较淡指纹

图 5-5　方向法的分割结果

算法二的实验结果如图 5-7～图 5-10 所示。

5.3.2　算法测试

为测试算法性能，选用南京大学活体指纹库(NJU-2000)的指纹进行实验。

（a）好指纹　（b）部分纹线粘连严重指纹　（c）部分纹线较淡指纹

图 5-6　新算法的分割结果

(a)好指纹　(b)部分纹线粘连严重指纹　(c)部分纹线较淡指纹

图 5-7　3 幅原始指纹图像

(a)好指纹　(b)部分纹线粘连严重指纹　(c)部分纹线较淡指纹

图 5-8　方差法的分割结果

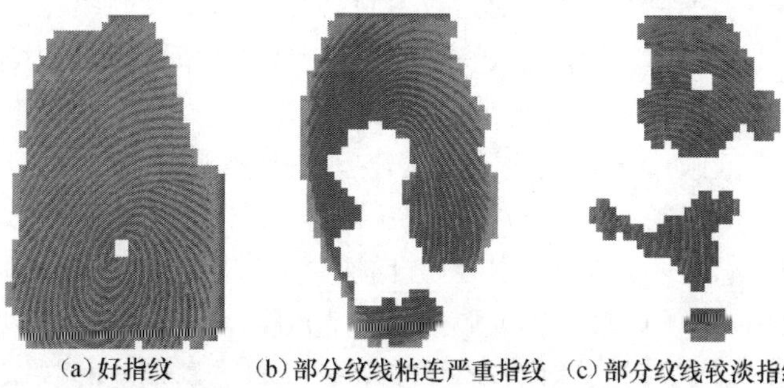

(a)好指纹　(b)部分纹线粘连严重指纹　(c)部分纹线较淡指纹

图 5-9　方向法的分割结果

(a)好指纹　(b)部分纹线粘连严重指纹　(c)部分纹线较淡指纹

图 5-10　新算法的分割结果

为使测试结果有一定代表性，除了选取一些图像清晰、质量较好的指纹样本，还选取了一些老年人的指纹、爆皮比较严重的指纹和汗渍较重的指纹等。测试它们的平均注册时间、平均匹配时间、拒真率和授假率，以验证前期指纹图像分割算法的效果。其中，平均注册时间和平均匹配时间反映了系统识别的速度，拒真率和授假率反映了系统拒识和误识的错误率。前端图像分割算法性能的好坏直接影响这 4 项指标。

在匹配点对搜索范围 R_s 和匹配成功门槛值 T_m[10] 一定的前提下，以算法一为例，方差分割算法的这 4 项指标分别为 0.62s、0.68s、1.24%和 0.0093%，方向分割算法为 0.79s、0.14s、1.58%和 0.0089%，而新算法为 0.76s、0.078s、1.0068%和 0.0082%。实验结果表明，新算法平均匹配时间最短，说明它的识别速度最快。同时，算法的拒真率和授假率也有所下降，说明在准确性上也比传统算法有一定提高。

5.4　本章小结

实验结果图中白块是分割掉的指纹区域。比较 5.3 节的图可看出，对于质量较好的指纹图像，3 种算法均能达到较好的分割效果。但方向法对于指纹图像的模式区(指纹图像中纹线方向变化最为剧烈的区域，一般位于指纹重心，包括了指纹总体特征)不能正确分辨。而对于质量较差的指纹图像，方差法分割不够彻底，有些噪声区域无法去除。另外，对于方向法而言，由于在指纹区中的质量中等区域和质量较差的区域缺少方向信息引导，方向法会把它们同时分割掉，以致对其中某些可被后续算法恢复的质量中等区域造成细节点损失。

本算法能正确区分指纹图像中质量中等区域和质量较差的区域，分割掉的是背景区域和质量较差、后续算法无法恢复的噪声区域，而保留下来的是质量较好和质量中等的区域。这样就达到了分割的目的,避免造成细节特征点损失,既节省了预处理时间,又能保证一定的精确度。

参考文献

[1] 尹义龙,宁新宝,张晓梅. 自动指纹识别技术的发展与应用. 南京大学学报(自然科学版),2002,38(1):29-35.

[2] 尹义龙,詹小四,谭台哲,等. 基于加博函数的指纹增强算法及应用. 软件学报,2003,14(3):484-489.

[3] 谭台哲,宁新宝,尹义龙,等. 一种基于多级分块错切的指纹奇异点检测算法. 南京大学学报(自然科学版),2003,39(4):460-467.

[4] 王业琳,宁新宝,尹义龙. 指纹图像细化算法的研究. 南京大学学报(自然科学版),2003,39(4):468-475.

[5] 谭台哲,宁新宝,尹义龙,等. 一种指纹图像奇异点检测的方法. 软件学报,2003,14(6):1082-1088.

[6] 张建伟,陆亨立. 指纹自动识别中图像分割方法的研究. 微型电脑应用,1999,15(12):20-22.

[7] Mehtre B M. Fingerprint image analysis for automatic identification. Machine Vision and Applications,1993,6:124-139.

[8] 韩伟红,黄子中,王志英. 指纹自动识别系统中的预处理技术. 计算机研究与发展,1997,34(12):913-920.

[9] 詹小四,宁新宝,尹义龙,等. 多级分块尺寸下的指纹方向信息提取算法. 南京大学学报(自然科学版),2003,39(4):476-482.

[10] 尹义龙. 自动指纹识别系统研究. 长春:吉林工业大学,2000.

第6章　基于纹线跟踪的指纹细节特征提取

自动指纹识别系统是依靠细节特征点(minutiae)来实现指纹匹配的[1]。因此,准确、可靠地提取指纹细节特征点是自动指纹识别的前提和基础。但噪声、对比度失衡、几何形变、不正确的采集方法,以及对于干、湿、脏、老化和磨损严重的指头,往往难以采集到清晰的指纹图像,因此会产生大量伪特征信息,而丢失许多真正的特征信息,这就给细节特征点检测带来一定的困难。因此,细节特征点检测是指纹匹配过程中一个非常关键的环节。

前几章指出,一般的指纹细节特征提取算法由指纹图像与背景分离、方向信息提取、纹线提取、图像二值化、图像细化及纹线修复和细节特征提取等步骤组成。这些步骤前后相关,如果前一步处理不好会影响下一步的处理效果,进而导致计算复杂度增加,速度减慢。另外,由于处理步骤较多,在处理过程中还会产生许多伪细节点,而丢失一些真正的细节特征点。Maio 和 Maltoni[2] 提出了一种基于脊线跟踪的直接从灰度指纹图像上提取细节特征点的方法,不必经过二值化和细化等过程;Jiang[3] 等在此基础上作了一些自适应步长和细节特征提取后处理方面的改进,沿纹线切线方向和与纹线垂直方向两次滤波,不仅增加了纹线频率估计的准确性,而且减少了运算时间。

本章通过研究文献[2]和文献[3],提出了一种新的指纹细节特征提取算法。直接处理灰度指纹图像,自适应地跟踪每一条纹线(脊线),在跟踪的过程中进行局部增强,直到该条纹线跟踪完毕或遇到其他纹线,最后就得到一幅细化了的指纹脊线骨架图和附在其上的细节特征点信息。本算法的特点是首先提取指纹图像的有效区域,确定跟踪起始点,并只在需要时才计算某跟踪点的纹线方向,从而节约了处理时间;在定位下一个跟踪点时,应在适当的跟踪步长下进行,以保证该点位于前一个跟踪点纹线方向的一定角度范围内,使得纹线跟踪更为准确。考虑到一条指纹纹线大致为5个像素宽,在从邻域点集中确定局部灰度最大值的点时,为防止跟踪到其他脊线上,不是从邻域点集的所有点中寻找,而是在靠近中间的5个点中寻找,从而保证了所跟踪到的点大致位于脊线中部。在进行确定跟踪起始点、检查结束条件、判别分叉点和连续画线等操作时,都灵活运用了模板尺寸的大小。本算法的特色还在于,在跟踪过程中及时调整了每一个跟踪点的角度,这样就能保证本算法一直沿着指纹脊线方向顺利跟踪。另外,在具体处理方面,也作了不少有益的改进。所以与传统算法相比,无论从运算时间、计算复杂度还是准确性来说,都有所提高。

本算法直接从灰度指纹图像上提取细节特征信息，而没有经过二值化和细化等过程，是出于以下考虑[2]。

(1) 二值化过程会丢失许多有用信息。

(2) 二值化和细化过程非常耗时。

(3) 对于低质量的指纹图像，目前的二值化算法的结果不太令人满意。

6.1　指纹图像预处理

基于灰度纹线跟踪的指纹细节特征提取算法预处理过程包括指纹图像归一化、前景与背景分离和纹线方向估计。

6.1.1　指纹图像归一化

指纹图像归一化是对原始灰度图像上每一像素点的一种操作。人为地改变它的灰度值，目的是降低指纹脊线和谷线间的灰度偏差，以及不同指纹图像的对比度不同带来的影响[4]，调整指纹库中的指纹图像的灰度均值和方差，以使其接近给定的期望均值 M_0 和期望方差 VAR_0。灰度图像归一化并不改变指纹纹理的清晰度。

指纹图像归一化的步骤如下。

(1) 计算整幅指纹图像 $I(N\times N$ 像素大小)的灰度均值和方差，即

$$M(I)=\frac{1}{N^2}\sum_{i=0}^{N-1}\sum_{j=0}^{N-1}I(i,j),(i,j)\in I \tag{6-1}$$

$$\mathrm{VAR}(I)=\frac{1}{N^2}\sum_{i=0}^{N-1}\sum_{j=0}^{N-1}(I(i,j)-M(I))^2,(i,j)\in I \tag{6-2}$$

(2) 按如下公式将指纹图像作归一化处理，即

$$G(i,j)=\begin{cases}M_0+\sqrt{\mathrm{VAR}_0\,(I(i,j)-M(I))^2/\mathrm{VAR}(I)},I(i,j)\geqslant M(I)\\ M_0-\sqrt{\mathrm{VAR}_0\,(I(i,j)-M(I))^2/\mathrm{VAR}(I)},I(i,j)<M(I)\end{cases} \tag{6-3}$$

式中，M_0 和 VAR_0 分别是期望的均值和方差，对于灰度值区间为 0～255 的指纹图像，经实验，建议 M_0 和 VAR_0 分别取 140 和 600。$G(i,j)$是灰度归一化后的值。

6.1.2　前景与背景分离

前景与背景分离(分割)处理不仅能提高特征提取的准确度，还能大大减少后期指纹处理的时间，因此是 AFIS 的重要组成部分。它不仅要求尽可能地去除无效区域，还要求尽可能完整地保留有效区域，这就需要有较精确的指纹图像分割算法。常用的分割算法有基于图像灰度特性的分割(方差法)和利用图像的方向信息

进行分割(方向法),第5章中已经详细介绍。

为方便起见,此处采用文献[5]中提出的方差法。其具体描述如下。

(1) 将输入的指纹图像($N\times N$)划分为互不重叠的$w\times w$的子块,对每一块分别进行处理。

(2) 计算每一子块图像的平均灰度值,即

$$M(k,l)=\frac{1}{w\times w}\sum_{i=k\times w}^{(k+1)\times w-1}\sum_{j=l\times w}^{(l+1)\times w-1}G(i,j);k,l=1,2,\cdots,M \tag{6-4}$$

式中,$G(i,j)$是子块(k,l)中第i行第j列像素归一化后的灰度值。M为水平或垂直方向上的分块数目,M由图像的大小N及w的取值决定,$M=N/w$。

(3) 计算每一子块图像的灰度方差,即

$$V(k,l)=\frac{1}{w\times w}\sum_{i=k\times w}^{(k+1)\times w-1}\sum_{j=l\times w}^{(l+1)\times w-1}[G(i,j)-M(k,l)]^2;k,l=1,2,\cdots,M \tag{6-5}$$

(4) 对于每一图像子块,当灰度方差$V(k,l)$小于预先设定的阈值T1时(T1由经验值决定),将其设定为背景区;否则,作为前景区保留其灰度值以作后续处理。

(5) 通过上述分割后,图像中可能会出现一些孤立的图像块。为了去除这些孤立块,可以用该块的3×3邻域进行平滑。

6.1.3 纹线方向估计

为了能准确得到指纹图像的方向信息,使用公式法而不是8个领域的方法[6]。在充分研究现有指纹图像方向信息提取算法的基础上,本节采用的纹线方向估计算法描述如下[7]。

(1) 将指纹图像($N\times N$)划分为互不重叠的大小为$w\times w$的块。对分辨率为500dpi的指纹图像,w的初始值设置为8×8。

(2) 对整幅指纹图像进行增强,计算每一点(i,j)的两个方向梯度$\partial_x(i,j)$和$\partial_y(i,j)$。梯度算子选为Sobel算子[8],经实验验证,使用Sobel算子已足以满足实际需要。

(3) 计算每块图像的方向信息

$$V_y(i,j)=\sum_{u=i-\frac{w}{2}}^{i+\frac{w}{2}}\sum_{v=j-\frac{w}{2}}^{j+\frac{w}{2}}2\partial_x(u,v)\partial_y(u,v) \tag{6-6}$$

$$V_x(i,j)=\sum_{u=i-\frac{w}{2}}^{i+\frac{w}{2}}\sum_{v=j-\frac{w}{2}}^{j+\frac{w}{2}}(\partial_x^2(u,v)-\partial_y^2(u,v)) \tag{6-7}$$

$$\theta(i,j)=\frac{1}{2}\arctan\left(\frac{V_y(i,j)}{V_x(i,j)}\right) \tag{6-8}$$

式中，$\partial_x(i,j)$、$\partial_y(i,j)$为点(i,j)的 x、y 方向的一阶偏导。$\theta(i,j)$的范围为$-\frac{\pi}{4}\sim\frac{\pi}{4}$，为满足后续算法的需要，将该角度调整至 $0\sim\pi$。

经以上处理计算出的 $\theta(i,j)$为该块的局部切线方向，将被用于后续算法。

(4) 由于输入的指纹图像存在污染、噪声和边缘结构信息缺损等情况，以上求出的指纹图像方向信息并不总是正确的。为此，使用一低通滤波器对各块指纹图像的方向信息进行平滑，以修正不准确的计算结果。

低通滤波处理描述为[7]

$$\Phi(i,j)=\sum_{u=-w_\Phi/2}^{w_\Phi/2}\sum_{v=-w_\Phi/2}^{w_\Phi/2}h(u,v)\theta(i-uw,j-vw) \tag{6-9}$$

式中，h 为二维低通滤波器元件，$w_\Phi\times w_\Phi$ 是滤波器尺寸，该滤波器缺省尺寸为 5×5。

应当注意，该平滑操作是基于块水平而非基于像素水平进行的。

(5) 计算各块指纹图像方向信息的可靠性

$$C(i,j)=\frac{1}{n}\sqrt{\sum_{(i',j'\in D)}\left|\Phi(i',j')-\Phi(i,j)\right|^2} \tag{6-10}$$

式中，D 为以点(i,j)为中心的块周围的一局部区域，是一个分块图像的集合，缺省尺寸为 5×5；n 为区域 D 内块的数目；$\Phi(i',j')$、$\Phi(i,j)$分别为块(i',j')和(i,j)的方向。

(6) 如果 $C(i,j)$大于某一预先设定的门槛值 T_c，则必须调整分块尺寸重新计算方向信息，直至满足要求。当然，随着分块尺寸的减小，运算量会不断增大。

6.2　基于纹线跟踪的指纹细节特征提取算法

不同于其他图像，指纹图像的方向感极强。一幅大小为 $H\times W$(这里为 320×320)的指纹图像，可看做脊线和谷线交错分布的纹理图，其中每点的灰度值为 $0\leqslant G(i,j)\leqslant255$，每点的方向为 $0\leqslant\varphi(i,j)<\pi$。脊线由沿指纹纹线方向上的一系列点组成，它们的灰度值在与各自点方向垂直的邻域点集中达到最大。纹线跟踪就是要找到一系列灰度值最小的点(黑点)，形成一幅指纹骨架图像(单像素宽)，最后得到细节特征点信息。

6.2.1　算法步骤

基于纹线跟踪的指纹细节特征提取算法的步骤如下。

第 1 步　将原始灰度指纹图像进行归一化处理，以降低不同指纹图像的对比度不同带来的影响,方法同 6.1.1 节的方法。

第 2 步　将归一化后的指纹图像分块,分别计算每块的灰度方差,并从大到小排序,得到图像序列块。依次在满足方差大于某阈值的块中寻找灰度值最小的点(脊线上的最暗点),如果该点位于前景区且未被访问过,则作为跟踪起始点(start)。由于并不是对指纹图像中所有的块都进行访问,所以大大节约了运算时间。对于分块尺寸为 8×8 的指纹图像,共有 1600 个跟踪起始点。

第 3 步　将第一个跟踪起始点(start)赋给变量 CurrPoint(反向跟踪时其角度应加 π)。然后根据当前跟踪点 CurrPoint(方向、坐标信息)定位下一跟踪点 NextPoint,并选取跟踪步长 μ。按 CurrPoint 的纹线方向,分 0、0～π/2、π/2、π/2～π、π、π～3π/2、3π/2、3π/2～2π 几种情况分别求取。正向时,当前点方向为 0～π,下一跟踪点方向不变;反向时,当前点方向为 π～2π,下一个跟踪点方向应加上 π,以确保正确跟踪。跟踪点坐标的计算方法为

$$\begin{pmatrix} x_{k+1} \\ y_{k+1} \end{pmatrix} = \begin{pmatrix} x_k^m \\ y_k^m \end{pmatrix} + \left[\mu \begin{pmatrix} \cos(\varphi_k^m) \\ \sin(\varphi_k^m) \end{pmatrix} + 0.5 \right] \tag{6-11}$$

式中,符号[]表示向下取整,(x_k^m, y_k^m)为当前跟踪点坐标,(x_{k+1}, y_{k+1})为所求下一跟踪点的坐标,φ_k^m 为当前跟踪点纹线方向,μ 为跟踪步长。跟踪点方向的计算方法为

$$\varphi_{k+1} = \begin{cases} \varphi_{k+1}, & 0 \leqslant \varphi_k^m < \pi \\ \varphi_{k+1} + \pi, & \pi \leqslant \varphi_k^m < 2\pi \end{cases} \tag{6-12}$$

式中,φ_{k+1}是下一跟踪点的纹线方向。

第 4 步　以 NextPoint(x_{k+1}, y_{k+1})为中心,在该点沿纹线方向得到 3 个彼此相距一个像素的平行点集 Ω_{k+1}^1、Ω_{k+1}^2、Ω_{k+1}^3,点集方向与纹线方向正交,其中 Ω_{k+1}^2 为邻域点集。

具体做法是,沿点 NextPoint(设为 P_2)的纹线方向在其两边距离一个像素的位置各找一个点 P_1、P_3,再分别沿垂直于 3 个点的纹线的方向得到 3 个彼此相距一个像素的大致平行的点集(plane1,plane2,plane3),每个点集有 15 个点,$n=0,1,2,\cdots,14$,其中 plane2 即为要寻找的邻域点集(Ω_{k+1}^2),记为 Ω_{k+1}。由于跟踪点的纹线方向是按 6.1.3 节的方法计算出来的,范围是 0～π。为保证正确跟踪,应作如下处理,按 NextPoint 的方向分 0～π/2、π/2～π、π～3π/2、3π/2～2π 四种情况分别求取。其中正向上 NextPoint 的方向为 0～π,计算后各点集中点的方向不变;反向上 NextPoint 的方向为 π～2π,计算后的 3 个点集中每点的方向都应加上 π(3 个中心点除外)。

计算公式如下[3]

$$\Omega_{k+1} = \{(i,j) \mid (i,j) \in I, i = i_{k+1} + [(j - j_{k+1})\tan(\varphi_{k+1})], j \in \Omega^j\} \tag{6-13}$$

$$\Omega^j = \{j_{k+1} - [\sigma\cos(\varphi_{k+1})], j_{k+1} + [\sigma\cos(\varphi_{k+1})]\} \tag{6-14}$$

式中，Ω_{k+1} 即为中点(i_{k+1}, j_{k+1})的邻域点集，φ_{k+1} 为中点(i_{k+1}, j_{k+1})的纹线方向，σ 是一个与脊线宽度相关的常数，这里取 7。

第 5 步　对邻域点集作局部滤波增强处理，主要分以下两步进行：

(1) 沿纹线方向对邻域点集 $\Omega_{k+1}(\Omega_{k+1}^2)$ 中的每一点(共 15 个点，$n=0,1,\cdots,14$)分别用 $\Omega_{k+1}^1, \Omega_{k+1}^2, \Omega_{k+1}^3$ 的相应点进行灰度平均(平滑处理)；

(2) 使用一个高斯低通滤波器与平滑后的邻域点集进行离散卷积。其中，边缘点($n=0,1,2,12,13,14$)的灰度值不变。所用公式及高斯模板为

$$\overline{G_{k+1}(i_n, j_n)} = \frac{1}{3}[G_{k+1}^1(i_n, j_n) + G_{k+1}^2(i_n, j_n) + G_{k+1}^3(i_n, j_n)], n = 0,1,\cdots,14 \tag{6-15}$$

$$\overline{\overline{G_{k+1}(i_n, j_n)}} = \frac{1}{2p+1}\sum_{v=-p}^{p} d_{p+v}\overline{G_{k+1}(i_{n+v}, j_{n+v})}, p = 3, n = 3,4,\cdots,11 \tag{6-16}$$

$$d(m) = \frac{1}{\sqrt{2\pi}r}\exp\left[-\left(\frac{(m-3)^2}{2r^2}\right)\right], r = 1, m = 0,1,2,3,4,5,6 \tag{6-17}$$

式中，$d[m]$为高斯模板系数，共 7 个点，应保证系数相加为 1。

第 6 步　计算下一个跟踪点 NextPoint 与当前点 CurrPoint 的灰度之差，记为 D_k，以作为下一步判断的依据。D_k 的计算公式为

$$D_k = \overline{\overline{G(i_{k+1}, j_{k+1})}} - \overline{\overline{G(i_k^m, j_k^m)}} \tag{6-18}$$

第 7 步　在滤波处理后的邻域点集中定位距中点最近的、局部灰度值最大点 MaxPoint。因指纹纹线大致为 5～7 个像素宽，为防止跟踪到其他脊线上，因此从点 $i=5,6,7,8,9$ 中寻找($i=0,1,\cdots,14$)。还可以得到点集中的局部灰度最小点，并计算出它们的灰度落差 d_{k+1}，即

$$d_{k+1} = \overline{\overline{G(i_{k+1}^m, j_{k+1}^m)}} - \overline{\overline{G(i_{k+1}^n, j_{k+1}^n)}} \tag{6-19}$$

第 8 步　对 MaxPoint 进行角度调整，以适应指纹模式区或纹线方向变化较大的区域。仅对水平方向附近进行角度调整，垂直方向不需要调整。

分几种情况调整如下。

令

$$\beta = \arctan^1\left(\frac{y_{k+1}^m - y_k^m}{x_{k+1}^m - x_k^m}\right) \tag{6-20}$$

式中，(x_k^m, y_k^m)为当前跟踪点的坐标，(x_{k+1}^m, y_{k+1}^m)为下一个灰度值最大点(MaxPoint)的坐标。

(1) 当前点 CurrPoint 方向为 $0\sim\pi/2$，下一跟踪点(局部灰度值最大点)MaxPoint 方向为 $\pi/2\sim\pi$，分两种情况：

① $0\leqslant\beta\leqslant\pi/6$，需调整 MaxPoint，角度加 π；

② 否则,不需要调整。

(2) 当前点 CurrPoint 方向为 $\pi/2\sim\pi$,下一跟踪点 MaxPoint 方向为 $0\sim\pi/2$,分两种情况:

① $0\leqslant\beta\leqslant\pi/6$,需调整 MaxPoint,角度加 π;

② 否则,不需要调整。

(3) 当前点 CurrPoint 方向为 $\pi\sim3\pi/2$,下一跟踪点 MaxPoint 方向为 $3\pi/2\sim2\pi$,分两种情况:

① $0\leqslant\beta\leqslant\pi/6$,需调整 MaxPoint,角度减 π;

② 否则,不需要调整。

(4) 当前点 CurrPoint 方向为 $3\pi/2\sim2\pi$,下一跟踪点 MaxPoint 方向为 $\pi\sim3\pi/2$,分两种情况:

① $0\leqslant\beta\leqslant\pi/6$,需调整 MaxPoint,角度减 π;

② 否则,不需要调整。

第 9 步　判断 MaxPoint 是否满足结束条件。若满足结束条件,则结束一个方向的纹线跟踪,回到初始点,沿反方向继续跟踪。反方向也跟踪结束后,便得到一条纹线骨架;若不满足结束条件,则将 MaxPoint 赋予 CurrPoint,作为下一步跟踪的起始点,并记录每一个跟踪点的坐标($x[k]$,$y[k]$)。回到步骤(3),定位下一跟踪点,继续跟踪。

结束条件将在 6.2.2 节中介绍。

第 10 步　当一条脊线的两个方向都跟踪完毕后,均应对脊线上的所有跟踪点进行修改,使 $S[x][y]=m$。其中,m 为纹线编号,且 $m\geqslant2$,正反向对应同一个 m。应注意,假设跟踪了 k 个点,正向跟踪后对 $i=1,\cdots,k$ 进行修改;反向跟踪后对 $i=0,\cdots,k$ 进行修改,这样就不致造成不应有的断线。然后,算法从下一个序列块中的起始点继续跟踪,直到满足条件的所有起始点都跟踪完毕。

6.2.2 结束条件和细节点检测

在纹线跟踪过程中,就得到了一幅细化了的指纹骨架图像和附在其上的细节特征点信息。下面只在感兴趣的指纹图像区域(前景区)进行纹线跟踪,同时定义一个与原始指纹图像大小相同的二维标记矩阵 $\boldsymbol{S}$,并将其初始化为

$$S(i,j)=\begin{cases}0, & (i,j)\in \text{前景区}\\ 1, & \text{其他}\end{cases}$$

当一条纹线跟踪完毕后,该条纹线上的所有跟踪点被重新赋予一个数值 $m(m\geqslant2)$,称为纹线编号。正反向跟踪一条纹线时,它们的 m 值相同。

设点(i_t,j_t)表示纹线骨架上的某跟踪点,$N_9(i_t,j_t)$表示包括该点和其 8 邻域像素点的集合,下标 9 表示共 9 个点。$S_m(i_t,j_t)$为 $N_9(i_t,j_t)$中所有像素点的最大

S 值。

$$S_m(i_t, j_t) = \max(S_{i,j}(i,j)), (i,j) \in N_9(i_t, j_t) \tag{6-21}$$

所采用的模板如表 6-1 所示。

表 6-1　求取某点和其 8 邻域最大 S 值所使用的模板

(i_t-1, j_t-1)	(i_t, j_t-1)	(i_t+1, j_t-1)
(i_t-1, j_t)	(i_t, j_t)	(i_t+1, j_t)
(i_t-1, j_t+1)	(i_t, j_t+1)	(i_t+1, j_t+1)

这样，对于指纹骨架图像上某条脊线的所有跟踪点(i_t, j_t)，如果它们位于指纹图像的前景区，并且没有跟踪到另外一条纹线上，那么它们的 $N_9(i_t, j_t)$值都等于 0。

在纹线跟踪过程中，需要对每一个当前跟踪点 CurrPoint 检查是否满足结束条件。如果满足结束条件，则停止跟踪，并标记细节特征点，否则继续跟踪。结束条件的标准如下。

令 max 为当前点邻域(5×5 模板)的最大 S 值，分以下几种情况。

(1) max=1，表示跟踪到了背景区，停止跟踪。

(2) max>1，表示跟踪到了另一条纹线上，该点为分叉点。记录该点的信息(坐标、方向和纹线编号)，停止跟踪。但有以下特殊情况。

① 计算 MaxPoint 周围 S 值大于 1(S 值不重复)的点有几个，记为 num。

② 若 num=1，为可能的分叉点。找到该点(x,y)(可能不止一个，为相同的 S 值找出距离 MaxPoint 最近的点，5×5 模板)。以点(x,y)为中心，在 $n\times n$ 模板范围内找到所有 S 值等于 max 的点，然后分别计算该模板范围内位于(x,y)左右点的个数 sum1、sum2，和位于(x,y)上下点的个数 sum3、sum4。如果 sum1、sum2 相差大于 2，并且 sum3、sum4 相差也大于 2，则为端点(断线)，应连上。

③ 若 num=2，sum1、sum2 相差小于等于 2，或者 sum3、sum4 相差小于等于 2，则为分叉点。

(3) D_k 大于某个与 d_{k+1} 相关的值，则停止跟踪。

(4) 当前点 CurrPoint 和下一跟踪点 NextPoint 与 MaxPoint 连线方向(与水平方向所夹锐角分别为 ϕ_k^d、ϕ_k^r)的夹角 ϕ 大于某个阈值，表明该点为端点，记录该点信息(坐标、方向和纹线编号)，停止跟踪。

(5) 前一跟踪点 PrePoint 和当前点 CurrPoint 连线方向(与水平方向所夹锐角为 φ_{k-1})，与当前点 CurrPoint 和 MaxPoint 连线方向(与水平方向所夹锐角为 φ_k)的夹角 φ 大于某个阈值，停止跟踪。

式中

$$\phi_k^d = \arctan\left(\frac{y_{k+1} - y_k^m}{x_{k+1} - x_x^m}\right) \tag{6-22}$$

$$\phi_k^r = \arctan\left(\frac{y_{k+1}^m - y_k^m}{x_{k+1}^m - x_k^m}\right) \tag{6-23}$$

$$\psi_{k-1} = \arctan\left(\frac{y_k^m - y_{k-1}^m}{x_k^m - x_{k-1}^m}\right) \tag{6-24}$$

$$\psi_k = \arctan\left(\frac{y_{k+1}^m - y_k^m}{x_{k+1}^m - x_k^m}\right) \tag{6-25}$$

6.3　实验结果及比较

6.3.1　实验结果

选用南京大学活体指纹库(NJU-2000)中的指纹图像进行实验。该库中，指纹图像大小为320×320像素，256色灰度图像。所使用的采集仪为中国科学院生产的ZY202-B型采集仪，图像采集分辨率为500dpi。

选取了两幅不同的指纹图像进行实验，实验结果如图6-1和图6-2所示。

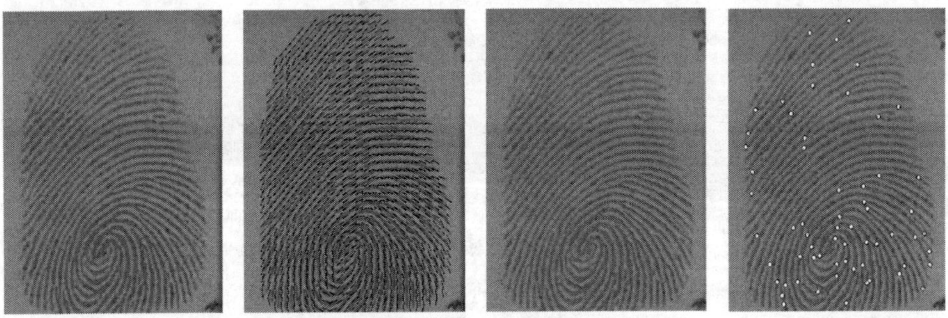

(a)原始的灰度指纹图像　(b)归一化、前景与背景分离和方向信息提取后的指纹图像　(c)纹线跟踪的结果　(d)细节特征提取的结果

图6-1　第一幅指纹图像的实验结果

6.3.2　算法测试和比较

经过验证，本算法的平均细节特征提取时间为0.36s，较传统算法(1s左右)有了较大提高，同时较Maio和Maltoni提出的算法也有一定提高。但从图6-1(d)和图6-2(d)可看出，特征提取后还存在一些伪特征点，这与指纹图像的质量和算法中阈值的选取有关。这些伪特征点应通过细化后处理算法予以删除，否则将影响后续指纹匹配的准确率。另外，对于某些质量较差的指纹图像，本算法的效果还不甚令人满意，精确度有待提高，这也是今后研究的重点。

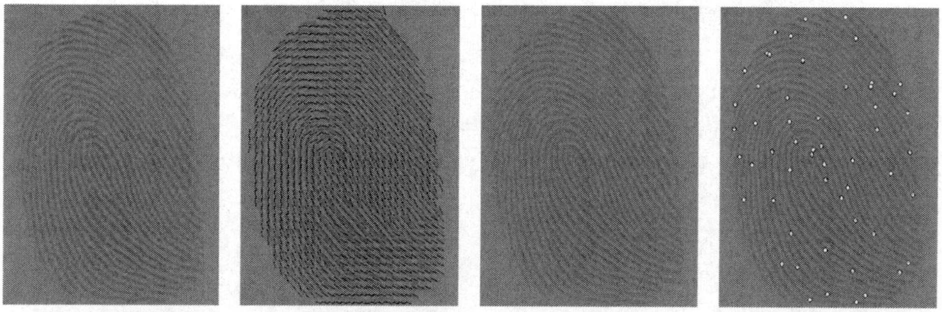

(a) 原始的灰度指纹图像　(b) 归一化、前景与背景分离和方向信息提取后的指纹图像　(c) 纹线跟踪的结果　(d) 细节特征提取的结果

图 6-2　第二幅指纹图像的实验结果

6.4　本 章 小 结

本章讨论了一种基于纹线(脊线)跟踪的指纹细节特征检测方法,主要思想是从满足条件的各个跟踪起始点开始,直接跟踪灰度指纹图像的每一条脊线,直到该条脊线结束或者跟踪到其他脊线上。所有的脊线(正反方向)都跟踪完毕后,就得到了一个指纹图像骨架图和一些细节特征点信息。在跟踪过程中,对所有脊线都进行了编号。因此,每一个细节特征点都对应 1～2 个脊线号码,这在后续处理过程中是很有用的。

该算法相对于传统的经过二值化、细化等预处理的细节特征提取算法,在提取时间上有明显的优势。对已有的 Maio 和 Maltoni、Jiang 等提出的算法,本书也作了一些有效改进。实验结果表明,本算法有效地减少了指纹图像特征提取的时间,降低了计算复杂度。在经过某些细化处理后,能显著提高特征提取的准确性。对于某些大型指纹图像库,这种优势是很明显的。

参 考 文 献

[1] Mehtre B M. Fingerprint image analysis for automatic identification. Machine Vision and Applications, 1993, 6: 124-139.

[2] Maio D, Maltoni D. Direct gray-scale minutiae detection in fingerprints. IEEE Transactions on Pattern Analysis and Matching Intelligence, 1997, 19(1): 27-40.

[3] Jiang X, Yau W Y, Ser W. Detecting the fingerprint minutiae by adaptive tracing the gray-level ridge. Pattern Recognition, 2001, 34(5): 999-1013.

[4] 简兵,庄镇泉,李军. 一种新颖的指纹细节提取算法. 第 6 届国际青年计算机工作者会议暨第二届生物特征识别研讨会,中国,杭州,2001: S4-7-S4-13.

[5] 张建伟,陆亨立.指纹自动识别中图像分割方法的研究.微型电脑应用,1999,15(12):20-22.

[6] 韩伟红,黄子中,王志英.指纹自动识别系统中的预处理技术.计算机研究与发展,1997,34(12):913-920.

[7] 尹义龙.自动指纹识别系统研究.长春:吉林工业大学,2000.

[8] 邢军.基于Sobel算子数字图像的边缘检测.微机发展,2005,15(9):48-52.

第 7 章　指纹匹配

指纹匹配是自动指纹识别系统研究的核心内容之一，它在指纹细节特征提取之后进行，是系统的最后一步，也是非常关键的一步。指纹匹配所要解决的问题是对从两幅给定指纹图像中提取的细节特征信息进行匹配，判断这两枚指纹是否来自同一根指头。

目前普遍认为，使用指纹中的纹线端点(ridge ending)和纹线分叉点(ridge bifurcation)，就足以表征指纹的唯一性，进行有效的识别。指纹匹配算法的准确性和检测速度是 AFIS 性能的两个主要指标。但一些客观因素使得指纹匹配技术存在很大难度。这些因素主要有如下几个。

(1) 受现有指纹采集的限制，指纹图像存在不规则的局部形变，而这种形变又是随机的、难以用数学模型描述。

(2) 由于指纹录入时的随机性，待识指纹图像相对于模板指纹图像存在一定程度的平移和旋转。

(3) 手指较干、较湿和磨损严重等情况造成不可恢复性的改变，导致伪特征点产生。

(4) 指纹细节特征提取算法不完善，导致伪特征点出现，真正的特征点丢失以及特征点的定位偏差。因此，要想设计一个准确、有效的指纹匹配算法，必须解决好以上几个问题。指纹匹配算法必须具有一定的容错性，并且运算复杂度不能太高，准确性要高。

为了能准确、快速地识别指纹，保证自动指纹识别系统的实时性，很多人已对指纹匹配技术进行了深入而细致的研究。到目前为止，已经提出了很多指纹匹配算法。其中，基于细节特征点坐标模型的空间拓扑结构匹配算法(也称点模式匹配算法)是经常使用的一种匹配算法。

大部分模式匹配算法是基于纯几何形状的“欧几里得”匹配法[1-5]，可以在一定程度上容忍伪特征点的存在和真正特征点的丢失[6-8]，有的算法还允许特征点在较小范围内存在偏差。Isenor 和 Zaky[9] 提出了一种图匹配的方法，Hrechak 和 Mchugh[10]提出了基于结构信息的匹配方法，这些算法都充分利用了指纹图像拓扑结构信息，克服图像中的噪声、旋转以及形变对识别的干扰，同时允许一定范围内的图像平移、旋转和形变。它们虽然对特征信息的丢失、伪特征信息的出现有一定的鲁棒性，但其准确性在很大程度上依赖于所提取的指纹细节特征和分类信息。Vinod 和 Ghose[11]将非对称人工神经网络用于指纹匹配，提出了基于非对称人工神经网络的点模式匹配算法。漆远等[12]将遗传算法用于指纹匹配，提出了基于遗传算法的指纹图匹配。这些算法对噪声不敏感，有较强的抵抗噪声和形变能力，但人工神经网络有它自身反复处理的特性，时间代价较大；Stockman 等[13]提出的基于 Hough 变换的方法把点模式匹配转化成了对转换参数的 Hough 空间峰值检测。这种方法的缺点在于当细节点数量较少时(少于 30 个)，很难在 Hough 空间中找到足够多的证据来保证一个可靠的匹配。另外，该算法计算量也较大。以 Hough 变换为基础的模式匹配算法[13,14]把点模式匹配问题转化成了参数峰值的频域检测，虽然可通过多种方法降低匹配的计算复杂度，但很难用这种方法解决较大形变的问题。Starink 和 Backer[3]从能量最小化的角度描述了点匹配问题，并使用了模拟退火方法，这种方法计算量也较大。Chang 等[15]还提出了一种基于二维群集的点模式匹配算法，该算法首先在两个点模式中各自选取一个点组成匹配基准点对，然后计算其余各点对该点对的支持度以及变换参数。但该算法需要大量的迭代运算，时间消耗较多，无法满足系统的实时需要。

本章提出的是一种基于特征点坐标模型的点模式匹配算法。它对匹配过程中最难的一步——基准点的确定和变换参数的求取问题作了深入研究，根据 3 个邻近特征点之间的相互关系来确定可能的匹配基准点对，然后统计其余特征点对此匹配点对作为匹配基准点对的支持度，求取变换参数和最终的匹配点对。本算法能在一定程度上加快基准点的求取，从而提高整个匹配算法的运算速度。同时，该算法根据多个点确定变换参数，而不是通常意义上的一个点，因此可以消除特征提取过程中引入的位置、角度的偏差，得到更准确的变换参数。

7.1 有关定理和推论

假定有两个点模式 P 和 Q，其中点模式 P 中有从待识指纹图像中提取的 m 个特征点 $P=\{p_1,p_2,\cdots,p_m\}$，点模式 Q 中有从模板指纹图像中提取的 n 个特征点 $Q=\{q_1,q_2,\cdots,q_n\}$，P、Q 中每点存放的是坐标信息 $(x,y)^{\mathrm{T}}$。因而点模式 P 和 Q 可分别表示为

$$P=\{(x_{p_i},y_{p_i})^{\mathrm{T}}\mid i=1,2,\cdots,m\} \tag{7-1}$$

$$Q=\{(x_{q_a},y_{q_a})^{\mathrm{T}}\mid a=1,2,\cdots,n\} \tag{7-2}$$

点模式匹配的首要任务是对 P 中一点 p_i，在 Q 中寻找与之匹配的点 q_a，则 p_i 和 q_a 是一对肯定匹配的点对，即参考点。基于这样一对参考点确定肯定匹配的点对集合，进而计算待识图像相对于模板图像的平移参数 t_x、t_y 和旋转参数 θ，其中 t_x、t_y 分别是 x 方向和 y 方向的平移量，θ 是旋转角度。通过对待识图像进行姿势纠正，将待识图像中的特征点按一定映射规则 $G_r(t_x,t_y,\theta)$ 作变换，使得变换后待

识图像的特征点分布和模板图像的特征点分布在理论上完全一致。这种变换是一种全局的、刚性的变换，只是一种坐标系的调整，变换后同一幅图像中各点之间的位置关系并没有任何改变，它将待识图像中的一点 $p=(x_p,y_p)^{\mathrm{T}}$ 映射成另一点 $q=(x_q,y_q)^{\mathrm{T}}$。

映射规则为

$$q = G_r(p) \Rightarrow \begin{pmatrix} x_q \\ y_q \end{pmatrix} = \begin{pmatrix} t_x \\ t_y \end{pmatrix} + \begin{pmatrix} \cos(\theta) & -\sin(\theta) \\ \sin(\theta) & \cos(\theta) \end{pmatrix} \begin{pmatrix} x_p \\ y_p \end{pmatrix} \tag{7-3}$$

由于图像采集时的变形和预处理算法并不完善，对于一对真正的匹配点对 p_i 和 q_a，$G_r(p_i)$ 很难绝对等于 q_a。因此，对于任意一对点对 p_i 和 q_a，如果 $G_r(p_i)$ 和 q_a 的距离小于一个给定的阈值，则可认为 p_i 和 q_a 是一对匹配点对。

定理 1 假定(p_i,p_j)和(q_a,q_b)是点模式 P 和 Q 中的两对点，如果 $p_i \neq p_j$ 且 $q_a \neq q_b$，则存在唯一的映射 G_r，使得 $q_a=G_r(p_i)$，$q_b=G_r(p_j)$。其中

$$r = (t_x, t_y, \theta)$$

$$\theta = \theta_{\overrightarrow{q_a q_b}} - \theta_{\overrightarrow{p_i p_j}}$$

$$t_x = x_{q_a} - x_{p_i}\cos(\theta) + y_{p_j}\sin(\theta)$$

$$t_y = y_{q_a} - x_{p_i}\sin(\theta) + y_{p_j}\cos(\theta)$$

推论 1 如果(p_i,p_j)和(q_a,q_b)在映射关系(t_x,t_y,θ)下是匹配的特征点对，那么在新的映射参数$(0,0,\theta)$下，$\overrightarrow{p_i p_j}$ 和 $\overrightarrow{q_a q_b}$ 也是相匹配的。其中，$\theta=\theta_{\overrightarrow{q_a q_b}}-\theta_{\overrightarrow{p_i p_j}}$，$\overrightarrow{p_i p_j}$ 和 $\overrightarrow{q_a q_b}$ 均为矢量线段。

定理 2 假设 $A=\{a_1,a_2,\cdots,a_m\}$ 和 $B=\{b_1,b_2,\cdots,b_n\}$ 是符合映射参数(t_x,t_y,θ)的两个点集，那么对于其中任意一对点 $a_i \leftrightarrow b_i$ 都存在两个相应的矢量集，即

$$A_i = \{\overrightarrow{a_i a_1}, \cdots, \overrightarrow{a_i a_m}\}$$

$$B_i = \{\overrightarrow{b_i b_1}, \cdots, \overrightarrow{b_i b_n}\}$$

符合映射参数$(0,0,\theta)$。

定理 2 说明，两个匹配的点集经过新的映射变换后仍然是两个匹配的点集。因为在新的映射参数下，该变换在 x 方向和 y 方向上不改变大小，因此可以仅估算参数 θ。

7.2 点模式匹配算法

7.2.1 可能匹配的基准点对确定

对于待识点集中任意一个特征点 p_i 和模板点集中任意一个特征点 q_a 所形成的点对，分别在待识指纹图像和模板指纹图像中寻找两个距离它们最近的特征点

p_1、p_2 和 q_1、q_2 构成特征点子集。这样，分别在待识指纹图像和模板指纹图像中形成了两个三角形(p_i, p_1, p_2)和(q_a, q_1, q_2)，其中 p_i、p_1、p_2 和 q_a、q_1、q_2 分别是两个三角形的顶点。为了确定特征点对(p_i, q_a)是否为一对可能的匹配基准点，这里需要判断这两个三角形的相似程度。如果两个三角形的相似程度很高，则认为这两个三角形顶点所构成的特征点子集形成了一种匹配，它们是可能的匹配点对。否则，就可以认为这两个三角形顶点所构成的特征点子集不能形成匹配，它们不是可能的匹配点对。

由三角形的稳定性原理可知，三条边可以唯一地确定一个三角形。因此，根据三个特征点之间的距离（三角形的三条边长）以及它们的相互位置关系，判断这两个由三组特征点构成的三角形的相似程度。

三角形的相似度判断以及变换参数的求取步骤如下。

第 1 步　分别计算顶点 p_i 和 q_a 所对应的边长$|\overrightarrow{p_1p_2}|$和$|\overrightarrow{q_1q_2}|$。

第 2 步　如果$||\overrightarrow{p_1p_2}|-|\overrightarrow{q_1q_2}||>D_1$，说明这两个三角形所对应的其中一条边不等长，两个三角形不可能全等，本次判断结束。

第 3 步　重新选择需要判断的顶点 p_i 和 q_j，以及距离它们最近的两个特征点(p_1, p_2)、(q_1, q_2)，返回第 1 步。

第 4 步　否则，分别计算 p_i 到 p_1、p_2 和 q_a 到 q_1、q_2 的距离$|\overrightarrow{p_ip_1}|$、$|\overrightarrow{p_ip_2}|$和$|\overrightarrow{q_aq_1}|$、$|\overrightarrow{q_aq_2}|$。如果$\left||\overrightarrow{p_ip_1}|-|\overrightarrow{q_aq_1}|\right|\leqslant D_2$ 且$\left||\overrightarrow{p_ip_2}|-|\overrightarrow{q_aq_2}|\right|\leqslant D_2$，或者$\left||\overrightarrow{p_ip_1}|-|\overrightarrow{q_aq_2}|\right|\leqslant D_2$ 且$\left||\overrightarrow{p_ip_2}|-|\overrightarrow{q_aq_1}|\right|\leqslant D_2$，则两个三角形的三条边分别近似相等，这也就说明两个三角形近似全等。

第 5 步　重新选择需要判断的顶点 p_i 和 q_a，以及距离它们最近的两个特征点(p_1, p_2)和(q_1, q_2)，并返回到第 1 步，继续判断下一个可能匹配的基准点对。

7.2.2　匹配点对支持的计算

点模式匹配算法首先要在两个待匹配点集 P 和 Q 中寻找到肯定匹配的一对点，即参考点。由于存在以下两个问题：①两个待匹配点集都可能存在伪特征点；②两个待匹配点集都可能存在真正特征点丢失的情况，即一个点集中的特征点在另一个点集中可能根本不存在。这就使得参考点寻找问题成了点模式匹配算法的一个难点。

为此，可用一种匹配点对支持(MPS)算法来解决这一问题。其核心思想是，如果一对点 $p_i(i=1,2,\cdots,m)$，$q_a a=(1,2,\cdots,n)$是真正的匹配点对，分别从 p_i 和 q_a 向点集内其他特征点作矢量线段$\overrightarrow{p_ip_j}(j=1,2,\cdots,m,j\neq i)$和$\overrightarrow{q_aq_b}(b=1,2,\cdots,n,b\neq a)$。根据 7.1 节的定理和推论，在矢量线段组成的两个集合中，应该存在一

个转角参数 θ_0，使得大多数矢量线段满足参数$(0,0,\theta_0)$下的映射关系。换言之，能获得最多矢量线段匹配（实际上就是点对匹配）支持的转角参数 θ_0 就是基于 p_i 和 q_a 匹配的两幅图像的相对转角。反之，如果 p_i、q_a 不是一对真正的匹配点对，就不可能存在一个转角参数 θ_0，使得大多数特征点基于参数$(0,0,\theta_0)$形成匹配。对于一对可能匹配的点对，匹配点对支持算法负责求取支持这两点匹配的转角参数 θ_0 和基于 θ_0 的支持这两点匹配的特征点对数。

设 p_i 是点集 P 中的一点，q_a 是点集 Q 中的一点。对这两个给定的点，其MPS算法描述如下。

(1) 设置累加数组 $M(\theta)$的初始值为 0。$M(\theta)$记录基于转角 θ 有多少对特征点支持 p_i 和 q_a 匹配。

(2) 当 $j=1,2,\cdots,m;j\neq i$ 时，计算 $\left|\overrightarrow{p_ip_j}\right|$ 和 $\theta_{\overrightarrow{p_ip_j}}$。

(3) 当 $b=1,2,\cdots,n;b\neq a$ 时，计算 $\left|\overrightarrow{q_aq_b}\right|$ 和 $\theta_{\overrightarrow{q_aq_b}}$。

(4) 当 $j=1,2,\cdots,m;j\neq i$ 且 $b=1,2,\cdots,n;b\neq a$ 时，如果 match_flag[j][b]$=1$ 且 $\left|\left|\overrightarrow{p_ip_j}\right|-\left|\overrightarrow{q_aq_b}\right|\right|\leqslant D_1$，则 $p_j\leftrightarrow q_b$ 是一对可能匹配的点对。其中，D_1 是一预先设定的门槛值。

① 计算角度差值 θ，即 $\theta=\theta_{\overrightarrow{q_aq_b}}-\theta_{\overrightarrow{p_ip_j}}$；

② 累加数组加 1，即 $M(\theta)=M(\theta)+1$；

如果 match_flag[j][b]$=0$，表明 $p_j\leftrightarrow q_a$ 肯定不是匹配的点对，返回第(4)步，处理其他点对。

(5) 将 $M(\theta)$峰值对应的角度记为 $\theta_{w_{i,a}}$，并令 $W_{i,a}=M(\theta_{w_{i,a}})$。则 $\theta_{w_{i,a}}$ 即为所求的转角参数，而 $W_{i,a}$ 即为基于转角 $\theta_{w_{i,a}}$ 支持 p_i 和 q_a 匹配的特征点对数。若 $W_{i,a}=c$，表明：①存在另外的 c 对相应的点支持 p_i 和 q_a 相匹配；②在映射参数$(0,0,\theta_{w_{i,a}})$下，存在 $c+1$ 对点相匹配。

在MPS算法中，定义了一个标志数组 match_flag[][]，用来表明 P 中的每点和 Q 中任意一点的匹配情况。如果 match_flag[j][b]$=1$，表明 $p_i\leftrightarrow q_a$ 是一对可能匹配的点；如果 match_flag[j][b]$=0$，则表明 P 中的 p_i 点不可能与 Q 中的 q_a 点相匹配。由于事先不知道哪些点对是可能匹配的，该算法中将标志数组 match_flag[][]每个元素的值都初始化为 1，即在开始时假定 P 中的每一点和 Q 中任意一点都可能匹配。

MPS算法使用矢量线段计算任意一对点的最大匹配点对支持，消除了(t_x,t_y)参数的影响。由于仅考虑了角度信息，可以减少时间消耗。

相对于第(4)步，第(2)、(3)、(5)步的时间消耗可以忽略不计，该MPS算法的计算复杂度为$(m-1)(n-1)$。

7.2.3　统计一次匹配的结果

匹配点对确定(MPD)算法主要是在假定参考点已求出，并且相应的转角参数已知的前提下，求点集 P 和 Q 之间匹配点的对数。

MPD 算法描述如下。

(1) 当 $j=1,\cdots,m$ 且 $j\neq i$ 时

① 设定 ib=0，count=0；

② 当 $b=1,\cdots,n$ 且 $b\neq a$ 时，如果 flag[j][b]=1，分别计算 $\left|\overrightarrow{q_a q_b}\right|$、$\left|\overrightarrow{p_i p_j}\right|$ 以及 $\theta=\theta_{\overrightarrow{q_a q_b}}-\theta_{\overrightarrow{p_i p_j}}$ 的值；如果 $\left|\,|\overrightarrow{q_a q_b}|-|\overrightarrow{p_i p_j}|\,\right|\leqslant\Delta s$ 且 $|\theta-\theta_0|\leqslant\Delta\theta$，则 ib $=b$，count=count+1，将 $p_j\leftrightarrow q_b$ 作为一对可能匹配的点存放在集合 F 中；

③ 如果 count=1，将点对 $p_j\leftrightarrow q_b$ 看做一对肯定匹配的特征点，存放在另一个集合 G 中。

(2) 根据肯定匹配的点对集合 G 中的点计算映射参数 $r_1=(t_{x_1},t_{y_1},\theta_1)$。

(3) 对于属于可能匹配的点对集合 F 和不属于肯定匹配的点对集合 G 的每一对点 $p_j\leftrightarrow q_b$，选择与 $G_{r_1}(p_j)$ 距离最近的一点 q_b，当 $|G_{r_1}(p_j)-q_b|\leqslant D_2$ 时，认为 $p_j\leftrightarrow q_b$ 是一对匹配的点。其中，D_2 是一预先设定的门槛值。

(4) 对于 P 中剩余的任意一点 p_j，在 Q 中选择与 $G_{r_1}(p_j)$ 距离最近的一点 q_b，如果 $|G_{r_1}(p_j)-q_b|\leqslant D_2$，也认为 $p_j\leftrightarrow q_b$ 是一对匹配的点。

(5) 统计所有匹配的点对数 Match-Number，给出在此参考点对下的最终匹配结果。

不失一般性，假定将要匹配的点对是 p_j 和 q_b。由于参数空间是一种量化空间，所以求得的转角参数 θ_0 是一个离散值。θ_{jb} 是将 P 中的点 p_j 与 Q 中的点 q_b 进行试匹配而求得的，$\theta_{jb}=\theta_{\overrightarrow{q_a q_b}}-\theta_{\overrightarrow{p_i p_j}}$。如果 p_j 与 q_b 是一对匹配的点，那么 θ_{jb} 将会非常接近 θ_0。因此，假如只有一个 θ_{jb} 满足与 θ_0 的差值在给定的范围之内，就可以断定 p_j 与 q_b 是一对肯定匹配的点，将它们存放在集合 G 中，如算法第(1)步③所述。但是，如果有不止一个 θ_{jb} 满足与 θ_0 的差值在给定的范围之内，就难以判断究竟哪一个 q_b 与 p_j 是一对匹配点。此时只能将满足条件的所有点对都记为可能匹配的点对，并将其存放在集合 F 中，如算法第(1)步②所述。

这里选定 θ_0 的限定范围是 $\theta_0\pm\Delta\theta$。其中，$\Delta\theta$ 是可以容忍的旋转角度偏差。$\Delta\theta$ 仅用来判断可能匹配的点对。

在 MPD 算法第(2)步中，首先根据肯定匹配的点对集合 G 中的点计算映射参数 $(t_{x_1},t_{y_1},\theta_1)$(待识图像相对于模板图像的平移和旋转参数)，令 $r_1=(t_{x_1},t_{y_1},\theta_1)$。

在求得映射参数后，根据这些参数确定的映射关系将集合 P 转换为另一个集

合$G_{r_1}(P)$。对于可能匹配的点对集合F中的每一对点$p_j \leftrightarrow q_b$，将与$G_{r_1}(p_j)$的最接近的点q_b提取出来，判断它们之间的差距是否在一个给定的范围D_2之内，即$|G_{r_1}(p_j)-q_b| \leqslant D_2$。如果满足该条件，则将$p_j \leftrightarrow q_b$记为一对匹配的点。这是MPD算法的第(3)步。

图像采集变形较大时，特征点的位置有较大偏移。这时，若给定的$\Delta\theta$值比较小，就会导致一些本应匹配的点对在上述步骤中未能匹配。为此，采用以下方法进行补救：对于P中尚未匹配的任意一点p_j，将Q中尚未匹配的每一点q_b与$G_{r_1}(p_j)$进行比较。将与$G_{r_1}(p_j)$的最接近的点q_b提取出来，判断$G_{r_1}(p_j)$与q_b之间的差距是否在一个给定的范围D_2之内，也就是$|G_{r_1}(p_j)-q_b| \leqslant D_2$。如果满足该条件，也将$p_j \leftrightarrow q_b$记为一对匹配的点。这是MPD算法的第(4)步。

7.2.4　求取映射参数和最终的匹配点对

有了MMRS、MPS和MPD算法后，就可求取可能的参考点对，然后确定基于这些参考点对的匹配结果。当$p_j \leftrightarrow q_b$是一对真正匹配的特征点，$W_{j,b}$可能是$\{W_{i,a} | i=1,\cdots,m;a=1,\cdots,n\}$中的最大值。换言之，如果$W_{j,b}$是$\{W_{i,a} | i=1,\cdots,m;a=1,\cdots,n\}$中的最大值，则$p_j \leftrightarrow q_b$肯定是成功匹配的点对，同时表明，存在另外$W_{j,b}$对匹配的特征点对，支持$p_j \leftrightarrow q_b$相匹配。

这里将求取映射参数(转角参数)和最终匹配的特征点对数目的算法称为SR算法。该算法用来确定点模式P和Q中的哪一对点具有最多的匹配点对支持(参考点)，以及求取相应的转角参数和基于该参考点对和变换参数下的最终匹配结果。

SR算法流程图如图7-1所示，该算法描述如下。

(1) 设置变量pmax和θ_p，并置pmax=0。

(2) 初始化时，设置匹配标志全为1，即match_flag[j][b]=1。

(3) 令$k=m$。

(4) 当$j=1,\cdots,m$且$b=1,\cdots,n$时，

① 调用MMRS算法，判断(p_j,q_b)是否为一对可能的匹配参考点对，如果不是，设置match_flag[j][b]=0，重新选取需要判断的点对，返回到第①步，否则执行下一步。

② 调用MPS算法确定基于该可能的匹配参考点对(p_j,q_b)下的匹配支持度和变换参数(W,θ_w)。

③ 如果W小于给定的最小匹配支持阈值t_w，设置match_flag[j][b]=0，重新选取需要判断的点对，返回到第①步。

④ 如果pmax<W，则设定(pmax,θ_p)=(W,θ_w)，pair_j=j，pair_b=b。调用MPD算法，求取基于该参考点对下的匹配结果Match_Number，并与一预先设定

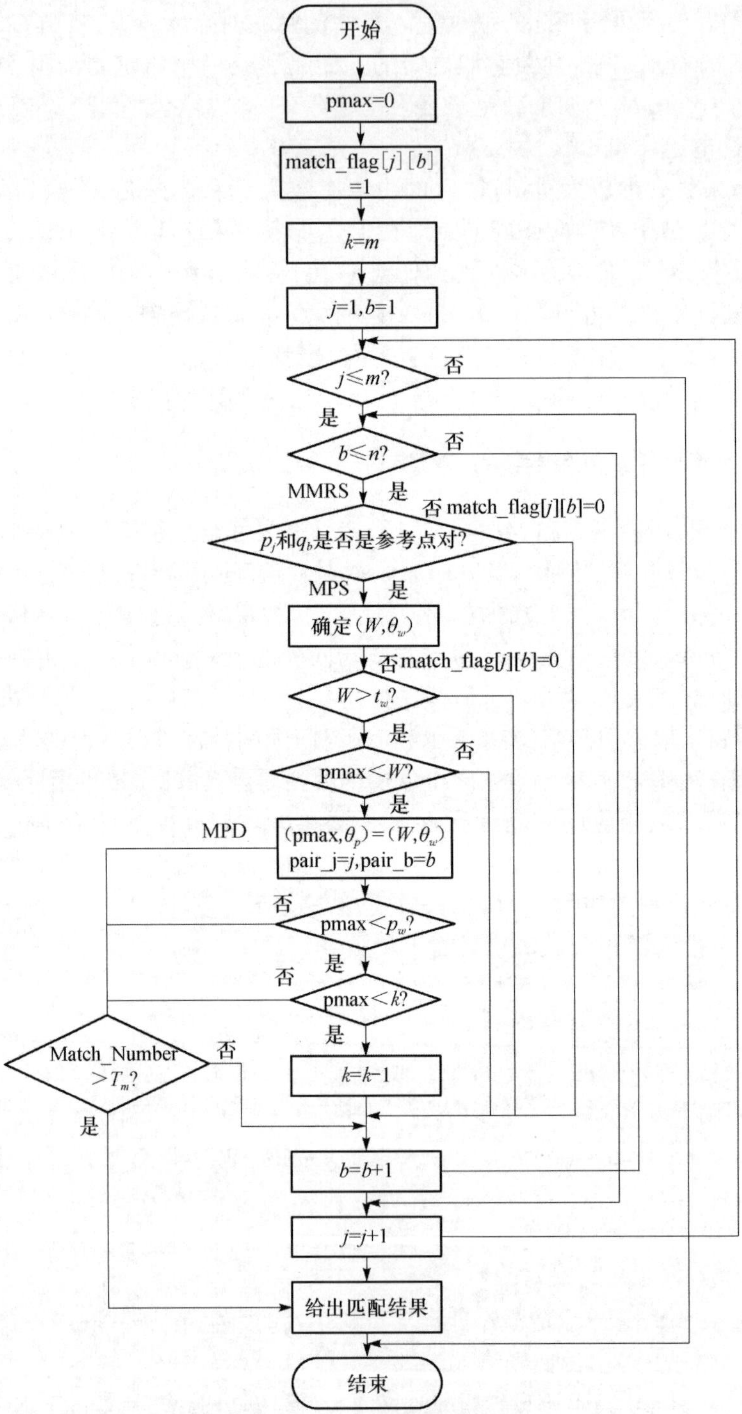
开始
pmax=0
match_flag[j][b]=1
k=m
j=1,b=1
j≤m?
否
是
b≤n?
否
MMRS
是
否 match_flag[j][b]=0
pj和qb是否是参考点对?
MPS
是
确定(W,θw)
否 match_flag[j][b]=0
W>tw?
是
否
pmax<W?
是
MPD
(pmax,θp)=(W,θw)
pair_j=j,pair_b=b
否
pmax<pw?
是
否
pmax<k?
是
Match_Number >Tm?
否
是
k=k-1
b=b+1
j=j+1
给出匹配结果
结束

图 7-1 SR 算法流程图

的门槛值 T_m 相比较。如果大于 T_m，指纹匹配成功；否则重新选取需要判断的点对，返回到第①步。

⑤ 如果 pmax 大于等于给定的匹配支持阈值 p_w，表示该点对(p_j, q_b)是一对准确的匹配参考点对，调用 MPD 算法，求取基于该参考点对下的匹配结果 Match_Number，并与一预先设定的门槛值 T_m 相比较。给出最终匹配结果并退出循环，转到第(5)步。

⑥ 如果 pmax 大于等于 k，表示该点对已经是所能找到的最可靠的参考点对，调用 MPD 算法，求取基于该参考点对下的匹配结果 Match_Number，并与一预先设定的门槛值 T_m 相比较。给出最终匹配结果并退出循环，转到第(5)步。

⑦ $k=k-1$。

(5) 点对 pair_j↔pair_b 即为匹配参考点对。支持其成为参考点的匹配点对数目为 pmax，映射参数为 $\theta_0=\theta_p$。

因为点模式匹配是一种一对一的映射，所以匹配点对支持的最大数目不会超过 $\min(m,n)$。假定 $m\leqslant n$，最大支持的匹配点对数目为 k，由于事先不知道两个点集中确切匹配的点对数目，因而在 SR 算法第(3)步初始化时设置 k 的初值为 m。在第(4)步中，从 $b=1$ 开始，逐个将 Q 中的 q_b 与 P 中的 p_1 相匹配，从而求出$\{w_{1,b} \mid b=1,\cdots,n\}$中具有最大匹配点对支持的 pmax。如果 pmax$=m-1$，那么在 P 和 Q 之间有 m 对相应的点对，此时找到了具有最大匹配支持的点对；如果 pmax$<m-1$，则最大的匹配点对数目肯定小于 m，否则 pmax 肯定等于$m-1$，此时将 k 减去 1，继续在下一个$\{w_{2,b} \mid b=1,\cdots,n\}$中寻找最大值。

现在，如果最大匹配点对数目是$(m-c+1)$，那么$\{p_1, p_2, \cdots, p_c\}$中肯定存在这样一个点 p_j，使得 pmax$=m-c$(pmax 是$\{w_{j,b} \mid j=1,\cdots,m; b=1,\cdots,n\}$中的最大值)。这时如果 pmax$=m-c$，就可以肯定找到了具有最大匹配点对支持的点，也就是参考点；如果 pmax$<m-c$，则可以肯定匹配的点对数目小于 $m-c+1$，此时将 k 减 1，继续向下寻找。

如上，k 值的递减规则如下：

$k=m$；

当 $j=1$ 时，如果 pmax$<m-1$，说明 $k\leqslant m-1$，此时令 $k=k-1$；

当 $j=2$ 时，如果 pmax$<m-2$，说明 $k\leqslant m-2$，此时令 $k=k-1$；

……

当 $j=c$ 时，如果 pmax$<m-c$，说明 $k\leqslant m-c$，此时令 $k=k-1$。

因此，当 $j=c$ 时，如果 pmax$\geqslant m-c$，说明具有最大匹配点对支持的点(参考点)已经找到，SR 算法结束。

在 SR 算法第(4)步③中，如果 $p_j \leftrightarrow q_b$ 匹配的点对支持数目小于一给定阈值 t_w，则表示 $p_j \leftrightarrow q_b$ 肯定不是一对匹配的点。将 $p_j \leftrightarrow q_b$ 的匹配标志设置为 0，即

match_flag[j][b]=0。

如果两个点模式 P 和 Q 最大匹配的点对数目是 k，则该 SR 算法可以在 $\{w_{j,b} \mid j=1,\cdots,m-k+1;b=1,\cdots,n\}$ 中寻找到最大的匹配点对支持。因此，SR 算法的计算复杂度为 $c \cdot n \cdot \mathrm{MPS}$，即 $c \cdot n \cdot (m-1) \cdot (n-1)$。其中，$c$ 是一个常量，$c=m-k+1$。

7.3 实验结果

为了测试算法性能，从南京大学活体指纹库(NJU-2000)中随机抽取出 100 枚指纹(每枚指纹有 10 幅不同的采样图像)。首先计算拒真率，每一枚手指的指纹样本 T_{ij}(模板指纹)与同一枚手指的其他采样图像 F_{ik}(待识指纹，$0 \leqslant j < k \leqslant 9$)进行匹配，总的匹配次数为$[(10\times9)/2]\times100=4500$ 次；然后计算授假率，每一枚手指的第一个指纹样本 T_{i0} 与同一指纹库中其他手指的第一个指纹样本 F_{k0}($0 \leqslant i < k \leqslant 109$)进行匹配，总的匹配次数为$(100\times99)/2=4950$ 次。

测试结果如表 7-1 所示。按照 7.2 节中的点模式匹配算法步骤，首先提取出模板指纹和待识指纹的特征点信息，然后求取两幅指纹图像的匹配基准点，最后给出实际的匹配结果。对这 100 枚指纹进行交叉比对，实验结果为：平均每次比对时间为 0.23s，错误拒绝次数为 42 次，错误识别次数为 0 次。因此拒真率和授假率分别为 0.93%和 0。以上结果充分反映了该算法对指纹采集噪声和形变有足够的适应能力。其中一对指纹的匹配过程如图 7-2～图 7-5 所示。

表 7-1　点模式匹配算法测试结果

平均比对时间/s	FNMR 匹配次数/次	FNMR/%	FMR 匹配次数/次	FMR/%
0.23	4500	0.93	4950	0

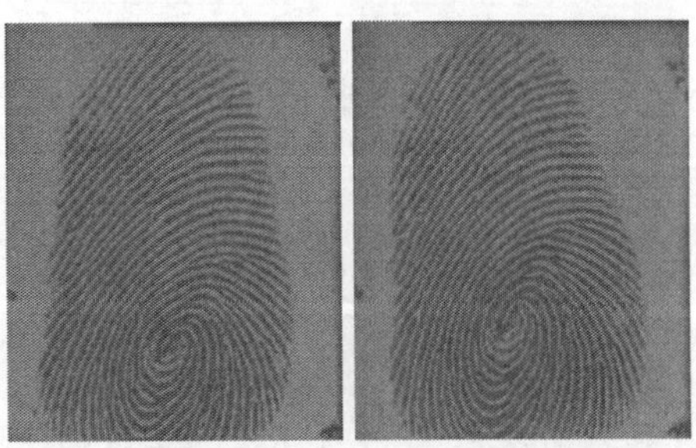

(a)模板指纹　(b)待识指纹

图 7-2　原始指纹图像

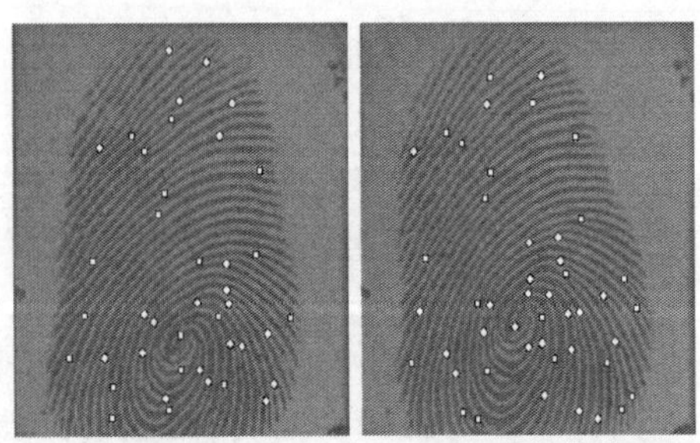

(a)模板指纹　(b)待识指纹

图 7-3　特征提取后的指纹图像

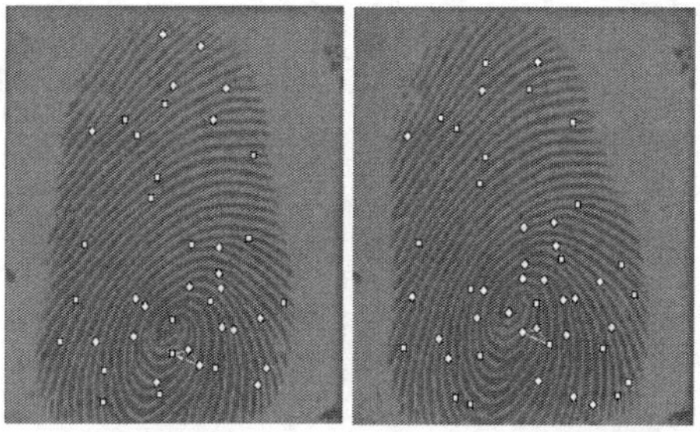

(a)模板指纹　(b)待识指纹

图 7-4　三角形定位

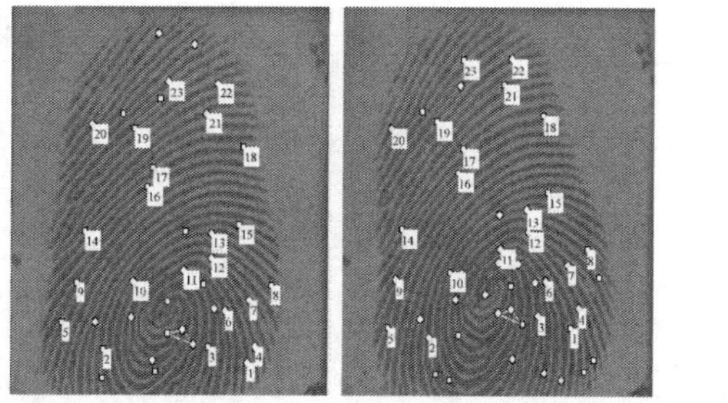

(a)模板指纹　(b)待识指纹

图 7-5　最终匹配结果

7.4　本章小结

本章设计了一种不依赖于图像中心区域的指纹匹配算法。这种算法根据三角形的基本性质确定可能的匹配基准点对,并在此基础上求取变换参数。实验结果表明,该算法能准确定位指纹匹配基准点对和求取变换参数,从而实现自动指纹识别系统的比对功能。该算法具有以下几个特点。

(1) 对图像平移表现出良好的适应性。

(2) 对图像旋转表现出良好的不变性。

(3) 对部分真正特征点的丢失和伪特征点的出现表现出一种适应性。

(4) 虽然计算量大,运算速度较慢,但基本满足系统要求。

另外,在实验过程中发现以下情况无法实现正确匹配。

(1) 当所采集的指纹图像质量很差时,由于噪声干扰太强,前端的细节特征提取算法性能急剧下降,检测到大量伪特征点而丢失了许多真正特征点。在这种情况下,为了提高算法容错性,除了考虑改进前端的细节特征提取算法外,拟采用 4 点(甚至 5 点)组成多个三角形,从中寻找一对匹配度最高的三角形,在此条件下求取变换参数。

(2) 当来自同一根手指的两枚指纹图像重合区域很小时,此时能匹配的特征点数目太少,无法达到准确匹配的需要。在这种情况下,算法本身已经很难解决,最简单的办法就是重新采集指纹图像。

(3) 当两次采集到的指纹图像形变太大时,也容易形成拒识。考虑在算法中加入一个局部形变系数,在一定程度上可以补偿由于形变所造成的位置偏移,提高算法的适应性。

参考文献

[1] Ansari N, Chen M H, Hou E S H. A genetic algorithm for point pattern matching//Soucek

B, IRIS Group. Dynamic, Genetic and Chaoti Programming, John Wiley&Sons, 1992.

[2] Gold S, Rangarajan A. A graduated assignment algorithm for graph matching. IEEE Transactions on Pattern Analysis and Machine Intelligence, 1996, 18(4): 377-388.

[3] Starink J P P, Backer E. Finding point correspondence using simulated annealing. Pattern Recognition, 1995, 28(2): 231-240.

[4] Ratha N K, Karu K, Chen S, et al. A real-time matching system for large fingerprint database. IEEE Transactions on Pattern Analysis and Machine Intelligence, 1996, 18(8): 799-813.

[5] Scott G L, Longuet-Higgins H C. An algorithm for associating the features of two images. Proceedings of the Royal Society of London, 1991, 244: 21-26.

[6] Hoshino Y, Asai K, Kato Y, et al. Automatic reading and matching for single fingerprint identification//Proceedings of the 65th International Association for Identification Conference, Ottawa, 1980: 1-7.

[7] Atick J, Griffin P, Redlich A. Statistical approach to shape from shading: reconstruction of three-dimensional face surfaces from single two-dimensional images. Neural Computation, 1996, 8(6): 1321-1340.

[8] Bahuguna R. Fingerprint verification using hologram matched filterings//Proceedings of the Biometric Consortium Eighth Meeting, San Jose, 1996.

[9] Isenor D K, Zaky S G. Fingerprint identification using graph matching. Pattern Recognition, 1986, 19(2): 113-122.

[10] Hrechak A K, Mchugh J A. Automated fingerprint recognition using structural matching. Pattern Recognition, 1990, 23(8): 893-904.

[11] Vinod V V, Ghose S. Point matching using asymmetric neural networks. Pattern Recognition, 1993, 26(8): 1207-1214.

[12] 漆远,田捷,邓翔. 基于遗传算法的指纹图匹配算法及应用. 软件学报, 2000, 11(4): 488-493.

[13] Stockman G, Kopstein S, Benett S. Matching images to models for registration and object detection via clustering. IEEE Transactions on Pattern Analysis and Machine Intelligence, 1982, 4(3): 229-241.

[14] Ballard D H. Generalized the Hough transform to detect arbitrary patterns. Pattern Recognition, 1981, 13(2): 111-122.

[15] Chang S H, Cheng F H, Hsu W H, et al. Fast algorithm for point pattern matching: invariant to translations, rotations and scale changes. Pattern Recognition, 1997, 30(2): 311-320.

第8章　基于纹线跟踪的指纹分类

在辨识(identification)模式下的自动指纹识别系统中,为完成一次自动识别,待识指纹需要与样本数据库中大量的模板指纹逐一进行比对。当样本数据库的容量非常大时,这种识别是极其耗时的。因此,为了减少搜索时间和计算复杂度,必须把样本数据库中的指纹分为几个类别,将属于不同类别的模板指纹分别保存在不同的子数据库里,待识指纹只需与属于同一类别子数据库中的模板指纹逐一进行比对。指纹分类就是根据指纹的整体结构特征将指纹分别归属到几个预先设定的类别中。从某种意义上讲,指纹分类也是一次粗匹配过程(相对于细匹配,基于细节特征点的匹配),它虽然不能唯一地识别一枚指纹,但在确定两枚指纹不匹配的过程中是非常有用的,且识别速度快[1]。例如,环型指纹只能和环型指纹匹配,它是不可能和拱型指纹相匹配的。实际上,指纹分类为自动指纹识别系统提供了一个索引机制。

常见的指纹分类方法有结构法、句法、统计法、人工神经网络法以及混合方法等,但由于它们算法本身的特点和指纹图像特有的结构特征,都有一些不利条件,最为明显的就是无法解决指纹图像中的噪声问题。例如,结构法严重依赖指纹图像的奇异点(core 点和 delta 点)进行分类,但对于噪声干扰比较严重的指纹图像,可能无法准确提取出这两类特征点,此时该方法失效。句法和人工神经网络法虽然利用纹线图像的方向场进行分类,但它们易受到同一类别内部指纹纹线方向改变的影响,只在固定位置和方向场状态下有效。在此基础上,文献[2]提出了一种新的指纹分类方法,它不以指纹奇异点作为分类的必要手段,而是使用 B 样条插值算法对指纹纹线进行插值[3-5],用 B 样条曲线模拟指纹脊线,得到指纹图像的大致几何骨架,然后再根据拐点的个数和相应的插值点进行分类。这种方法不易受到噪声的影响,且具有一定的平移和旋转不变性,缺点是时间复杂度较高,计算量较大。

不同于文献[2]的算法,本章提出了一种基于纹线跟踪的指纹分类方法,充分利用了指纹图像的方向信息,将纹线跟踪和指纹分类联系起来。首先在第 6 章的基础上,使用纹线跟踪算法[6-8]进行指纹图像模式区附近的纹线跟踪,从中找出一条跟踪曲线,并勾画出模式区的几何形状,然后再根据该跟踪曲线的有关参数进行分类。由于指纹类别是由模式区的纹线形状决定的,且并不要求跟踪的结果十分精确,只要大致代表模式区形状即可,所以本算法具有一定的可信度,方法简单且速度较快。

8.1　指纹图像模式区

8.1.1　模式区的定义

指纹分类是根据指纹纹线的全局结构模式进行的。人们经大量统计发现，虽然指纹纹线的全局结构模式因人而异，但变化的种类是很有限的。这表明把所有指纹分别归属于几个有限的不同类别是可能的，从而奠定了指纹分类的理论基础。就指纹分类而言，人们感兴趣的只是指纹图像的一部分区域，即模式区。模式区是由典型线围绕而成的指纹区域，而典型线指的是指纹中形成圆形或环绕趋势的最内层纹线。模式区包括了指纹的总体特征，它的不同形状确定了指纹的不同类别。因此，通过跟踪模式区纹线可以对指纹进行分类。

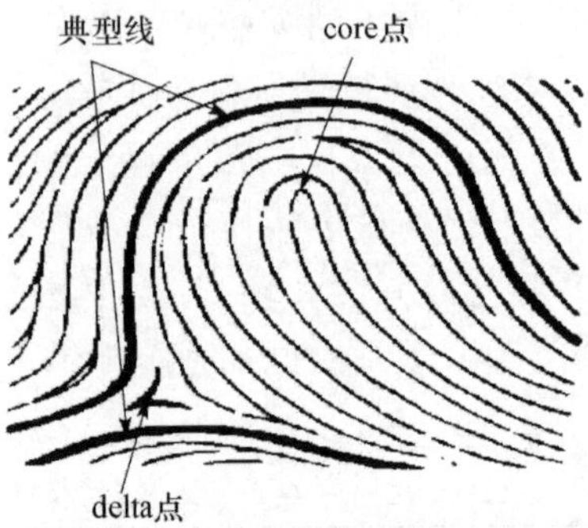

图 8-1　典型线和模式区示意图

图 8-1 是典型线和模式区示意图。

8.1.2　模式区的定位

在进行纹线跟踪前首先要定位指纹图像的模式区。本算法根据奇异点(这里主要是 core 点)的位置确定模式区。有关奇异点的求取方法在文献[9]中有详细描述，此处不再赘述。以奇异点为中心画一个 40×40 像素的正方形区域，作为指纹图像的模式区。

8.1.3　模式区纹线跟踪

利用纹线跟踪算法[8]进行模式区内的纹线跟踪，其算法步骤描述如下。

第 1 步　将模式区指纹图像分块，分别计算每块的灰度方差，并从大到小排序，得到模式区图像块序列。依次寻找每块图像的灰度值最小点(图像上的最暗点)，作为跟踪起始点。经计算，对于分块尺寸为 8×8 的指纹图像，共有 25 个跟踪起始点。

第 2 步　选取跟踪步长为 2 个像素点，利用第 6 章介绍的纹线跟踪算法对每一个跟踪起始点进行正反方向纹线跟踪，并依次记录各跟踪点。跟踪完毕后得到模式区的十几条非光滑跟踪曲线。重新对每一条跟踪曲线上的所有跟踪点进行排序，使其序号的排列顺序与纹线流向相吻合，记为 $P_{i1}, P_{i2}, \cdots, P_{in}$ $(i=2,3,\cdots,m, m\leqslant 25)$。其中，$i$ 代表曲线编号，n 为每条跟踪曲线的跟踪点数目，m 为最大跟踪曲线数目。每条跟踪曲线由 $n-1$ 条前后连接的线段组成。

第 3 步　对每一条跟踪曲线，计算所有相邻线段的方向之差，从中找出一个最大值$\max_{\theta i}$，$(i=2,3,\cdots,m)$，代表该曲线的最大弯曲程度。

第 4 步　在所有跟踪曲线中，选择一条跟踪点数目 $n>50$ 且 $\max_{\theta}$ 最大的跟踪曲线，用它来模拟模式区纹线的形状。为方便后面的分类，对所有跟踪点进行离散采样，从该曲线的第一个跟踪点开始，依次连接 P_1 和 P_4，P_7 和 P_{10}，…，P_{6t+1} 和 P_{6t+4}，…$\left(t=0,1,2,\cdots,\left[\frac{n-4}{6}\right]\right)$（符号[]代表向下取整），形成一系列叠加在原始指纹图像上的矢量线段 $\overrightarrow{P_1P_4}$，$\overrightarrow{P_7P_{10}}$，…，$\overrightarrow{P_{6t+1}P_{6t+4}}$，…，则该曲线可以由这 $N(N=[(n-4)/6]+1)$ 条有序的矢量线段来表征。记录每条线段的跟踪方向（$0\sim2\pi$）。

下面定义并计算一些曲线参数，用于后面的分类。

记 $\Omega_1\sim\Omega_4$ 分别表示方向在第一至第四象限的矢量的集合。用“线段的方向”$\overrightarrow{P_{6t+1}P_{6t+4}}\left(t=0,1,2,\cdots,\left[\frac{n-4}{6}\right]\right)$代表纹线跟踪的方向，设 φ_p 为前一个线段的方向，φ_r 为后一个线段的方向。其中

$$\Omega_n=\{\text{方向在第 } n \text{ 象限的矢量}\},n=1,2,3,4$$

$$\varphi_p,\varphi_r\in\overrightarrow{P_{6t+1}P_{6t+4}},\quad t=0,1,2,\cdots,\left[\frac{n-4}{6}\right]$$

(1) 线段方向差 θ_d。

θ_d 用于描绘线段方向改变的剧烈程度。依次计算跟踪曲线上相邻两条线段的方向差，如遇到水平或垂直方向的线段，则跳至下一条非水平或垂直的线段，计算它们的方向差。其计算方法为

$$\theta_d=\begin{cases}\varphi_p+(2\pi-\varphi_r), & \varphi_p\in\Omega_1,\varphi_r\in\Omega_4\\(2\pi-\varphi_p)+\varphi_r, & \varphi_p\in\Omega_4,\varphi_r\in\Omega_1\\|\varphi_p-\varphi_r|, & \text{其他}\end{cases}\tag{8-1}$$

(2) 拐点。

拐点是描述曲线形状改变的“临界点”。如果前后两条线段方向 φ_p、φ_r 满足下面几种情况之一，且 $\theta_d>\theta_T$，则表示经过一个拐点。其中，θ_T 为某一角度阈值。

在下列条件下形成水平方向拐点：①$\varphi_p\in\Omega_1$ 且 $\varphi_r\in\Omega_4$；②$\varphi_p\in\Omega_2$ 且 $\varphi_r\in\Omega_3$；③$\varphi_p\in\Omega_3$ 且 $\varphi_r\in\Omega_2$；④$\varphi_p\in\Omega_4$ 且 $\varphi_r\in\Omega_1$。

在下列条件下形成垂直方向拐点：①$\varphi_p\in\Omega_1$ 且 $\varphi_r\in\Omega_2$；②$\varphi_p\in\Omega_2$ 且 $\varphi_r\in\Omega_1$；③$\varphi_p\in\Omega_3$ 且 $\varphi_r\in\Omega_4$；④$\varphi_p\in\Omega_4$ 且 $\varphi_r\in\Omega_3$。

另外，假设满足条件的拐点数为 count。

(3) 拐点处线段方向变化参数。

设拐点处前后线段方向分别沿顺时针和逆时针变化的拐点的个数分别为 m、n，其在所有拐点中所占概率分别为 P_m、P_n。用来统计曲线中拐点的类型及相应个数。

顺时针变化情况为①$\varphi_p\in\Omega_1$ 且 $\varphi_r\in\Omega_4$；②$\varphi_p\in\Omega_3$ 且 $\varphi_r\in\Omega_2$；③$\varphi_p\in\Omega_2$ 且

$\varphi_r \in \Omega_1$；④$\varphi_p \in \Omega_4$ 且 $\varphi_r \in \Omega_3$。此时有

$$P_m = \frac{m}{\text{count}} \tag{8-2}$$

逆时针变化情况为①$\varphi_p \in \Omega_2$ 且 $\varphi_r \in \Omega_3$；②$\varphi_p \in \Omega_4$ 且 $\varphi_r \in \Omega_1$；③$\varphi_p \in \Omega_1$ 且 $\varphi_r \in \Omega_2$；④$\varphi_p \in \Omega_3$ 且 $\varphi_r \in \Omega_4$。此时有

$$P_n = \frac{n}{\text{count}} \tag{8-3}$$

(4) 线段方向概率。

方向分别在第一至第四象限的线段在所有曲线线段 N 中所占的概率 P，用于描绘曲线的大致轮廓。设 sum1、sum2、sum3、sum4 分别代表各方向线段的数目，则

$$\mathrm{P}_1 = \frac{\text{sum1}}{N}, \quad \mathrm{P}_2 = \frac{\text{sum2}}{N}, \quad \mathrm{P}_3 = \frac{\text{sum3}}{N}, \quad \mathrm{P}_4 = \frac{\text{sum4}}{N} \tag{8-4}$$

8.2 基于纹线跟踪的指纹分类

前面介绍的指纹分类系统，都是根据奇异点类型、位置和个数进行分类的，但这些分类方法过分依赖奇异点的求取。如果不能正确提取出奇异点，则直接导致分类失败。在此采用一种全新的分类方法，根据 8.1.3 节所得的模式区曲线的拐点个数 count，线段方向差 θ_d，拐点处线段方向变化参数 m、n、P_m、P_n 以及线段方向概率 P 进行分类，分为以下 6 种类型：旋涡型(whorl)、双环型(double loop)、左环型(left loop)、右环型(right loop)、尖拱型(fented arch)和(平)拱型(plain arch)。

不同类型的指纹图像，其模式区纹线形状各不相同，由此得到的模式区跟踪曲线也有很大差别。这是经过大量观察和实验得出的结论。本分类算法的分类思想是，旋涡型指纹应至少有 4 个或 4 个以上拐点，且拐点处线段方向同为顺时针或同为逆时针变化；双环型指纹拐点数可能为 2 个、3 个和 4 个，这种类型的指纹既有顺时针方向变化的拐点，又有逆时针方向变化的拐点(相对同一跟踪方向)；左环型指纹有 1 个或 2 个拐点，拐点处线段沿顺时针方向或逆时针方向变化(依据跟踪方向不同)。同时，根据该类型指纹的特点，在跟踪曲线的所有线段中，方向在第一象限和第三象限的线段数目大致相等，且它们的总和在所有线段中占大多数；右环型指纹拐点情况同左环型指纹，只是它的方向在第二象限和第四象限的线段数目大致相等且总和占大多数。用这种方法判别左环型和右环型指纹，能够保持一定的旋转不变性(角度在 30°范围内)。

图 8-2 是指纹分类示意图。尖拱型和拱型指纹只有一个拐点，当在其拐点处沿两个相反方向同时跟踪此曲线段时，所形成的方向角是发散的[图 8-2(e)、图 8-2(f)，条件 1]。而此时对于左环型和右环型指纹，这两个方向应基本平行[图 8-2(c)、图 8-2(d)，条件 2]。用这种方法区分环型和尖拱型，主要是考虑到

指纹采集过程中可能会有一些角度偏转。对正常采集下来的尖拱型和(平)拱型指纹,它们的方向在第一、第四象限或第二、第三象限的线段数目大致相等,且这些线段的总和在所有线段中占大多数。所不同的是,尖拱型指纹在拐点处线段方向变化较剧烈,而拱型指纹则较平缓。另外,拱型指纹也可能没有拐点。对于不满足以上几种情况的指纹,列为无法分类。

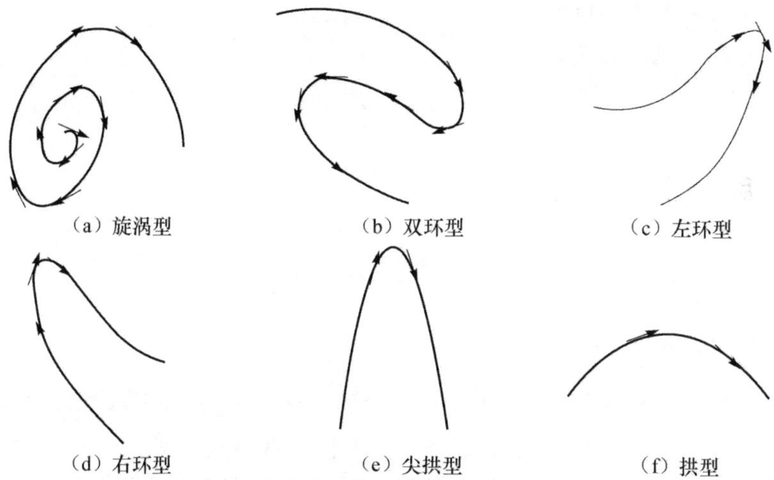

(a) 旋涡型　(b) 双环型　(c) 左环型　(d) 右环型　(e) 尖拱型　(f) 拱型

图 8-2　指纹分类示意图

基于模式区纹线跟踪的指纹分类算法描述如下。

(1) 若 count>4,$P_m=1$ 或 $P_n=1$,为旋涡型。

(2) 若 count=4,则

① $m=4,n=0$ 或 $m=0,n=4$,为旋涡型;

② $m=2,n=2$,为双环型。

(3) 若 count=3,$m=2$ 或 $n=2$,为双环型。

(4) 若 count=2,则

① $m=1,n=1$,为双环型;

② $m=2$ 或 $n=2$,

a. 条件 2:

(a) $|P_1-P_3|<0.2,P_1+P_3>0.8$,为左环型;

(b) $|P_2-P_4|<0.2,P_2+P_4>0.8$,为右环型。

b. 条件 1,为尖拱型。

(5) 若 count=1

① 条件 2:

(a) $|P_1-P_3|<0.2,P_1+P_3>0.8$,为左环型;

(b) $|P_2-P_4|<0.2, P_2+P_4>0.8$，为右环型。

② 条件1：

(a) $\theta_d \geqslant \pi/2$，为尖拱型；

(b) $\theta_d<\pi/2$，为拱型。

③ $|P_1-P_4|<0.2, P_1+P_4>0.8$ 或 $|P_2-P_3|<0.2, P_2+P_3>0.8$，

(a) $\theta_d \geqslant \pi/2$，为尖拱型；

(b) $\theta_d<\pi/2$，为拱型。

(6) 若 count=0，

① 条件1，为拱型；

② $|P_1-P_4|<0.2, P_1+P_4>0.8$ 或 $|P_2-P_3|<0.2, P_2+P_3>0.8$，为拱型。

8.3　实验结果及算法测试

8.3.1　实验结果

选用南京大学活体指纹库(NJU-2000)的指纹图像进行研究，指纹图像采集分辨率为500dpi，大小为320×320像素的256色灰度图像。图8-3是各种类型指纹图像模式区的纹线跟踪结果。各跟踪曲线中，对所有跟踪点进行了离散取样，形成一系列矢量线段。“·”表示经过一个拐点。

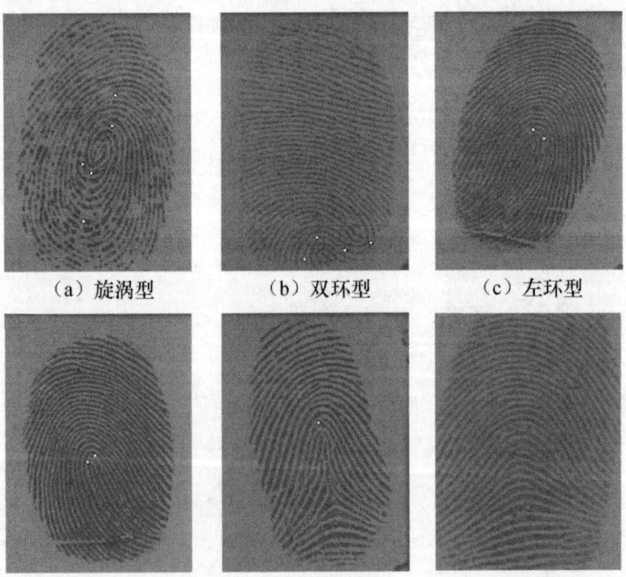

(a) 旋涡型　(b) 双环型　(c) 左环型

(d) 右环型　(e) 尖拱型　(f) 平拱型

图8-3　各种类型指纹图像模式区纹线跟踪结果

8.3.2　算法测试

为测试本分类算法的性能，从南京大学活体指纹库（NJU-2000）中选取 500 幅指纹图像。这些指纹图像分别从 50 个人的不同手指上采集，每根手指采集 1 幅，图像质量均较好。其中，旋涡型有 162 枚（占 32.4%），双环型有 33 枚（占 6.6%），左环型有 144 枚（占 28.8%），右环型有 127 枚（占 25.4%），尖拱型有 10 枚（占 2%），拱型有 24 枚（占 4.8%）。算法的各类别分类结果如表 8-1 所示，误识率为 6.4%，误拒率为 0.8%。

表 8-1　6 类型指纹分类结果

分类结果 \ 类型分布	旋涡型	双环型	左环型	右环型	尖拱型	拱型
旋涡型	156	2	1	2	0	1
双环型	2	28	1	1	0	0
左环型	1	0	138	1	1	0
右拱型	1	1	1	121	1	1
尖拱型	0	1	2	1	5	2
拱型	0	0	1	1	2	20
无法分类	2	1	0	0	1	0

实验结果表明，基于纹线跟踪的指纹分类算法能够对指纹进行正确分类，并可达到一定的分类精度，主要特点如下。

（1）分类速度较快。由于该分类算法是基于灰度指纹图像直接进行的，没有经过二值化、细化等过程，省略了不少中间步骤，所以所需时间较少。

（2）算法简单易行，性能可靠。

（3）对指纹图像质量的适应性较差。

另外，分类效果依赖于纹线跟踪的准确性。当指纹图像质量较差时，算法性能下降。

8.4　本章小结

指纹分类的主要目的是为大型数据库的自动指纹识别提供一种索引机制，减少试匹配次数，提高识别速度和准确度。本章在分析、研究现有指纹分类算法的基础上，提出了一种基于模式区纹线跟踪的指纹分类方法。该方法不以指纹图像的奇异点作为分类必要手段，而是利用指纹图像的方向信息，基于灰度指纹图像直接跟踪模式区纹线。然后定义了一些曲线参数，并根据跟踪到的模式区曲线及相应参数进行分类。

分类结果表明，该算法简单易行，运算速度快，可以达到一定的分类准确率。但随着指纹图像采集的质量降低，算法性能下降较快。另外，对于本算法，纹线跟踪是实现正确分类的前提和基础，如何准确定位指纹模式区及正确描绘模式区纹线形状，也是今后研究工作的重点之一。

参考文献

[1] 程建刚，田捷，任群，等. 基于奇异点的指纹分类. 第六届国际青年计算机工作者会议暨第二届生物特征识别研讨会，杭州，2001：S4-27-S4-34.

[2] Chong M M S, Tan H N, Jun L, et al. Geometric framework for fingerprint image classification. Pattern Recognition, 1997, 30(9): 1475-1488.

[3] Chong M M S, Gay R K L, Tan H N, et al. Automatic representation of fingerprints for data compression by B-pline functions. Pattern Recognition, 1992, 25(10): 1199-1210.

[4] Chong M M S, Gay R K L, Tan H N, et al. Fingerprint image compression using B-pline. Proceedings of the 4th International Symptom, 1991: 607-613.

[5] Chong M M S, Gay R K L, Tan H N, et al. A better way to compress digitized fingerprint images. Proceedings of the IT Works'91: The Next Generation Singapore, 1991: 67-78.

[6] Maio D, Maltoni D. Direct gray-scale minutiae detection in fingerprints. IEEE Transactions on Pattern Analysis and Matching Intelligence, 1997, 19(1): 27-40.

[7] Jiang X, Yau W Y, Ser W. Detecting the fingerprint minutiae by adaptive tracing the gray-level ridge. Pattern Recognition, 2001, 34(5): 999-1013.

[8] 杨小冬，宁新宝，谭台哲. 基于纹线跟踪的指纹细节提取算法. 计算机应用，2004，24(3)：75-78.

[9] 谭台哲，宁新宝，尹义龙，等. 一种指纹图像奇异点检测的方法. 软件学报，2003，14(6)：1082-1088.

第9章 基于类拐点特征向量的多层次指纹分类

自动指纹识别技术是利用人类指纹的唯一性，通过对指纹图像的采集、预处理和细节特征提取，并与样本数据库中的模板指纹相匹配来实现指纹识别的。随着网络的发展和自动指纹识别技术的广泛使用，人们对指纹识别的实时性和准确性的要求也越来越高。指纹分类技术的引入使待识指纹只需根据索引提供的分类信息在相应的子数据库中检索，从而极大地减少了待识指纹搜索的时间和空间，提高了匹配速度[1-3]。但指纹分类类别数越多，指纹匹配的搜索空间就越小，从而也容易引发类间特征边界的模糊，造成分类准确率下降。因此，如何真正实现指纹准确一致而又精细的实时分类，是目前自动指纹识别技术中的重要课题，也是许多国内外学者研究的热点。

解决这个问题的关键，一是重新考虑如何提取和选择最能反映指纹本质的分类特征，构成新的特征向量；二是必须确定一个最小分类错误和最低决策代价的分类策略。分类准确度和类别数看起来是相互制约的，但如果能通过引入新的特征向量，在不同维数的特征空间、不同层次上进行分类，就能解决这个矛盾。

第8章介绍了一种基于模式区纹线跟踪的指纹分类算法，较大程度提高了指纹分类速度。本章从"特征向量"的角度研究指纹分类问题，定义并成功提取了一种反映指纹方向场变化特点和规律的新的特征向量——类拐点特征向量(inflexion-like eigenvector)。以类拐点特征向量和模式区方向场作为分类特征，以多层次树结构为分类决策规则，结合从类拐点集中提取的指纹核心点(core点)进行判断，使不同类型的指纹在不同层次、不同特征空间都线性可分，从而获得了最大类间距离和最小类内方差。在高维数比率样本的测试条件下，分类准确率达到99%以上，对低质量指纹图像也同样具有良好的鲁棒性。

目前的指纹分类体系主要有常用的4分类、Herny等提出的5分类及其变异的6分类。用于指纹分类的特征[4]主要有方向场、几何形态和奇异点(core点和delta点)。分类方法主要有结构法(structure method)、统计法(statistics method)、句法(syntactic method)、神经网络法(nerve network method)以及综合法(comprehensive method)。同第8章，本章同样采用Herny的变异6分类体系，将指纹分为旋涡型、双环型、左环型、右环型、尖拱型和(平)拱型等6类。

9.1 指纹分类系统结构

9.1.1 指纹分类系统结构设计

基于类拐点特征向量的多层次指纹分类系统结构由 4 部分组成，其系统结构如图 9-1 所示。

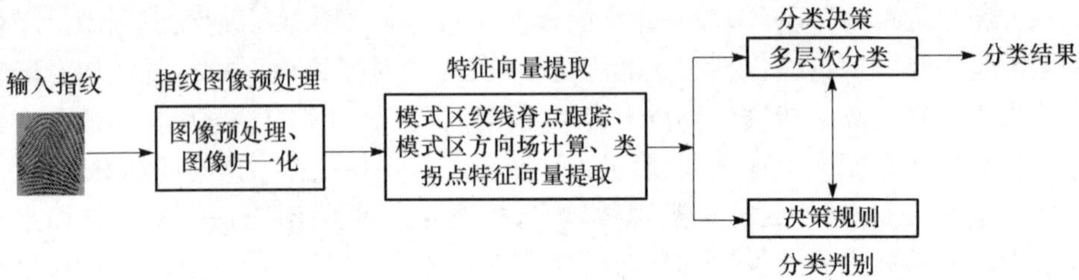

图 9-1 指纹分类设计结构框图

1. 指纹图像预处理模块

该模块包括图像预处理和图像归一化。

图像预处理：此处的预处理是对输入的指纹图像进行噪声去除、高低帽变换和自适应滤波[5,6]等操作，然后进行二值化运算，以获取高清晰度的二值指纹图像。详细的预处理过程这里不再赘述。

图像归一化：包括几何处理和姿态校正，以指纹图像的几何中心(r_0, c_0)为中心点，对一幅 320×320 像素的指纹图像进行切割，获取 180×160 像素的归一化指纹图像。

2. 特征向量提取模块

该模块包括模式区纹线脊点跟踪、模式区方向场计算和类拐点特征向量提取。

模式区纹线脊点跟踪：跟踪模式区中每条纹线上的每个脊点，记录并显示跟踪轨迹，获取准确的模式区几何信息。

模式区方向场计算：对模式区纹线进行采样，取步长 $h_1=6$，计算模式区方向场并显示方向图（K 线图）。

类拐点特征向量提取：计算模式区指纹方向场中方向的变化量，提取类拐点特征向量及核心点。

3. 分类判别模块

决策规则采用分割解决的多层次分类法，即决策树的方法[7]。为提高分类速度，各层次间用分支语句进行转换。

4. 分类决策模块

采用多层次分类体系确定分类决策规则和各类阈值。利用指纹的基本特征点(core 点)进行第一层次分类，然后利用类拐点特征向量进行第二层次、第三层次分类，最后给出分类结果并输出信号。

9.1.2 类拐点特征向量的定义

分类体系确定以后，特征的选择问题就成为分类的核心问题。由先验知识可知，指纹的复杂性主要体现在模式区纹线方向的多变性和多分叉性，为了反映和表述指纹的这一特性，提出了类拐点特征向量这一新的概念。

在指纹方向场中，纹线方向变化的临界点定义为类拐点(para-inflexion)，用 p_{turn} 表示。变化角的大小称为类拐角(para-corner)，用 γ_{turn} 表示。类拐点和类拐角的示意图如图 9-2 所示。

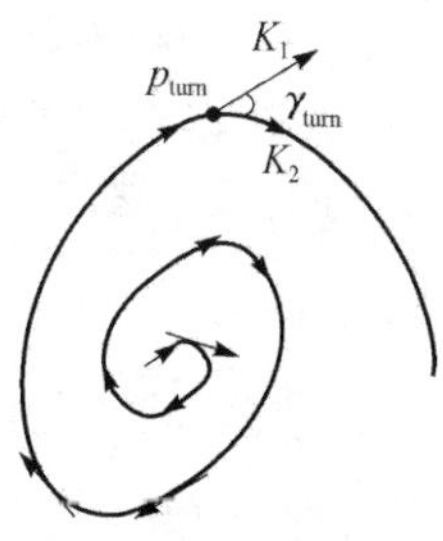

图 9-2　类拐点和类拐角示意图

图 9-2 中，K_1、K_2 分别表示经过 p_{turn} 前后跟踪点的斜率。依据类拐点两边纹线方向变化的方式，类拐角有 4 种形式。

(1) 由 $K_1>0$ 至 $K_2<0$ 方向变化的角称为 1 类类拐角，简称 1 类拐角，用 γ_{turn1} 表示。$K_1>0$ 至 $K_2<0$ 方向变化的临界点(γ_{turn1} 角的顶点)为 1 类类拐点，简称 1 类拐点，用 p_{turn1} 表示。

(2) 由 $K_1<0$ 至 $K_2>0$ 方向变化的角称为 2 类类拐角，简称 2 类拐角，用 γ_{turn2} 表示。变化的临界点即为 2 类类拐点，简称 2 类拐点，用 p_{turn2} 表示。

(3) 由 $K_1>0$ 至 $K_2>0$ 方向变化的角称为 3 类类拐角，简称 3 类拐角，用 γ_{turn3} 表示。变化的临界点即为 3 类类拐点，简称 3 类拐点，用 p_{turn3} 表示。

(4) 由 $K_1<0$ 至 $K_2<0$ 方向变化的角称为 4 类类拐角，简称 4 类拐角，用 γ_{turn4} 表示。变化的临界点即为 4 类类拐点，简称 4 类拐点，用 p_{turn4} 表示。

类拐角的 4 种形式如图 9-3 所示。

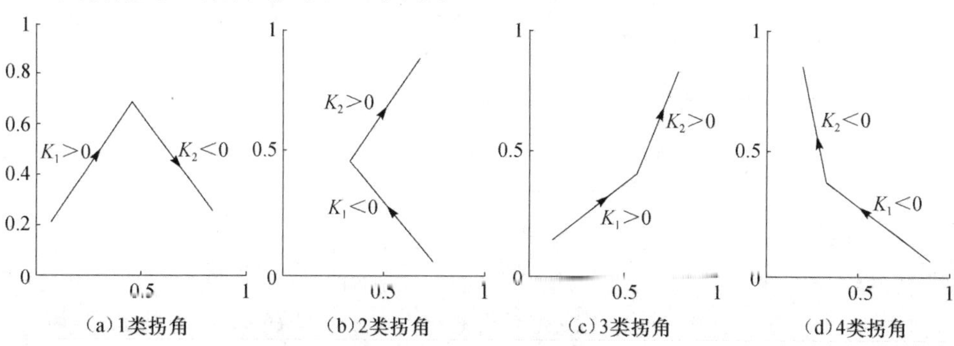

图 9-3　类拐角的 4 种形式

对于1类拐角和2类拐角，其拐角两边斜率 K_1 和 K_2 的大小和方向都发生了变化。对于3类拐角和4类拐角，其拐角两边斜率 K_1 和 K_2 只有大小的变化，没有方向的变化。

根据纹线中类拐点所处的位置以及相应拐角的大小和类型等，构成的类拐点特征向量在数学上可表示为

$$\boldsymbol{\varphi} = (\varphi_x, \varphi_y, \gamma, p, \cdots, \varphi^d)^{\mathrm{T}} \subset \boldsymbol{R}^d$$

式中，$\boldsymbol{\varphi}$ 是 d 维特征向量空间，φ_x、φ_y 分别表示类拐角水平和垂直方向的坐标，γ 表示类拐角的大小，p 表示对应的类拐点类型。

9.1.3 分类特征向量的提取

类拐点特征向量的提取是建立在纹线方向场检测基础上的。用 Ω 代表指纹类别体系，根据指纹类别体系 $C=6$，即 $\Omega=\{\Omega_1,\Omega_2,\Omega_3,\Omega_4,\Omega_5,\Omega_6\}$。设定原型类别：$\Omega_1$ 为尖拱型，Ω_2 为拱型，Ω_3 为左环型，Ω_4 为右环型，Ω_5 为旋涡型，Ω_6 为双环型。

现以 $\Omega_1(\Omega_1 \in \Omega)$类中的 $\Omega_w(\Omega_w \in \Omega_1)$尖拱型指纹为例，讨论指纹分类特征向量的提取方法。

1. 模式区纹线脊点 $P(x,y)$跟踪

设指纹 $\Omega_w(\Omega_w \in \Omega_1)$在模式区中共有 n 条纹线，其中第 i 条纹线的跟踪轨迹 $P_i(x,y)$由 m 个脊点组成，则

$$\begin{aligned} P_i(x) &= \{x_i^1, x_i^2, \cdots, x_i^m\}^{\mathrm{T}} \\ P_i(y) &= \{y_i^1, y_i^2, \cdots, y_i^m\}^{\mathrm{T}} \end{aligned} \tag{9-1}$$

$$\begin{aligned} P(x) &= \sum_{i=1}^{n} P_i(x) \\ P(y) &= \sum_{i=1}^{n} P_i(y) \end{aligned} \tag{9-2}$$

式中，x 和 y 分别对应于 $P(x)$、$P(y)$。

基于式(9-2)的模式区脊点跟踪轨迹 $P(x,y)$为图9-4中的白亮细实线，图中背景为原始指纹图像。

2. 模式区纹线方向场计算

模式区纹线方向场的计算方法为

$$k = \sum_{i}^{n} -\frac{\mathrm{diff}[P_i(y)]}{\mathrm{diff}[P_i(x)]} \tag{9-3}$$

式中，$\mathrm{diff}[P_i(y)]$、$\mathrm{diff}[P_i(x)]$是基于前向差分概念设计的，步长为 h_1。h_1 的取值必须适中。若取值过大，可能会丢失重要的跟踪点；若取值过小，则易受到噪声的干扰。本章中经实验确定，取$h_1=6$。

基于式(9-3)的模式区指纹方向场的 K 线图(间隔 6 个跟踪点相连形成的折线图)，如图 9-5 中黑细实线所示。

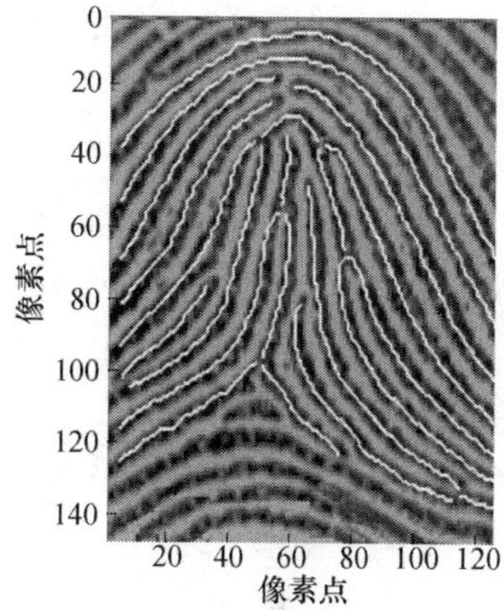

图 9-4　模式区脊点跟踪图(尖拱型指纹)

3. 类拐点特征向量提取

1) 类拐角向量

根据类拐角的定义，类拐角向量的计算公式为

$$\boldsymbol{\gamma}=\sum_{i=1}^{n}\mathrm{diff}[\arctan(k)] \tag{9-4}$$

式中，$\mathrm{diff}[\arctan(k)]$同样是基于前向差分概念设计的，一般取步长为 $h_2=1$。

2) 4 种形式类拐角的提取

设在 $\Omega_w(\Omega_w\in\Omega_1)$指纹模式区方向场的 K 线图上，第 k_i 条方向线上从起始端点至结束端点如果共有 q 个类拐点，则其中 1 类拐角、2 类拐角、3 类拐角和 4 类拐角的提取方式如下。

(1) 若$(k_i^j>0)\&(k_i^{j+1}<0)$，则为 1 类拐角，与 1 类拐角对应的顶点为 1 类拐点。

(2) 若$(k_i^j<0)\&(k_i^{j+1}>0)$，则为 2 类拐角，与 2 类拐角对应的顶点为 2 类拐点。

(3) 若$(k_i^j>0)\&(k_i^{j+1}>0)$，则为 3 类拐角，与 3 类拐角对应的顶点为 3 类拐点。

(4) 若$(k_i^j<0)\&(k_i^{j+1}<0)$，则为 4 类拐角，与 4 类拐角对应的顶点为 4 类拐点。

以上提取方式中，$i=1,2,\cdots,n$(n 为指纹模式区内 K 线数)，$j=1,2,\cdots,q$(q 为 k_i 方向线上总的类拐角数目)。

3) 类拐点 $\boldsymbol{p}_{\mathrm{turn}}(r,c)$的坐标

$$\boldsymbol{p}_{\mathrm{turn}}(r)=\sum_{i=1}^{n}\boldsymbol{p}_{i(\mathrm{turn})}(r)$$
$$\boldsymbol{p}_{\mathrm{turn}}(c)=\sum_{i=1}^{n}\boldsymbol{p}_{i(\mathrm{turn})}(c) \tag{9-5}$$

式中，$\boldsymbol{p}_{i(\mathrm{turn})}(r)=\{r_i^1,r_i^2,\cdots,r_i^q\}^{\mathrm{T}}$，$\boldsymbol{p}_{i(\mathrm{turn})}(c)=\{c_i^1,c_i^2,\cdots,c_i^q\}^{\mathrm{T}}$，$q=\left(\dfrac{m}{h_1}-a\right)$，$m$ 为第 i 条纹线上总的跟踪脊点数，步长 $h_1=6$，a 为前向差分的次数，这里 $a=2$。

基于式(9-4)和式(9-5)以及 4 种形式类拐点的先验概率，得到尖拱型指数 $\Omega_w(\Omega_w\in\Omega_1)$中 4 种形式类拐点的概率密度分布情况，如图 9-5 所示。

4 种类拐点的概率分布饼形图如图 9-6 所示。

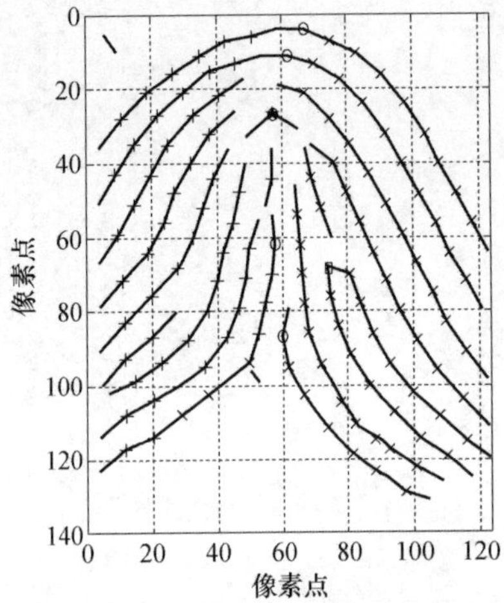

图 9-5　4 种类拐点的概率密度分布

*表示 core 点,◦表示 1 类拐点,▫表示 2 类拐点,
＋表示 3 类拐点,×表示 4 类拐点

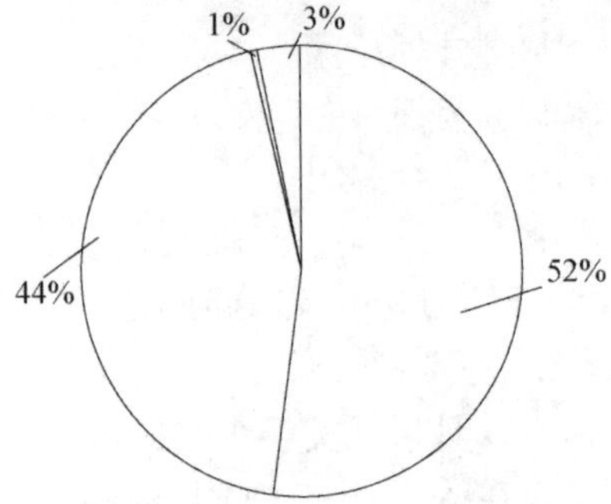

图 9-6　4 种类拐点概率饼形图

3%,1 类拐点;1%,2 类拐点;
44%,3 类拐点;52%,4 类拐点

对指纹图像集 $\Omega=\{\Omega_1,\Omega_2,\cdots,\Omega_C\}(C=6)$,取 $B=500$ 个样本,4 种形式的类拐点在 $C=6$ 类指纹中的平均概率密度频数直方图如图 9-7 所示。

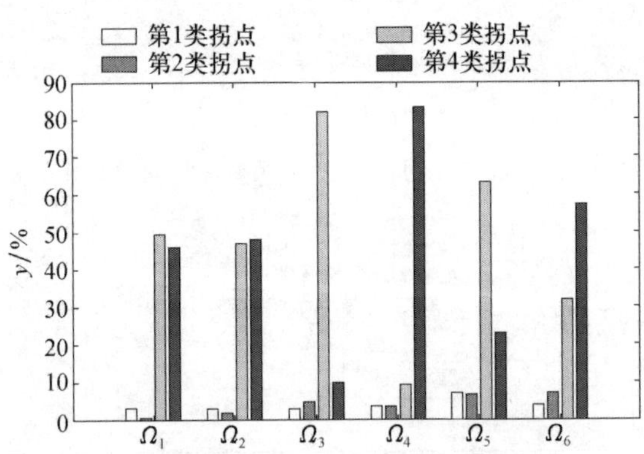

图 9-7　6 类指纹中的各类拐点概率频数直方图

Ω_1. 尖拱型;Ω_2. 拱型;Ω_3. 左环型;Ω_4. 右环型;Ω_5. 旋涡型;Ω_6. 双环型

4. 利用类拐点特征向量提取 core 点

core 点是指纹的基本特征,属于类拐点集。因此可从类拐点集中提取 core 点并准确定位。依据 Herny 对 core 点的定义[8]:core 点为指纹模式区中最内层纹线上曲率最大的点。根据此定义,纹线上曲率最大的点亦是纹线方向变化最大的点,

也就是最大 1 类拐角($\gamma_{max(turn1)}$)或最小 2 类拐角($\gamma_{min(turn2)}$)顶点所在的位置。从类拐点集中提取 core 点并定位可分两步完成。

1) 提取模式区最内层纹线

依据越靠近纹路渐进中心的纹线,其方向变化率的均值就越大的特点,最内层纹线应为各纹线方向变化率的均值$\overline{dk_i}$与总纹线方向变化率的均值$\overline{dk}$的最大差值,即

$$dk_{max} = \overline{dk_i} - \overline{dk} = \frac{1}{u}\sum_{j=1}^{u} k_i^j - \frac{1}{n \times u}\sum_{i}^{n}\sum_{j=1}^{u} k_i^j \tag{9-6}$$

式中,$i=1,2,\cdots,n$(n 为总纹线数),$j=1,2,\cdots,u$(u 为第 i 条纹线中的类拐点总数)。$\overline{dk_i}$即为第 i 条纹线的折线(K 线)斜率的平均值。

2) core 点的定位

对于拱型指纹 $\Omega_\omega(\Omega_\omega \in \Omega_2)$、左环型指纹 $\Omega_\omega(\Omega_\omega \in \Omega_3)$和右环型指纹 $\Omega_\omega(\Omega_\omega \in \Omega_4)$,其 core 点位于最内层纹线上最大上凸处的 1 类拐角最大值 $\gamma_{max(turn1)}$ 或 2 类拐角最小值 $\gamma_{min(turn2)}$ 的顶点处。注意取 $\gamma_{max(turn1)} \geqslant +\gamma_{th}$、$\gamma_{min(turn2)} \leqslant -\gamma_{th}$,其中 $+\gamma_{th}$ 和 $-\gamma_{th}$ 分别为 1 类拐角和 2 类拐角的阈值$\left(\gamma_{th} = \pm\frac{\pi}{3}\right)$;对于尖拱型指纹 $\Omega_\omega(\Omega_\omega \in \Omega_1)$,core 点位置如图 9-5 中的*所示,它与最内层纹线上的 $\gamma_{max(turn1)}$ 相重合;而对于螺旋型(包括旋涡型和双环型)指纹,由于在其最内层纹线上最大凹、凸处各有一个曲率最大点,即存在两个 core 点。其中,最大下凹处 core 点的定位方法与最大上凸处 core 点的定位方法相同。

利用上述方法提取的旋涡型指纹 $\Omega_\omega(\Omega_\omega \in \Omega_5)$和双环型指纹 $\Omega_\omega(\Omega_\omega \in \Omega_6)$的 core 点,分别如图 9-8 和图 9-9 所示。

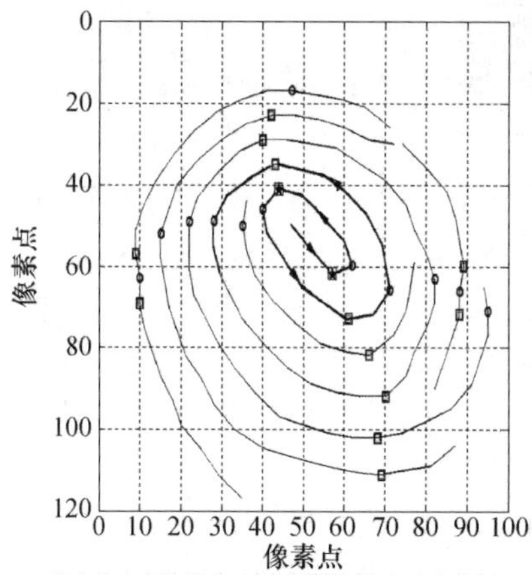

图 9-8　旋涡型指纹中 1 类拐点和 2 类拐点分布

*表示 core 点,◦代表 1 类拐点,▫代表 2 类拐点

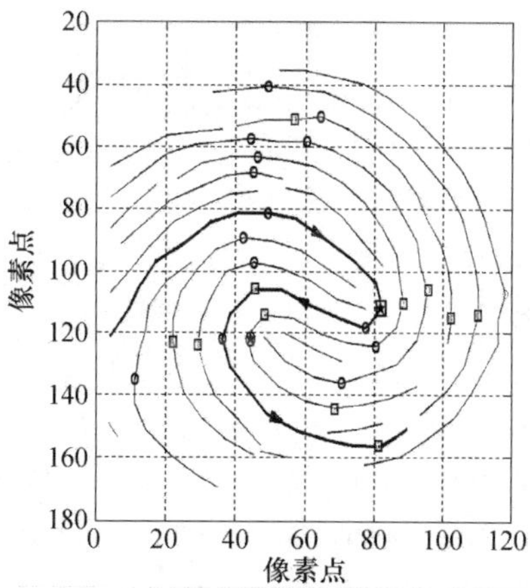

图 9-9　双环型指纹中 1 类拐点和 2 类拐点分布

*表示 core 点,◦代表 1 类拐点,▫代表 2 类拐点

9.2　决策分析与决策规则

设指纹图像集 $\Omega=\{\Omega_1,\Omega_2,\Omega_3,\Omega_4,\Omega_5,\Omega_6\}(C=6)$，为保证在 6 种分类判别中每个类别都是正态分布的，采用多层次树结构分类体系[9]。在树结构中，层次数 $L=3$，节点数 $N=C-1$。选择特征数 $T=C-1$，即每个节点上都有一个独立的特征和相应的判别规则，生成的多层次决策树结构如图 9-10 所示。

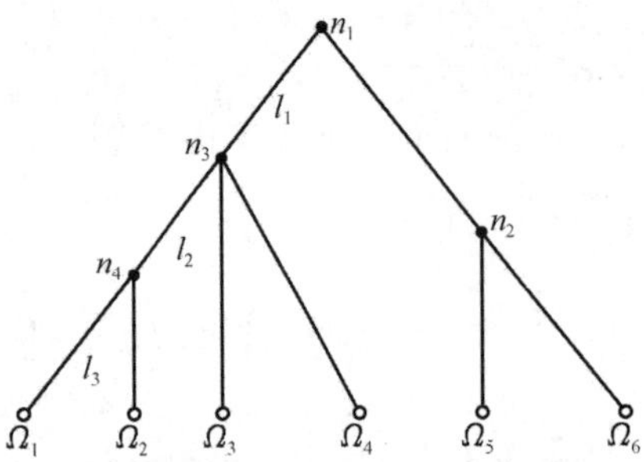

图 9-10　多层次树结构示意图

9.2.1　第一层次 l_1 与根节点 n_1

由于节点 n_1 为 l_1 层上的根节点，因此首先采用多个类别共有的基本特征 core 点，将螺旋型与非螺旋型分离。依据上述对 core 点的定位方法，只有螺旋型指纹的最内层纹线上可能存在两个或两个以上符合条件的 core 点，而其他类别指纹的最内层纹线上至多只有一个 core 点。按照指纹的这一基本特征，可将螺旋型指纹与其他类别的指纹分开。

决策规则：如果 $(\mathrm{core}\geqslant 2)\&\&[(\gamma_{\max(\mathrm{turn1})}\geqslant+\gamma_{\mathrm{th}})|(\gamma_{\min(\mathrm{turn2})}\leqslant-\gamma_{\mathrm{th}})]$ 条件成立，为螺旋型，否则为非螺旋型。

9.2.2　第二层次 l_2 与中间节点 n_2 和 n_3

1. 节点 n_2

节点 n_2 的作用是将螺旋型指纹中的旋涡型指纹与双环型指纹分离。由图 9-8 和图 9-9 可知，旋涡型与双环型指纹虽然都存在两个或两个以上的 core 点，但它们的纹线旋转规律截然不同。在旋涡型指纹中，所有纹线始终朝一个方向旋转，或顺时针或逆时针。而双环型指纹则不同，在同一条纹线中纹线旋转的方向是不断变化的，有时顺时针，有时逆时针。按照这一特性，只需检测旋涡型和双环型指纹中最内层纹线上最大凹、凸点的类拐点形式，如果最大凹、凸点同属 1 类拐点或 2 类拐点，则为旋涡型，否则为双环型。在图 9-8 中，有两个*与两个□重合，为旋涡型；而在图 9-9 中，有两个*分别与○和□重合，所以是双环型。

决策规则：如果 $(\mathrm{core1}\&\mathrm{core2})==1$，则为旋涡型，否则为双环型，节点 n_2 为终结节点。

2. 节点 n_3

节点 n_3 的作用是将尖拱型、拱型与左环型、右环型分离。图 9-7是用统计方法绘制的 6 类指纹中 4 种形式类拐点的平均概率直方图，它直观地表明：在尖拱型和拱型指纹中，3 类拐点数目和 4 类拐点数目的平均概率基本相等，分别为 44%～50%，并且相对 core 点基本上呈对称分布；在左环型指纹中，3 类拐点数目的平均概率为 75%以上，而 4 类拐点数目的平均概率仅为 10%以下；右环型指纹正好相反，3 类拐点数目的平均概率为 10%以下，而 4 类拐点数目的平均概率为 75%以上。据此特征，通过计算 3 类拐点数目平均概率 P_{turn3} 与 4 类拐点数目平均概率 P_{turn4} 的比值 g 的偏度 S[10]，即可将尖拱型、拱型与左环型、右环型分开。

偏度 S 的计算方法为

$$S=\frac{E(g-\mu)^3}{\sigma^3} \tag{9-7}$$

而

$$g=\begin{cases}\dfrac{P_{\text{turn3}}}{P_{\text{turn4}}}, & P_{\text{turn3}}\geqslant P_{\text{turn4}}\\[2mm] -\dfrac{P_{\text{turn4}}}{P_{\text{turn3}}}, & P_{\text{turn3}}<P_{\text{turn4}}\end{cases} \tag{9-8}$$

式中，μ 为 g 的期望值(取 $\mu=1$)，σ 为标准差。由式(9-8)可知，当 $P_{\text{turn3}}=P_{\text{turn4}}$ 时，比值 $g=1$，偏度 $S=0$；当 $P_{\text{turn3}}\neq P_{\text{turn4}}$ 时，偏度 $S\neq0$；当比值 $g=2.5$ 时，偏度 $S=2.25$。尖拱型、拱型与左环型、右环型偏度的计算结果如图 9-11 所示，图中的维数比率 $\dfrac{N}{T}=50$(样本数 $N=150$，维数 $T=3$，维数比率的定义见参考文献[7])。

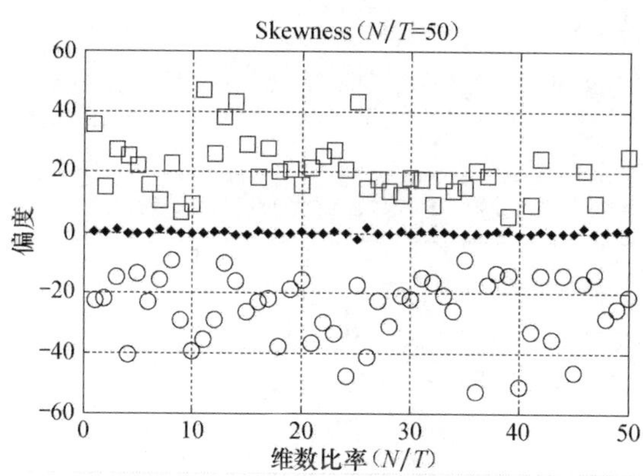

图 9-11　维数比率图

□左环型；○右环型；◆尖拱型或拱型

由此可得节点 n_3 的决策规则：$-2.25\leqslant S\leqslant+2.25$ 时，为尖拱型或拱型；$S>+2.25$ 时，为左环型；$S<-2.25$ 时，为右环型。

9.2.3　第三层次 l_3 与中间节点 n_4

节点 n_4 的作用是将尖拱型指纹与拱型指纹分离。由于在模式区内，尖拱型指纹纹线斜率的均值远远大于拱型指纹纹线斜率均值。依据这一特征，通过计算和比较尖拱型与拱型的均方差，即可将尖拱型与拱型分开。

斜率样本的均方差为

$$S^2 = \frac{1}{N}\sum_{l=1}^{N}(k_l - \bar{k})^2, \quad k_l = \sum_{i=1}^{n}\sum_{j=1}^{q} k_{ij} \tag{9-9}$$

式中，$\bar{k}$ 为所有样本斜率的期望值，经实验验证，取 $\bar{k}=30$。k_l 为第 l 枚指纹的 K 线平均斜率。q 的定义见式(9-5)，其中，a 取 1，N 为样本总数。

节点 n_4 的决策规则：若 $S^2 \geqslant 200$，为尖拱型指纹，否则为拱型指纹，节点 n_4 为终结节点。

9.3 实验结果及分析

9.3.1 实验结果

选用南京大学活体指纹库(NJU-2000)的指纹作为研究对象，从库中选取 500 幅指纹图像，图像质量均较好。这些指纹图像分别从 50 个人的不同手指上采集，每根手指采集一幅。图像采集分辨率为 500dpi，大小为 320×320 像素的 256 色灰度图像，共包括以下几种类型：旋涡型 162 枚(占 32.4%)，双环型 33 枚(占 6.6%)，左环型 144 枚(占 28.8%)，右环型 127 枚(占 25.4%)，尖拱型 10 枚(占 2%)，拱型 24 枚(占 4.8%)。

实验结果如表 9-1 所示。其中，正确分类 496 枚，误分类 4 枚，分类准确率为 99.2%。

表 9-1　各类型指纹分类结果

类型分布 \ 分类结果	旋涡型	双环型	左环型	右环型	尖拱型	拱型
旋涡型	162	0	0	0	0	0
双环型	0	33	0	0	0	0
左环型	0	0	142	0	0	0
右环型	0	0	0	125	0	0
尖拱型	0	0	1	0	10	0
拱型	0	0	1	2	0	24

9.3.2 实验结果分析

产生错误分类的主要原因是第二层次 l_2 中间节点 n_3 上决策阈值的损失。当左环型和右环型指纹图像的模式区域过于狭窄，造成偏度 S 小于决策阈值

(−2.25≤S≤+2.25)时，左环型或右环型被误判为拱型。

解决方法是：在时间开销允许的情况下，在节点 n_3 上再增加一个模式区的三角形特征进行判断。即模式区纹线的最大 1 类拐点或 2 类拐点、纹线起始端点、纹线结束端点这 3 个点组成一个模式区三角形，通过计算其内角进行决策。

9.4　本章小结

不同于第 8 章，本章研究了一种基于类拐点特征向量的多层次指纹分类方法。由于类拐点特征向量反映了指纹图像方向场变化的特点和规律，是指纹分类的本质特征，因此达到了较好的分类效果。本章以类拐点特征向量和从类拐点集中提取出来的指纹核心点(core 点)为分类特征，以多层次树结构为分类策略，使各类指纹分类结果具有最大的类间距离和最小的类内方差，在高维数比率样本的测试条件下，分类准确率达到 99%以上。

参考文献

[1] 杨小冬，宁新宝，谭台哲. 基于纹线跟踪的指纹细节提取算法. 计算机应用，2004，24(3)：75-78.

[2] 尹义龙，宁新宝，张晓梅. 自动指纹识别技术的发展与应用. 南京大学学报(自然科学版)，2002，38(1)：29-35.

[3] 詹小四，宁新宝，尹义龙，等. 多级分块尺寸下的指纹方向信息提取算法. 南京大学学报(自然科学版)，2003，39(4)：476-482.

[4] 杨小冬，宁新宝，詹小四，等. 基于纹线跟踪的指纹分类方法. 计算机工程，2005，31(7)：170-173.

[5] 张宏林. Visual C++数字图像模式识别技术及工程实践. 北京：人民邮电出版社，2003.

[6] Sonka M，Hlavac V，Boyle R. 图像处理、分析与机器视觉. 2 版. 北京：人民邮电出版社，2003.

[7] Theodoridis S，Koutroumbas K. 模式识别. 2 版. 北京：电子工业出版社，2004.

[8] Herny E R. Classification and use of fingerprints//George Routledge and Sons，London，1900.

[9] Marques de Sá J P. 模式识别——原理、方法及应用. 北京：清华大学出版社，2002.

[10] 苏金明，阮沈勇，王永利. MATLAB 工程数学. 北京：电子工业出版社，2005：28-29.

第10章　总结与展望

所谓身份认证就是通过各种技术或非技术手段，向对方证明自己的身份，以获得行使某种权利的许可[1]。生物特征识别技术是利用人的生理特征或(和)行为特征进行个人身份认证的技术。生物特征(指纹、人脸、虹膜和签名等)由于具有唯一性、稳定性、携带方便、不易丢失以及防伪性能好等优点，正成为身份认证技术的研究热点，有着广阔的市场和应用前景。人的任何生理或行为特征只要满足下面的条件，原则上就可以作为生物特征用于身份认证[2]。

(1) 唯一性。任何两个人都不一样。

(2) 普遍性。每个人都具有。

(3) 稳定性。每个人的这种特征都至少在一段时间内是不变的。

(4) 可采集性。可以定量测量。

所有生物特征识别技术中，指纹识别由于采集方便、准确性高、对识别者限制较少以及受法律部门认可等特点，被人们广泛接受[3]。在我国，指纹识别技术已经深入到各个领域。

10.1　本书研究工作总结

本书较深入地研究了自动指纹识别的理论和技术，实现了指纹图像预处理、指纹图像细节特征提取、指纹匹配和指纹分类等各算法模块，提出了一些新的思路和改进措施，使系统性能有所提高，在此基础上建立了验证模式下的自动指纹识别系统，主要研究工作总结如下。

(1) 深入研究了指纹图像预处理算法。指纹图像的预处理过程包括指纹图像与背景分离(图像分割)、方向信息提取、纹线提取、图像二值化、图像细化及纹线修复(细化后处理)。其中，对指纹图像与背景分离算法进行了详细研究。分别实现了两种图像分割算法——方差法和方向法，对这两种算法的分割结果进行分析和比较，指出各自的优缺点。针对这两种算法的不足，提出了一种基于方向灰度方差的指纹图像分割算法，充分利用指纹图像特有的方向性和灰度特性进行分割，解决了方差法对指纹图像区域的脊线、谷线无法识别，以及方向法在非指纹区域和指纹质量较差区域(背景)效果下降等固有缺陷。另外，将指纹图像块按质量的好坏划分为不同等级，结合每幅图像的质量得分进行判断。

(2) 深入研究了指纹图像细节特征提取算法。指纹图像细节特征(端点和分叉点)提取是建立在其预处理过程之上的。针对传统算法(先经指纹图像预处理，再提取细节特征)计算复杂度高、速度较慢以及存在累计误差等缺陷，提出了一种基于纹线跟踪的指纹细节特征提取算法。此算法不必经过二值化、细化等预处理过程，在经归一化、前背景分离和方向信息提取后，直接跟踪灰度指纹图像上的每一条纹线(脊线)，直到满足结束条件为止。跟踪完毕后得到一幅细化了的指纹图像以及上面的细节特征信息。提取后的细节特征中可能存在一些噪声，经细化后处理可以提高算法精确度。

(3) 深入研究了指纹匹配算法。提出了一种基于特征点坐标模型的点模式匹配算法。该算法中，针对指纹匹配过程中最关键的一步——基准点确定和变换参数的求取问题作了深入研究。在模板指纹和待识指纹中，根据3个邻近特征点的相互关系确定可能的匹配基准点对(MMRS)，然后计算其余特征点对此匹配点对作为匹配基准点对的支持度(MPS)，在统计一次匹配结果(MPD)的基础上，求取变换参数和最终的匹配点对(SR)。本算法在一定程度上加快了基准点对的求取，从而提高了整个匹配算法的速度。同时，该算法根据多个点来确定变换参数，而不是通常意义上的一个点，因此可以消除特征提取过程中引入的位置、角度的偏差，得到更准确的变换参数。

(4) 深入研究了指纹分类算法。本书从不同角度研究了两种指纹分类算法。首先将纹线跟踪的思想引入指纹分类，提出了一种基于纹线跟踪的指纹分类算法。该算法不以指纹奇异点(core点和delta点)作为分类的必要手段，而是利用指纹图像方向信息，基于灰度指纹图像直接跟踪模式区纹线，得到模式区的跟踪曲线(形状)。在定义了一些曲线参数的基础上，根据跟踪到的模式区纹线进行分类。另一种分类思想是以类拐点特征向量和指纹模式区方向场为分类特征，以多层次树结构为分类策略，并结合从类拐点特征向量中提取出来的指纹核心点(core点)进行判断，使不同类型的指纹在不同层次、不同特征空间都线性可分，从而获得了最大类间距离和最小类内方差。

10.2 困难与展望

10.2.1 面临的困难

目前，国内外自动指纹识别领域面临的困难主要有如下几方面。

(1) 指纹识别的人口覆盖面较低。

(2) 系统要求严格(错误率、识别时间、存储空间和成本等方面)。

(3) 指纹模板库的老化和更新。

(4) 系统的安全性(对攻击的抵御能力)。

(5) 系统的维护。

(6) 用户的方便性和文化。

(7) 存在噪声和变形的指纹图像的处理。

(8) 指纹本身具有较大的类内可变性和较小的类间可变性。

另外,在指纹图像采集方面,传感技术也有待改进。由于不同类型的传感器采集到的生物特征质量是不一样的,也可能在登记阶段和识别阶段使用了不同的传感器,从而造成比对偏差。

以上都是制约自动指纹识别技术进一步发展和应用的主要因素。

10.2.2 发展趋势

自动指纹识别技术的发展趋势主要表现为如下几方面。

(1) 需要好的指纹图像增强技术。

(2) 指纹特征的替换表达形式。

(3) 多种匹配器和表示法(复合模板)的结合使用。

(4) 多模态生物特征识别技术的融合使用[4]。这里需要注意以下几点。

① 生物特征指示器数目的选择。

② 融合层次的问题,即特征提取层次、匹配得分层次和决策层次。

③ 自学习以确定每一个用户单个生物特征的权重。

④ 成本和性能的权衡。

⑤ 在通用数据库上进行性能评价。

10.3 今后研究工作和建议

以对国内外相关文献的研究和分析为基础,结合作者在实际工作中的经验和教训,对一对一自动指纹识别系统的研究提出以下几点建议,作为今后的研究工作。

(1) 对一些低质量的指纹图像,如老化、爆皮、多横纹以及对比度较低的指纹,识别算法的精确度有待提高[5]。采取大力度的指纹增强算法是一种有效手段。对于本书的研究,可分别采取以下措施:在前端分割算法中,将指纹图像块按质量的好坏划分为好的、中等的、差的和背景区域等几种不同等级,使后续算法分别针对不同的质量块进行相应处理;经纹线跟踪算法提取的指纹细节特征还会存在一些伪特征点,应对其进行建模,针对可能的伪特征点采取细化后处理算法分别予以删除。第8章中,纹线跟踪是指纹分类的前提和基础。应准确定位指纹图像的模式区以及正确描绘出模式区纹线的形状,使分类达到更高的准确率。以上都是今后研究工作的重点。

(2) 尽快建立一种指纹图像质量评价体系。在自动指纹识别系统中，对指纹图像质量的评价是一个非常关键的环节。为降低系统的错误率，需要对前端的指纹图像质量进行控制，包括不同的指纹图像和同一幅指纹图像的不同区域。对于质量良好的区域，AFIS 将提供一个比较高的信任度；对于质量无法满足要求的区域，AFIS 将不从其中提取细节特征信息。从目前来看，人们对指纹图像质量评价体系的研究较少，更多的是将精力放在处理算法的研究上。当前针对指纹图像质量评价体系的研究主要还是集中在比较简单的应用层次上，并没有形成一套比较完整的理论和完善的系统。例如，局限在指纹图像与背景分离这一领域，实现的主要功能是前景与背景分离，这远远没有达到指纹图像质量评价系统所要实现的目标。

(3) 自动指纹识别技术和其他生物特征识别技术相结合，建立综合的生物特征识别系统。指纹识别作为最流行的一种生物特征识别手段，从理论上讲，仅使用指纹就可以准确地进行生物识别。但是由于指纹自身的结构复杂性和自动指纹识别系统的技术难度，想仅依靠指纹进行身份认证，尤其在辨识模式下，无论从速度上还是从准确率上都有一定难度。因此，可以考虑将指纹识别与其他生物特征识别技术相结合，建立综合的生物特征识别系统，以达到更好的识别效果。例如，人脸识别具有速度快但准确率低的特点，可以先使用人脸识别作为一种索引机制来辅助指纹识别。

(4) 现有的自动指纹识别技术需要有更高的适应性，以满足各种实际应用的需要。但是，目前的自动指纹识别系统普遍存在一个问题，即在所采集的指纹图像质量不好时拒识率较高。在现有指纹采集技术的前提下，需要努力提高细节特征提取的准确性，为此，需要对自动指纹识别技术进行更深入的研究。努力提高图像增强技术，尤其是在指纹图像的模式区。还要提供更为精确的指纹图像方向信息，这是很多算法的基础。在提取了细节特征信息之后，需要寻求容错性更好的指纹匹配算法，从而降低误拒率和误识率。另外，随着指纹图像数据库容量的不断扩大，提供一种有效的检索机制是非常必要的。为此，还需要在指纹分类技术、分类标准的研究上投入更多的精力。

10.4 本章小结

本章对本书研究工作进行了全面总结。分析现阶段自动指纹识别技术所面临的困难，指出其发展趋势，并对今后的研究工作进行了展望。随着各种生物特征识别技术的不断发展，在全球信息化的大环境下，其应用面也会越来越广，并向着高精确度、小型化和网络化方向发展。

参 考 文 献

[1] 田捷,杨鑫.生物特征识别技术理论与应用.北京:电子工业出版社,2005.

[2] 尹义龙.自动指纹识别系统研究.长春:吉林工业大学,2000.

[3] 尹义龙,宁新宝,张晓梅.自动指纹识别技术的发展与应用.南京大学学报(自然科学版),2002,38(1):29-35.

[4] 谭台哲.自动指纹识别系统中指纹分类与匹配方法的研究.南京:南京大学,2003.

[5] 宁新宝,詹小四,谭台哲,等.验证模式下自动指纹识别技术:中国,CN1484189.2004-03-24.

附录　部分自动指纹识别算法的 VC 语言源程序

附录一　使用 Gabor 函数进行指纹图像增强算法主函数

```
for(i=0;i<H/BS;i++)
for(j=0;j<W/BS;j++)
    if(图像块 ImgBlock[i][j]为有效指纹区域)
    {
    //使用图像块 ImgBlock[i][j]的纹线方向和频率构建 Mask[i][j]
          for(r=MS/2;r<MS/2+1;r++)
               for(s=MS/2;s<MS/2+1;s++)
               {
                   Temp[r+MS/2][s+MS/2]=r*cos(f[i][j])*r*cos(f[i][j])/(δr*δr)+s*sin(f[i][j])*s*sin(f[i][j])/(δs*δs);
                   Mask[r+MS/2][s+MS/2]=exp(-0.5*Temp[r+MS/2][s+MS/2])*cos(2*PI*f[i][j]*d(r,s));
               }
          //使用 Mask[i][j]对图像块 ImgBlock[i][j]内的所有像素点进行离散卷积
          for(m=i*BS;m<(i+1)*BS;m++)
          for(n=j*BS;n<(j+1)*BS;j++))
```

$$ResultImgData[m][n] = \sum_{u=0}^{MS}\sum_{v=0}^{MS} OrgImgData[m+u][n+v] * Mask[u][v];$$

```
}
```

附录二　指纹图像与背景分离算法主函数

```
bool FP_GetFingerArea(unsigned char * FP_ImgData,
                      int FP_Width,
                      int FP_Height,
                      const int FP_BlockSize,
                      int FP_WBlockNum,     //WBlockNumber
                      int FP_HBlockNum,     //HBlockNumber
                      double ** FP_Angle)
{
  if(FP_ImgData==NULL || FP_Angle==NULL)
```

```
    return false;
int i,j;  //块
int u,v;  //点、块(块平滑)
//int ParaThreshold=6;
//int PerpThreshold=10;

//开辟所需内存缓冲区
//1. 二维图像数据区
//首先定义
unsigned char ** FP_LogImg;
//给二维缓冲区分配存储单元
FP_LogImg=new unsigned char * [FP_Height];
for(i=0;i<FP_Height;i++)
     FP_LogImg[i]=new unsigned char [FP_Width];
//将一维图像转化为二维存储
for(i=0;i<FP_Height*FP_Width;i++)
     FP_LogImg[i/FP_Width][i% FP_Width]=FP_ImgData[i];
//2. 块特征量 X_GrayVariance,各块沿平行该块方向上的灰度变化
int ** FP_BlockParaGrayVariance;
FP_BlockParaGrayVariance=new int * [FP_HBlockNum];
for(i=0;i<FP_HBlockNum;i++)
     FP_BlockParaGrayVariance[i]=new int [FP_WBlockNum];
//3. 块特征量 Y_GrayVariance,各块沿垂直该块方向上的灰度变化
int ** FP_BlockPerpGrayVariance;
FP_BlockPerpGrayVariance= new int * [FP_HBlockNum];
for(i=0;i<FP_HBlockNum;i++)
     FP_BlockPerpGrayVariance[i]=new int [FP_WBlockNum];
//调用子函数,得到每块沿两个方向上的灰度变化
if(!FP_GetGrayVariance(FP_LogImg,
                          FP_Width,
                          FP_Height,
                          FP_BlockSize,
                          FP_WBlockNum,
                          FP_HBlockNum,
                          FP_Angle,
                          FP_BlockParaGrayVariance,
                          FP_BlockPerpGrayVariance))
   return false;
```

```
//下面进行判断
for(i=0;i<FP_HBlockNum;i++)
    for(j=0;j<FP_WBlockNum;j++)
    {
        if(abs(FP_BlockParaGrayVariance[i][j])>6&&
            abs(FP_BlockPerpGrayVariance[i][j])>10)
                FP_Angle[i][j]=0.0;  //前景区
        else
            FP_Angle[i][j]=-1.0;  //背景区
    }

    //基于块水平的平滑,消除孤立前景块
    double sum;
    unsigned char MaskSize=3;
    bool FinishFlag;
    FinishFlag=true;
    while(FinishFlag)
    {
      FinishFlag=false;
      for(i=0;i<FP_HBlockNum;i++)
          for(j=0;j<FP_WBlockNum;j++)
          {
            sum=0.0;
            if(FP_Angle[i][j]==0.0)
            {
                  for(u=i- MaskSize/2;u<=i+MaskSize/2;u++)
                      for(v=j- MaskSize/2;v<=j+MaskSize/2;v++)
                      {
                            if(u>=0 && u<FP_HBlockNum && v>=0 &&
                               v<FP_WBlockNum)
                                  sum+=FP_Angle[u][v];
                                else
                                    sum+=-1.0;
            }
if(sum<=-5.0)  //该值应仔细选取
{
      FP_Angle[i][j]=-1.0;
      FinishFlag=true;
```

```
    }
        }
    }
}
    //基于块水平的平滑,消除孤立背景块
    FinishFlag=true;
    while(FinishFlag)
    {
        FinishFlag=false;
        for(i=0;i<FP_HBlockNum;i++)
        for(j=0;j<FP_WBlockNum;j++)
        {
        sum=0.0;
        if(FP_Angle[i][j]==-1.0)
        {
            for(u=i- MaskSize/2;u<=i+MaskSize/2;u++)
                 for(v=j-MaskSize/2;v<=j+MaskSize/2;v++)
        {
            if(u>=0 && u<FP_HBlockNum && v> =0 &&
               v<FP_WBlockNum)
                 sum+=FP_Angle[u][v];
            else
                 sum+=-1.0;
        }
          if(sum>=-3.0)      //该值应仔细选取
          {
               FP_Angle[i][j]=0.0;
               FinishFlag=true;
          }
      }
    }
}

    for(i=0;i<FP_HBlockNum;i++)
        for(j=0;j<FP_WBlockNum;j++)
            if(FP_Angle[i][j]==-1.0)//背景块
            {
                for(u=i*FP_BlockSize;u<(i+1)*FP_BlockSize;u++)
```

```
                    for(v=j*FP_BlockSize;v<(j+1)*FP_BlockSize;v++)
                    if(u>=0/*u>0*/&& u<FP_Height && v>=0/*v> 0*/ &&
                            v<FP_Width)
                              FP_LogImg[u][v]=ColorNumber-1;
                  //FP_Angle[i][j]=-1.0;
            }

    //释放内存缓冲区
    //1. 二维图像数据区
    //释放前先将二维图像数据转化为一维存储
    for(i=0;i<FP_Height*FP_Width;i++)
        FP_ImgData[i]=FP_LogImg[i/FP_Width][i% FP_Width];
    //再释放
    if(FP_LogImg!=NULL)
    {
        for(i=0;i<FP_Height;i++)
            delete [] FP_LogImg[i];
        delete [] FP_LogImg;
    }
    //2. 块特征量 X_GrayVariance
    if(FP_BlockParaGrayVariance!= NULL)
    for(i=0;i<FP_HBlockNum;i++)
    {
        delete [] FP_BlockParaGrayVariance[i];
    }
    delete [] FP_BlockParaGrayVariance;
    // 3. 块特征量 Y_GrayVariance
    if(FP_BlockPerpGrayVariance!= NULL)
        for(i=0;i<FP_HBlockNum;i++)
        {
            delete [] FP_BlockPerpGrayVariance[i];
        }
        delete [] FP_BlockPerpGrayVariance;
    return true;
    }
```

附录三 指纹图像细化算法主函数

```
    //某点邻域像素
```

```
int Coding(unsigned char ** logImg,int x,int y)
{
    if(logImg==NULL)
        return false;
    //共 15 个周围像素进行编码,构成 15 位二进制数
    //x--Height,y--Width
    int k=0;
    k+=logImg[x+1][y-1];
    k+=logImg[x+1][y]*2;
    k+=logImg[x+1][y+1]*4;
    k+=logImg[x][y-1]*8;
    k+=logImg[x][y]*16;
    k+=logImg[x][y+1]*32;
    k+=logImg[x-1][y-1]*64;
    k+=logImg[x-1][y]*128;
    k+=logImg[x-1][y+1]*256;
    k+=logImg[x-2][y-1]*512;
    k+=logImg[x-2][y]*1024;
    k+=logImg[x-2][y+1]*2048;
    k+=logImg[x+1][y+2]*4096;
    k+=logImg[x][y+2]*8192;
    k+=logImg[x-1][y+2]*16384;
    return k;
}

//消除模板
bool DelCoding(unsigned char*pDel)
{
    if(pDel==NULL)
        return false;

    int i;
    for(i=0;i< 512;i++)
    {
        pDel[i]= 0;    //赋初值
        //如果满足 8 个消除模板中的一个,数组元素赋 1
        if(((i^464)&471)==0)pDel[i]=1;
        else if(((i^308)&381)==0) pDel[i]=1;
```

```
            else if(((i^23)&471)==0)pDel[i]=1;
            else if(((i^89)&381)==0)    pDel[i]=1;
            else if(((i^152)&190)==0)   pDel[i]=1;
            else if(((i^176)&187)==0)   pDel[i]=1;
            else if(((i^50)&250)==0)    pDel[i]=1;
            else if(((i^26)&442)==0)    pDel[i]=1;
    }
    return true;
}
//保留模板
bool ResCoding(unsigned char * pRes)
{
    if(pRes==NULL)
        return false;
    int i;
    for(i=0;i<32768;i++)
    {
        pRes[i]=0;
        //满足 6 个保留模板中的一个,数组元素赋 1
        if(((i^178)&28858)==0)  pRes[i]=1;
        else if(((i^304)&12604)==0)pRes[i]=1;
        else if(((i^52)&24892)==0)pRes[i]=1;
        else if(((i^184)&3770)==0)pRes[i]=1;
        else if(((i^208)&3538)==0)pRes[i]=1;
        else if(((i^400)&2002)==0)pRes[i]=1;
    }
    return true;
}
//细化算法主程序
bool FP_Thin(unsigned char * FP_ImgData,
             const int FP_Width,
             const int FP_Height,
             const int FP_BlockSize,
             double ** FP_Angle)
{
    if(FP_ImgData==NULL||FP_Angle==NULL)
        return false;
    int i,j;
```

```
    int Width,Height,w;
    Width=FP_Width;
    Height=FP_Height;
    w=FP_BlockSize;
    //定义分配一个二维图像缓冲区,便于后续处理
    unsigned char ** logImg;
    logImg=new unsigned char * [Height];
    for(i=0;i<Height;i++)
        logImg[i]=new unsigned char[Width];
//消除模板编码数组
    unsigned char * pDel;
    pDel=new unsigned char[512];
    DelCoding(pDel);  //调用消除模板子函数
    //保留模板编码数组
    unsigned char * pRes;
    pRes= new unsigned char[32768];
    ResCoding(pRes);   //调用保留模板子函数
    //将一维图像数据转为二维存储
    for(j=0;j<Width*Height;j++)
        logImg[j/Width][j%Width]=FP_ImgData[j];
    //将 255,0 二值分别转换为 0,1 二值
    for(i=0;i<Height;i++)
        for(j=0;j<Width;j++)
        {
            if(logImg[i][j]==0)
                logImg[i][j]=1;
            if(logImg[i][j]==ColorNumber-1)
                logImg[i][j]=0;
        }

//开始细化
int k;  //循环次数
bool flag;  //细化标志,用于控制循环
const int count= 100;  //规定循环最大次数
for(k=0;(k<count)&&(flag!=0);k++)
{
    flag=0;  //每次循环前,先清除细化标志
    //周边块已经作为背景处理,不纳入细化范围
```

```
        //从图像的左上角开始细化,从左至右,自上而下
        for(i=Height-2;i>1;i--)
            for(j=1;j<Width-2;j++)
            {
                //像素值为 0,不用细化
                if(FP_Angle[i/w][j/w]!=-1.0 && logImg[i][j]!=0)
                {
                    //求某像素的周围模板值
                    int l,m,n;
                    l=Coding(logImg,i,j);
                    m=l&511;  //m=0~511
                    n=l&32767;  //n=0~32767
                    //符合消除模板,再与保留模板比较
                    if(pDel[m]==1)
                  {
                    //不符合保留模板,删除该点
                    if(pRes[n]==0)
                    {
                        logImg[i][j]=0;
                        flag=1;  //置细化标志
                    }
                  }
                }
            }
    }
    //二维数据转化为一维存储
    for(i=0;i<Height;i++)
        for(j=0;j<Width;j++)
            FP_ImgData[i* Width+ j]=logImg[i][j];
    //将 0,1 二值恢复为 255,0 二值
    for(i= 0;i< Height;i+ + )
        for(j= 0;j< Width;j+ + )
        {
            if(FP_ImgData[i*Width+ j]==0)FP_ImgData[i* Width+ j]=Col-
orNumber- 1;
            if(FP_ImgData[i*Width+ j]==1)FP_ImgData[i*Width+ j]=0;
        }
    //释放内存
```

```
for(i=0;i<Height;i++)
    delete [] logImg[i];
delete [] logImg;
delete [] pDel;
delete [] pRes;
return true;
}
```

附录四　模式区纹线跟踪算法主函数

```
bool Mode_FollowRidge(unsigned char ** FP_LogImg,// 原始图像数据区
const int FP_Width,//原始图像宽
int Mode_Width,//模式区宽
const int FP_Height,//原始图像高
int Mode_Height,//模式区高
const int FP_BlockSize,//分块尺寸大小
int FP_WBlockNum,//原始图像水平方向上的分块数目
int Mode_WBlockNum,//模式区水平方向上的分块数目
int FP_HBlockNum,//原始图像垂直方向上的分块数目
int Mode_HBlockNum,//模式区垂直方向上的分块数目
double ** FP_Angle,//各块方向角
class CPoint * ModePoint,//入口参数
int * mnum,//出口参数,模式区跟踪纹线的条数
int * ksum,//出口参数,每条纹线各跟踪点坐标
int ** XCoord,//出口参数,每条纹线各跟踪点横坐标
int ** YCoord)//出口参数,每条纹线各跟踪点纵坐标
{
  if(FP_LogImg==NULL || FP_Angle==NULL)
      return false;
  int i,j;
  const float M0=140.0/*136.858*/;//原始图像灰度均值阈值
  const float VAR0=600.0/*518.781*/;//原始图像灰度方差阈值
  //开辟所需内存缓冲区
  //与原始图像相同大小的缓存 S
  unsigned char ** S;
  S=new unsigned char * [FP_Height];
  for(i=0;i<FP_Height;i++)
  S[i]=new unsigned char [FP_Width];
  //先初始化二维标记矩阵 S[i][j],0 表示前景区,1 表示背景区
```

```
	//当某条纹线跟踪完毕后再赋予其他大于 1 的值 m(m 为纹线序号)
	for(i=0;i<FP_Height;i++)
		for(j=0;j<FP_Width;j++)
		{
			if(FP_Angle[i/FP_BlockSize][j/FP_BlockSize]! =-1.0)
				S[i][j]=0;//前景区
			  else S[i][j]=1;//背景区
		}
/*
	//首先将原始图像灰度值归一化
	if(!FP_Normalization(FP_LogImg,//入口参数,出口参数
						FP_Width,
						FP_Height,
						M0,
						VAR0))
	return false;
*/
	//定义模式区各块从大到小排序后的各个灰度最大值点
	struct TPoint * MaxPoint;
	MaxPoint=new struct TPoint [Mode_WBlockNum*Mode_HBlockNum];
	//调用子函数,将模式区(方形)分块,计算各块灰度方差,并将它们从大到小排序,得
	  到各跟踪起始点
	if(!Mode_GetMaxPoint(FP_LogImg,
						Mode_Width,
						Mode_Height,
						FP_BlockSize,
						Mode_WBlockNum,
						Mode_HBlockNum,
						FP_Angle,
						ModePoint,//入口参数
						MaxPoint))//出口参数
	return false;
/*
	//将模式区分块
	CWnd * p_MainWnd=::AfxGetMainWnd();
	CClientDC dc(p_MainWnd);
	for(i=319-ModePoint[0].y;i<=(319-ModePoint[0].y)+ Mode_Height;i+=
		FP_BlockSize)
```

```
  {
        dc.MoveTo(ModePoint[0].x+1,319-i+26);
        dc.LineTo(ModePoint[0].x+1+80,319-i+26);
  }
  for(j=ModePoint[0].x;j<=ModePoint[0].x+Mode_Width;j+=FP_BlockSize)
  {
        dc.MoveTo(j+1,ModePoint[0].y+26);
        dc.LineTo(j+1,ModePoint[0].y-80+26);
  }
*/
//开始跟踪
int max;  //8 邻域最大 S 值
//定义开始跟踪起始点
struct TPoint start;
double angle;        //起始点的角度,此处为点方向
struct TPoint Im;  //点集中局部灰度最大值点
const int ks=7;     //(2ks+1)为邻域点集数目
int d;//灰度落差
int m=1;     //m 记录已找到的纹线的数目
//定义端点和分叉点
struct RidgeEnding * eminutia;  //端点
eminutia= new struct RidgeEnding [300];
struct RidgeBifurcation * bminutia;  //分叉点
bminutia= new struct RidgeBifurcation [300];
//定义邻域点集,共 15 个点
struct TPoint * Omiga;
Omiga=new struct TPoint [2*ks+1];  //ks=7,共 15 个点
//plane1
struct TPoint * Omiga1;
Omiga1= new struct TPoint [2*ks+1];
//plane2,此为邻域点集
struct TPoint * Omiga2;
Omiga2=new struct TPoint [2*ks+1];
//plane3
struct TPoint * Omiga3;
Omiga3=new struct TPoint [2*ks+1];

for(i=0;i<Mode_HBlockNum*Mode_WBlockNum;i++)
```

```
{
//超过边界点
if(MaxPoint[i].x<0 || MaxPoint[i].x>=320 || MaxPoint[i].y<0 || MaxPoint
    [i].y>=320)
        continue;
//重复
if(i>0)
{
      if (MaxPoint [i] .x = = MaxPoint [i-1] .x  && MaxPoint [i] .y = =
          MaxPoint[i-1].y)
          continue;
}
max=FP_FindMax1(MaxPoint[i],S);
if(max==0)  //在前景区中,且该点未被访问过
{
    start=MaxPoint[i];
/*
    //将起始点标记出来
    CWnd*p_MainWnd=::AfxGetMainWnd();
    CClientDC dc(p_MainWnd);
    dc.MoveTo(start.x+1-3,start.y+26-3);
    dc.LineTo(start.x+1+3,start.y+26-3);
    dc.MoveTo(start.x+1+3,start.y+26-3);
    dc.LineTo(start.x+1+3,start.y+26+3);
    dc.MoveTo(start.x+1+3,start.y+26+3);
    dc.LineTo(start.x+1-3,start.y+26+3);
    dc.MoveTo(start.x+1-3,start.y+26+3);
    dc.LineTo(start.x+1-3,start.y+26-3);
*/
//调用子函数,得到起始点的邻域点集(Omiga2)
if(!FP_GetSection(FP_LogImg,FP_BlockSize,FP_Angle,start,Omiga1,
Omiga2,Omiga3))
      return false;
//对邻域点集 Omiga2 进行滤波处理
if(!FP_Filter(Omiga1,Omiga2,Omiga3))
      return false;
Omiga=Omiga2;
//从经过滤波后的邻域点集中,定位距中点最近的局部灰度最大点(灰度值最小)
```

```
    Im=FP_GetLocalMax(Omiga);
    if(Im.x<0 || Im.x>=320 || Im.y<0 || Im.y>=320)
        continue;
    //从经过滤波后的邻域点集中计算灰度落差
    d=FP_Getd(Omiga);
    if(FP_FindMax1(Im,S)==0)//if(FP_FindMax(Im,S)==0)
    {
      m++;  //变量m记录已找到纹线的数目,初始值为2(m>=2),m=1表示背景区。以
                Im为起点跟踪,调用一次,正反向跟踪一条纹线,同时更改S值
      if(!Mode_TrackRidge(FP_LogImg,
                          FP_BlockSize,
                          FP_Angle,
                          Im,
                          S,
                          d,
                          m,
                          &ksum[m],//第m条纹线有多少跟踪点
                          XCoord[m],//第m条纹线各跟踪点坐标
                          YCoord[m],
                          eminutia,
                          bminutia))
          return false;
      }
    }
  }
  *mnum= m;//模式区共跟踪的纹线条数

   //程序运行一次完毕,清空累加器(全局变量,FP_Check),以防再次运行时数组越界
   iPubCountEnd=0;
   iPubCountBif=0;
   //释放内存缓冲区
   //二维标记矩阵S
   if(S!=NULL)
      for(i=0;i<FP_Height;i++)
      {
        delete[] S[i];
      }
      delete[] S;
```

```
    //各个灰度最大值点
    delete[] MaxPoint;
    //端点和分叉点
    delete[] eminutia;
    delete[] bminutia;
    //邻域点集
    delete[] Omiga;   //Omiga 为指向邻域点集第一个点的指针
    //plane1
    delete[] Omiga1;
    //plane2
    //delete [] Omiga2;
    //plane3
    delete [] Omiga3;
    return true;
}
```

附录五　基于纹线跟踪的指纹细节特征提取算法说明

函数描述：指纹图像灰度值归一化处理。

1. 函数定义

```
bool FP_Normalization(unsigned char ** FP_LogImg,
                      const int FP_Width,
                      const int FP_Height,
                      float M0,      //入口参数，灰度均值阈值
                      float VAR0)    //入口参数，灰度方差阈值
```

2. 功能说明

指纹图像灰度值归一化。

3. 参数说明

入口参数：FP_LogImg
　　　　　FP_Width
　　　　　FP_Height
　　　　　M0
　　　　　VAR0

出口参数：无。

4. 返回值

5. 主调函数

FP_FollowRidge()

6. 调用函数

无。

7. 算法实现

8. 性能要求

函数描述:将原始图像按方差大小排序并得到各灰度最大点。

1. 函数定义

```
bool FP_GetMaxPoint(unsigned char ** FP_LogImg,
                    const int FP_Width,
                    const int FP_Height,
                    const int FP_BlockSIze,
                    const int FP_WblockNum,
                    const int FP_HblockNum,
                    double ** FP_Angle,
                    struct TPoint * MaxPoint)
                              //出口参数,方差块序列中各灰度最大点
```

2. 功能说明

将原始指纹图像分块,计算每块灰度方差,并从大到小排序,得到图像块序列。依次寻找每块中灰度最大(灰度值最小)点,作为跟踪起始点。对于8×8指纹图像,共1600个起始点。

3. 参数说明

入口参数:struct TPoint * MaxPoint。

出口参数:struct TPoint * MaxPoint。

4. 返回值

5. 主调函数

FP_FollowRidge()

6. 调用函数

无。

7. 算法实现

8. 性能要求

函数描述:得到最大 S 值。

1. 函数定义

```
int FP_FindMax(struct Tpoint point,  //入口参数
               unsigned char ** S)   //入口参数
```

2. 功能说明

给定某点(point),寻找包括该点和其8邻域(或更多)最大 S 值的函数。

3. 参数说明

入口参数:无。

出口参数:无。

4. 返回值

该点和其 8 邻域中的最大 s 值(max)。

5. 主调函数

```
FP_Check()
FP_Trace()
FP_FollowRidge()
```

6. 调用函数

无。

7. 算法实现

8. 性能要求(见表 1 和表 2)

表 1　一般坐标系

$(x-1,y-1)$	$(x,y-1)$	$(x+1,y-1)$
$(x-1,y)$	(x,y)	$(x+1,y)$
$(x-1,y+1)$	$(x,y+1)$	$(x+1,y+1)$

表 2　指纹图像坐标系(320×320)

$(319-(y-1),x-1)$	$(319-(y-1),x)$	$(319-(y-1),x+1)$
$(319-y,x-1)$	$(319-y,x)$	$(319-y,x+1)$
$(319-(y+1),x-1)$	$(319-(y+1),x)$	$(319-(y+1),x+1)$

两个坐标系分别如下。

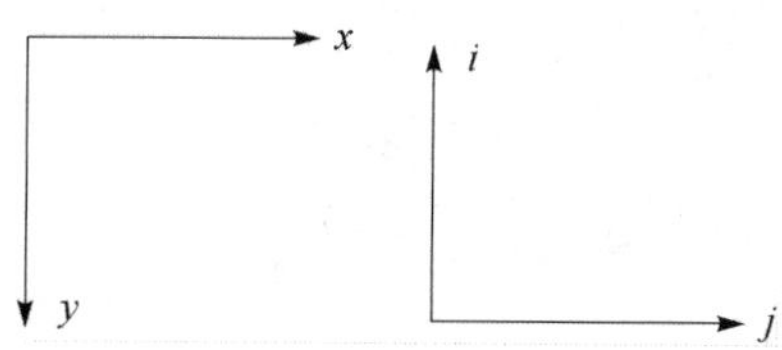

坐标变换为

$$\begin{cases} x = j \\ y = 319 - i \end{cases}$$

函数描述:得到邻域点集。

1. 函数定义

```
bool FP_GetSection(unsigned char ** FP_LogImg,
                   const int FP_BlockSize,
                   double ** FP_Angle,
                   struct TPoint point,
                   //入口参数,要寻找邻域点集的点,中点
                   struct TPoint * Omiga1,  //出口参数,plane1
                   struct TPoint * Omiga2,
                   //出口参数,plane2,此为要寻找的邻域点集
                   struct TPoint * Omiga3)  //出口参数,plane3
```

2. 功能说明

给定某点(point),寻找其邻域点集。沿 point(point2)的纹线方向上下一个像素各找一个点 point1、point2。分别沿垂直 3 个点纹线的方向得到 3 个彼此相距一个像素的平行点集(plane1、 plane2 和 plane3)，每个点集有 15 个点，$k=1,2,\cdots,14$，其中 plane2 为要寻找的邻域点集(Omiga2)；按 point 的方向分 0～π/2、π/2～π、π～3π/2、3π/2～2π 四种情况分别求取。正向时，point 的方向为 0～π，计算后的点集方向不变；反向时，point 的方向为 π～2π，计算后的 3 个点集中每点的方向都应加上 π(3 个中心点除外)，以保证正确跟踪。

计算公式为

$$\Omega^k = \{(i,j) \mid (i,j) \in I, i = i^k + \mathrm{int}((j-j^k)\tan(\varphi^k)), j \in \Omega_j\}$$

$$\Omega_j = [j^k - \mathrm{int}(\sigma\cos(\varphi^k)), j^k + \mathrm{int}(\sigma\sin(\varphi^k))]$$

式中，Ω^k 即为中点(i^k,j^k)的邻域点集，φ^k 为中点(i^k,j^k)的纹线方向，σ 为变量。

4 种 point 方向情况下邻域点集求取示意图如图 1 所示。

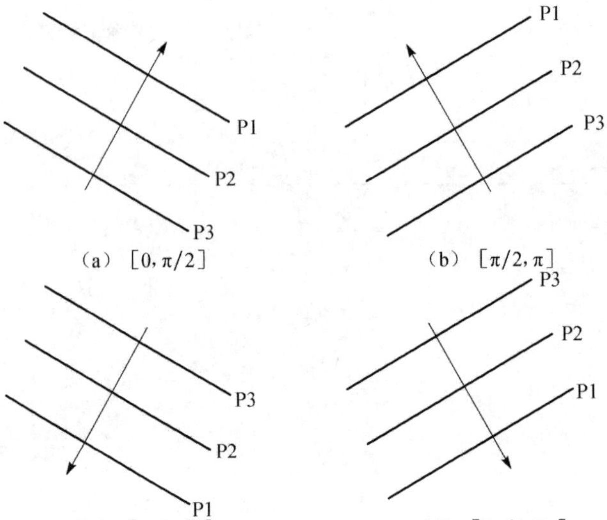

(a) [0, π/2]　　(b) [π/2, π]　　(c) [π, 3π/2]　　(d) [3π/2, 2π]

图 1　4 种 point 方向情况下邻域点集求取示意图

3. 参数说明

入口参数：要寻找邻域点集的点。

出口参数：3 个点集 Omiga1、Omiga2 和 Omiga3，其中，Omiga2 为邻域点集。

4. 返回值

5. 主调函数

FP_Trace()

FP_FollowRidge()

6. 调用函数

无。

7. 算法实现

8. 性能要求

函数描述：滤波处理

1. 函数定义

```
bool FP_Filter(struct Tpoint * Omiga1,      //入口参数
               struct Tpoint * Omiga2,      //入口参数,出口参数
               struct Tpoint * Omiga3)      //入口参数
```

2. 功能说明

对邻域点集作局部滤波增强处理。

(1) 沿纹线方向对邻域点集(Omiga2)中每一点($k=0,1,\cdots,14$)用 Omiga1、Omiga2 和 Omiga3 相应点进行灰度平均(平滑处理);

(2) 使用一个高斯低通滤波器与平滑后的邻域点集进行离散卷积,其中边缘点($k=0,1,2,12,13,14$)的灰度值不变,高斯模板的系数为 $d[7]=[1/23,2/23,5/23,7/23,5/23,2/23,1/23]$,应保证相加为 1。

$$\overline{\text{gray}}(i_k,j_k)=\frac{1}{3}[\text{gray1}(i_k,j_k)+\text{gray2}(i_k,j_k)+\text{gray3}(i_k,j_k)],k=0,\cdots,14$$

$$\overline{\overline{\text{gray}}}(i_k,y_k)=\frac{1}{2p+1}\sum_{v=-p}^{p}d_{p+v}\,\overline{\text{gray}}(i_{k+v},j_{k+v}),p=3,k=3,\cdots,11$$

式中,$\text{gray1}(i_k,j_k)$代表点集 Omiga1 中的点(i_k,j_k)的灰度值;$\overline{\text{gray}}(i_k,j_k)$代表该点在 3 个点集中的灰度均值;$\overline{\overline{\text{gray}}}(i_k,j_k)$表示离散卷积结果。

3. 参数说明

入口参数:Omiga1、Omiga2、Omiga3。

出口参数:Omiga2。

4. 返回值

5. 主调函数

```
FP_Trace()
FP_FollowRidge()
```

6. 调用函数

无。

7. 算法实现

8. 性能要求

函数描述:得到局部灰度最大点。

1. 函数定义

```
struct TPoint FP_GetLocalMax(struct Tpoint Omiga)
                        //入口参数,邻域平均、高斯滤波后的邻域点集
```

2. 功能说明

从滤波处理后的邻域点集中定位距中点最近的局部灰度最大点。指纹纹线大致为 5 个像素宽,为防止找到其他脊线上,因从点 $i=5,\cdots,9$ 中找(共 $i=0,\cdots,14$)。

3. 参数说明

入口参数:无。

出口参数:无。

4. 返回值

灰度最大点(MaxPoint)。

5. 主调函数

FP_Trace()

FP_FollowRidge()

6. 调用函数

无。

7. 算法实现

8. 性能要求

函数描述:得到灰度落差。

1. 函数定义

```
int FP_Getd(struct Tpoint* Omiga)
                                        //入口参数,邻域平均、高斯滤波后的邻域点集
```

2. 功能说明

从滤波处理后的点集中计算灰度落差,从 $i=5,\cdots,9$ 中找(共 $i=0,\cdots,14$)。

3. 参数说明

入口参数:无。

出口参数:无。

4. 返回值

灰度落差 d。

5. 主调函数

FP_Trace()

FP_FollowRidge()

6. 调用函数

无。

7. 算法实现

8. 性能要求

函数描述:得到下一个跟踪点。

1. 函数定义

```
struct TPoint FP_GetNextPoint(unsigned char ** FP_LogImg,
                              const int FP_BlockSize,
                              double ** FP_Angle,
                              struct Tpoint CurrPoint)
                              //入口参数,当前跟踪点
```

2. 功能说明

根据当前跟踪点 CurrPoint,沿其方向定位下一个跟踪点,选取跟踪步长 mu=3。按 CurrPoint

的纹线方向分 0、0～π/2、π/2、π/2～π、π、π～3π/2、3π/2、3π/2～2π 几种情况分别求取。正向时，当前点方向为 0～π；反向时，当前点方向为 π～2π，下一跟踪点方向应加上 π，以保证正确跟踪。

$$\begin{pmatrix} x^{k+1} \\ y^{k+1} \end{pmatrix} = \begin{pmatrix} x_m^k \\ y_m^k \end{pmatrix} + \mathrm{int}\left[\mathrm{mu} \begin{pmatrix} \cos(\varphi_m^k) \\ \sin(\varphi_m^k) \end{pmatrix} + 0.5 \right]$$

式中，(x_m^k, y_m^k)为当前跟踪点坐标，(x^{k+1}, y^{k+1})为所求下一跟踪点坐标，φ_m^k 为当前跟踪点纹线方向，mu 为跟踪步长。坐标系选取如下。

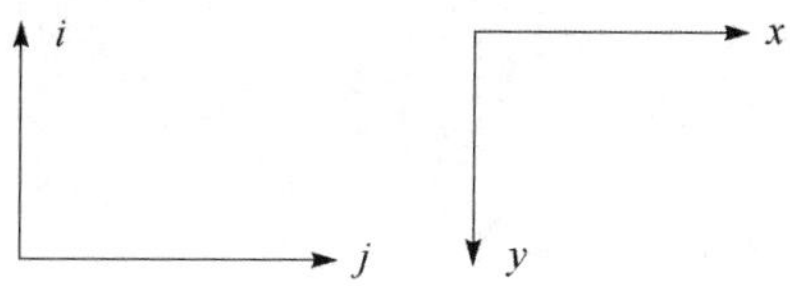

坐标变换公式为

$$\begin{cases} x = j \\ y = 319 - i \end{cases}$$

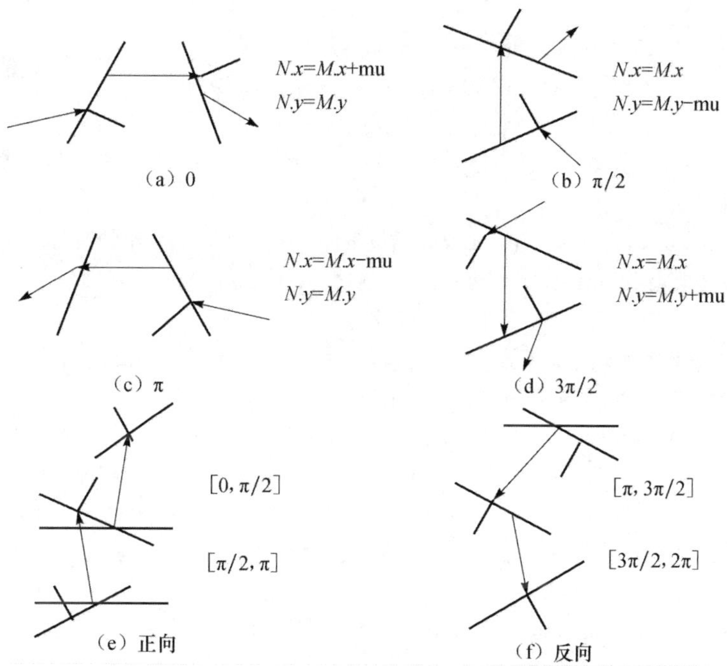

图 2　按当前跟踪点 CurrPoint 方向定位下一跟踪点 NextPoint 的各种情况

3. 参数说明

入口参数：无。

出口参数：无。

4. 返回值

5. 主调函数

FP_Trace()

6. 调用函数

无。

7. 算法实现

8. 性能要求

函数描述:检查结束条件。

1. 函数定义

```
bool FP_Check(unsigned char ** S,
              int D,
              int d,
              int m,
              struct TPoint PrePoint,
              struct TPoint CurrPoint,
              struct TPoint NextPoint,
              struct TPoint MaxPoint,      //要判断结束条件的点
              struct RidgeEnding * eminutia,   //出口参数,端点
              struct RidgeBifurcation * bminutia) //出口参数,分叉点
```

2. 功能说明

对当前点 CurrPoint 进行判断,如满足结束条件则停止跟踪,否则继续跟踪。

令 max 为当前点邻域(5×5 模板)最大 S 值,分以下几种情况。

(1) max=1,表示跟踪到了背景区,停止跟踪。

(2) max>1,表示跟踪到了另一条纹线,该点为分叉点,记录该点信息(坐标、方向、纹线编号),停止跟踪;但有以下几种特殊情况。

① 首先计算 MaxPoint 周围 S 值大于 1(S 值不重复)的点有几个,记为 num。

② 若 num=1,为可能的分叉点,找到该点(x,y)(可能不止一个,有相同 S 值,找离 M 点最近的点,5×5 模板),以(x,y)为中心,在 $n\times n$ 模板范围内找到所有 S 值等于 max 的点,然后分别计算该模板范围内位于(x,y)左右点的个数 sum1、sum2 和位于(x,y)上下点的个数 sum3、sum4。如果 sum1、sum2,相差大于 2,且 smu3、sum4 相差也大于 2,则为端点(断线),应连上。

③ 若 num=2 或 sum1、sum2 相差小于等于 2 或 sum3、sum4 相差小于等于 2,则为分叉点。

(3) 若 D 大于某个与 d 相关的值,则停止跟踪。

(4) 当前点 CurrPoint 与 NextPoint 和 MaxPoint 连线方向(分别为 f_d, f_r)夹角 α 大于某个阈值,表示该点为端点,记录该点信息(坐标、方向、纹线编号),停止跟踪。

(5) 前一点 PrePoint 与 CurrPoint 连线方向(angle1)和当前点 CurrPoint 与 MaxPoint 连线方向(angle2)的夹角(angle)大于某个阈值,停止跟踪,其中

$$f_d = \arctan\left(\frac{\text{NextPoint}.\,y - \text{CurrPoint}.\,y}{\text{NextPoint}.\,x - \text{CurrPoint}.\,x}\right)$$

$$f_r = \arctan\left(\frac{\text{MaxPoint}.y - \text{CurrPoint}.y}{\text{MaxPoint}.x - \text{CurrPoint}.x}\right)$$

$$\text{angle1} = \arctan\left(\frac{\text{CurrPoint}.y - \text{PrePoint}.y}{\text{CurrPoint}.x - \text{PrePoint}.x}\right)$$

$$\text{angle2} = \arctan\left(\frac{\text{MaxPoint}.y - \text{CurrPoint}.y}{\text{MaxPoint}.x - \text{CurrPoint}.x}\right)$$

3. 参数说明

入口参数:无。

出口参数:无。

4. 返回值

布尔型变量。

5. 主调函数

FP_Trace()

6. 调用函数

FP_FindMax()

7. 算法实现

8. 性能要求

函数描述:正式开始跟踪。

1. 函数定义

```
bool FP_Trace(unsigned char ** FP_LogImg,
            const int FP_BlockSize,
            double ** FP_Angle,
            struct TPoint Im,      //入口参数,正式开始跟踪的起始点
            double angle,
            //入口参数,起始点方向,正向为 0~π;反向为 π~2π
            unsigned char ** S,     //入口参数
            bool flag,     //入口参数,正向为 flag= true;反向为 flag=
            false
            int d,     //入口参数,灰度落差
            int m,     //入口参数,记录已找到的纹线的数目
            struct RidgeEnding * eminutia,   //出口参数,端点
            struct RidgeBifurcation * bminutia) //出口参数,分叉点
```

2. 功能说明

具体算法如下。

(1) 将起始点 Im 赋给 CurrPoint(反向跟踪时角度应加 π)。

(2) 根据 CurrPoint(方向、坐标信息)定位下一跟踪点 NextPoint。

(3) 以 NextPoint 为中心,沿该点纹线方向得到 3 个互相之间相距一个像素的平行点集 Omiga1、Omiga2、Omiga3,其中 Omiga2 为邻域点集。

(4) 对邻域点集 Omiga2 进行滤波增强处理。

(5) 计算下一跟踪点 NextPoint 与当前点 CurrPoint 的灰度之差 D。

(6) 从处理后的邻域点集 Omiga2 中找到距中点最近的灰度最值点 MaxPoint。

(7) 对 MaxPoint 进行角度调整(适用于模式区或方向变化较大区域)。

(8) 判断 MaxPoint 是否满足结束条件,若满足则结束了沿一个方向的纹线跟踪,回到初始点,沿反方向继续跟踪。当反方向也跟踪结束后,便得到了一条纹线。

(9) 若不满足,则将 MaxPoint 赋予 CurrPoint,作为下一步跟踪的起始点,并记录每一跟踪点的坐标($X[k]$、$Y[k]$),返回步骤(2),继续跟踪。

(10) 一条纹线的每一方向跟踪结束后,都应对脊线上所有点修改 $S[x][y]=m$,其中 m 为纹线编号,$m\geqslant 2$,正反向对应同一个 m。注意:正向跟踪后对 $i=1,\cdots,k$ 修改;反向跟踪后对 $i=0,\cdots,k$ 修改。

水平方向附近角度调整,垂直方向不需调整,令

$$\beta=\arctan\left(\frac{\text{MaxPoint}.\,y-\text{CurrPoint}.\,y}{\text{MaxPoint}.\,x-\text{CurrPoint}.\,x}\right)$$

(1) 当前点 CurrPoint 方向为 $0\sim\pi/2$,下一跟踪点 MaxPoint 方向为 $\pi/2\sim\pi$。分两种情况:

① $0\leqslant\beta\leqslant\pi/6$,需调整 MaxPoint,角度加 π;

② 否则不需调整。

(2) 当前点 CurrPoint 方向为 $\pi/2\sim\pi$,下一跟踪点 MaxPoint 方向为 $0\sim\pi/2$。分两种情况:

① $0\leqslant\beta\leqslant\pi/6$,需调整 MaxPoint,角度加 π;

② 否则不需调整。

(3) 当前点 CurrPoint 方向为 $\pi\sim3\pi/2$,下一跟踪点 MaxPoint 方向为 $3\pi/2\sim2\pi$。分两种情况:

① $0\leqslant\beta\leqslant\pi/6$,需调整 MaxPoint,角度减 π;

② 否则不需调整。

(4) 当前点 CurrPoint 方向为 $3\pi/2\sim2\pi$,下一跟踪点 MaxPoint 方向为 $\pi\sim3\pi/2$。分两种情况:

① $0\leqslant\beta\leqslant\pi/6$,需调整 MaxPoint,角度减 π;

② 否则不需调整。

3. 参数说明

入口参数:无。

出口参数:无。

4. 返回值

5. 主调函数

FP_TrackRidge()

6. 调用函数

FP_GetNextPoint()

FP_GetSection()

FP_Filter()

FP_GetLocalMax()

FP_Check()

FP_Getd()

FP_FindMax()

7. 算法实现

8. 性能要求

函数描述：以 Im 为起始点执行跟踪算法。

1. 函数定义

```
bool FP_TrackRidge(unsigned char ** FP_LogImg,
                   const int FP_BlockSize,
                   double ** FP_Angle,
                   struct TPoint Im,
                   //正式开始跟踪的起始点,局部灰度最大点
                   unsigned char ** S,
                   int d,     //入口参数,灰度落差
                   int m,     //入口参数,记录已找到的纹线的数目
                   struct RidgeEnding*eminutia,//出口参数,端点
                   struct RidgeBifurcation* bminutia)//出口参数,分叉点
```

2. 功能说明

flag=true，正向跟踪；

flag=false，反向跟踪，角度应加 π。

3. 参数说明

入口参数，无。

出口参数，无。

4. 返回值

5. 主调函数

FP_FollowRidge()

6. 调用函数

FP_Trace()

7. 算法实现

8. 性能要求

函数描述：纹线跟踪主函数。

1. 函数定义

```
bool FP_FollowRidge(unsigned char * FP_ImgData,
                                        //原始图像数据区
                    const int FP_Width,//原始图像宽
                    const int FP_Height,//原始图像高
```

```
const int FP_BlockSize, //分块尺寸大小
int FP_WBlockNum,  //水平方向上的分块数目
int FP_HBlockNum,  //垂直方向上的分块数目
double ** FP_Angle)
```

2. 功能说明

具体算法如下。

(1) 将原始图像灰度值进行归一化处理,降低不同指纹图像的对比度不同带来的影响。

(2) 调用子函数,得到各灰度值最大点。

(3) 若该点位于前景区中且未被访问过,则作为跟踪起始点(start)。

(4) 以起始点为中心,在该点沿纹线方向得到 3 个彼此相距一个像素的平行点集 Omiga1、Omiga2、Omiga3,其中 Omiga2 为邻域点集。

(5) 对邻域点集 Omiga2 进行滤波增强处理。

(6) 从滤波后的邻域点集中得到距中点(start)最近的局部灰度最大点(灰度值最小)Im。

(7) 在滤波后的邻域点集中计算灰度落差 d。

(8) 若 Im 未被访问过,则作为正式跟踪起始点,调用子函数,执行跟踪算法。每调用一次,正反向跟踪一条纹线。

(9) 若 Im 不满足以上条件或一条纹线跟踪结束后,对下一个灰度最大点,回到第(3)步;直到所有灰度最大点都被访问过。对于 BlockSize=8 的指纹图像,共有 1600 个灰度最大点。

(10) 当一幅指纹图像所有纹线跟踪完毕后,就得到了其细节点(端点和分叉点)信息。

3. 参数说明

入口参数:无。

出口参数:无。

4. 返回值

5. 主调函数

6. 调用函数

```
FP_Normalization()
FP_GetMaxPoint()
FP_FindMax()
FP_GetSection()
FP_Filter()
FP_GetLocalMax()
FP_Getd()
FP_TrackRidge()
```

7. 算法实现

8. 性能要求

纹线跟踪算法需要注意以下几点。

(1) $\alpha > 0.7854$。

(2) angle>1.23。

(3) $0\leqslant\beta\leqslant\pi/6$。

(4) 跟踪步长 mu=3。

(5) MaxPoint 用 5×5 模板判别，Im 用 5×5 模板判别。

(6) 数组 $k<450$。

(7) 跟踪，正向为 angle；反向为 angle=angle+π。

(8) $i=0,\cdots,1600(40\times40)$。

(9) 更新 m 值时，正向为 $i=1,\cdots,k$，if(flag==true)；反向为 $i=0,\cdots,k$，if(flag==false)。

(10) 连续画线时，对 $i=1,\cdots,k-1$ 用 5×5 模板判别改为用 3×3 模板判别，或取消模板判别，点 MaxPoint(第 k 点)不进行判别。